Die deutsche Ideologie

I0025592

Klassiker Auslegen

Herausgegeben von
Otfried Höffe
Band 36

Otfried Höffe ist o. Professor für Philosophie
an der Universität Tübingen

Karl Marx / Friedrich Engels

Die deutsche Ideologie

Herausgegeben von
Harald Bluhm

Akademie Verlag

Abbildungen auf dem Einband: Karl Marx (1836) und Friedrich Engels (1839), Bildmontage; Abbildungsvorlagen: Marx-Engels-Gesamtausgabe III.1, Berlin 1975, S. [7] und [69].

Bibliografische Information der Deutschen Nationalbibliothek

Die Deutsche Nationalbibliothek verzeichnet diese Publikation in der Deutschen Nationalbibliografie; detaillierte bibliografische Daten sind im Internet über http://dnb.d-nb.de abrufbar.

ISBN: 978-3-05-004382-1

© Akademie Verlag GmbH, Berlin 2010

Das eingesetzte Papier ist alterungsbeständig nach DIN/ISO 9706.

Gesamtgestaltung: K. Groß, J. Metze, Chamäleon Design Agentur Berlin
Satz: Veit Friemert, Berlin
Druck und Bindung: MB Medienhaus, Berlin

Printed in the Federal Republic of Germany

V

Inhalt

Zitierweise und Siglen

Es wird nach der Ausgabe der Marx-Engels-Werke mit beigegebenem Band-verweis (z. B. *MEW* 5) zitiert. *DI* wird als Abkürzung für den Titel *Deutsche Ideologie* verwendet (zitiert nach *MEW* 3); die Referenzen auf diesen Titel erfolgen mit bloßer Seitenangabe. Verweise auf die Präsentation der Feuerbach-Manuskripte im Marx-Engels-Jahrbuch 2003, 2 Bde., erfolgen mit der Sigle *MEJB* und der Seitenangabe, ohne Bandangabe, da die Seiten fortlaufend gezählt sind.

MEGA¹	für die erste Marx-Engels-Gesamtausgabe (Werke, Schriften, Briefe. Im Auftrage des Marx-Engels-Instituts Moskau hrsg. von D. Rjazanov bzw. V. Adoratskij. Erste Abteilung: Werke und Schriften mit Ausnahme des „Kapital". Bd. 1–7. Dritte Abteilung: Briefwechsel. Bd. 1–4. Frankfurt/M. bzw. Berlin 1927–1932, Moskau 1935.)
MEGA²	für die zweite Marx-Engels-Gesamtausgabe (Berlin 1975 ff.)
MEW	für die Marx-Engels Werke (Werke. Karl Marx, Friedrich Engels. Institut für Marxismus-Leninismus beim ZK der SED. Bd. 1–43. Ergänzungsbd. Tl. 1.2. Berlin 1957–1990)

AJM	Auszüge aus James Mills Buch „Éléments d'économie politique" (*MEW* Ergänzungsband 1, 445–463)
HF	Die heilige Familie oder Kritik der kritischen Kritik. Gegen Bruno Bauer und Konsorten (*MEW* 2, 3–223)
KHRE	Zur Kritik der Hegelschen Rechtsphilosophie. Einleitung (*MEW* 1, 378–391)
KHS	Kritik des Hegelschen Staatsrechtes (*MEW* 1, 203–333)
ÖPM	Ökonomisch-Philosophische Manuskripte (*MEW* Ergänzungsband 1, 465–588)
MKP	Manifest der Kommunistischen Partei (zitiert nach *MEW* 4, 459–493)
ZJF	Zur Judenfrage (*MEW* 1, 347–377)
ZKPÖ	Zur Kritik der Politischen Ökonomie (*MEW* 13, 3–160)

Die Texte aus der *MEW*-Ausgabe sind auch auf elektronischem Wege zugängig unter:
http://www.mlwerke.de/me/default.htm

Desgleichen sind Auszüge aus den seit 1998 erschienenen Bänden der *MEGA²* als online-Ressource zu Teilen verfügbar unter dem Stichwort „Texte im Internet" auf:
http://www.bbaw.de/bbaw/Forschung/Forschungsprojekte/mega/de/Startseite

Vorwort

Klassiker treten im Verlauf der Zeit in die Geschichte zurück und werden zum Gegenstand akademischer Exegese. Mit erheblicher Verspätung ist dieses Schicksal auch Karl Marx und Friedrich Engels in vollem Umfang zuteil geworden, seit sie vor nunmehr zwanzig Jahren aus der Umklammerung durch Marxismus-Leninismus und Staatssozialismus gelöst wurden. Mit dem Zurücktreten der Klassiker in die Geschichte hat es freilich seine besondere Bewandtnis, kann es doch aus zweierlei Gründen erfolgen, nämlich entweder, weil ihre Impulse in die akademische Forschung eingegangen sind – oder weil sie es nicht sind. In dem einen wie in dem anderen Fall stellt sich jedoch die Frage nach den für Erfolg oder Scheitern relevanten Gründen. Diese Frage eröffnet eine Perspektive auf das Werk der Klassiker, die eine aktualitätsfixierte Ideengeschichte chronisch übersieht. Die beliebte Frage „Was bleibt von ...?" bringt regelmäßig verkürzte Antworten hervor. Erst, wenn man die Klassiker nicht nur auf ihre Bedeutung für die Gegenwart hin befragt, sondern auch ihre Leistungen in der Vergangenheit in den Blick nimmt und das betrachtet, was durch sie in die Wissenschaften und Kultur eingegangen ist, entsteht ein stimmiges Bild.

Im Fall von Engels und Marx, die jenseits etablierter wissenschaftlicher Institutionen als akademische Außenseiter wirkten, lassen sich eine Vielzahl von Themen nennen, die durch sie Eingang in die Philosophie und die Sozialwissenschaften gefunden oder wegweisende Veränderungen erfahren haben. Dazu gehören etwa die – inzwischen selbstverständlich gewordene – sozialphilosophische Relevanz der Ökonomie, das konflikttheoretische und relationale Denken oder die Akzentuierung von sozialer Ungleichheit und sozialen Bewegungen, um nur die wichtigsten zu nennen. Auch der prominente Entwurf einer historistischen Geschichtsphilosophie, dessen Kritiken ganze Bibliotheken füllen, darf in diesem Zusammenhang nicht fehlen.

Wesentlich für ein angemessenes Verständnis von Klassikern ist zudem die Berücksichtigung der sie jeweils umgebenden Wissenschaftslandschaft, die einen besonders wichtigen Teil des historischen Kontextes ausmacht. Marx und Engels schrieben ihre Texte in der zweiten Hälfte des 19. Jahrhunderts, als die Philosophie, die Ökonomie und die erst im Entstehen begriffenen Sozialwissenschaften noch große, in sich wenig strukturierte Gebiete waren, die mit der differenzierten, durch zahlreiche Grenzverläufe zwischen Disziplinen und Subdisziplinen gekennzeichneten Wissenschaftslandschaft des 20. Jahrhunderts nur wenig gemein haben. Bei Marx, der ein Universalgelehrter sein wollte, dominiert noch ein ganzheitliches

Konzept. Hält man bei der Interpretation seiner Schriften an diesem
Konzept fest, wie es auf spezifische Weise unter anderem Vertreter der
Kritischen Theorie taten, mutet es im Rückblick wie ein interdisziplinärer
Ansatz an. Nimmt man hingegen die Perspektive der Einzelwissenschaften
ein, so zerfällt der Universalgelehrte Marx von vornherein in die Viel-
zahl seiner Rollen als Fachvertreter, die sich zudem noch gegeneinander
ausspielen lassen. Der Ökonom Marx streitet dann mit dem Soziologen
Marx und der (Geschichts-) Philosoph Marx tritt gegen Marx den Politiker
und Marx den Propheten an. Folgt man dieser paradigmatisch von Joseph
A. Schumpeter entwickelten Lesart, kommt man nicht umhin, Erträge und
Fehlschläge in anderer Weise zu verbuchen als aus ganzheitlicher Sicht.

Der vorliegende Band geht jenseits dieser Alternative vor. Er enthält
nach Texten und inhaltlichen Schwerpunkten organisierte Kommentare
zur *Deutschen Ideologie* von 1845/46. Was dieses Konvolut von Manuskripten, das seinerzeit nur in kleinen Teilen publiziert wurde, so interessant macht, ist der Einblick, den es in das Gedankenlaboratorium seiner
Autoren gewährt. Man kann Marx und Engels geradezu über die Schulter
sehen, wie sie – in polemischer Abgrenzung zu Max Stirner, Bruno Bauer,
Ludwig Feuerbach u. a. – ihre Ideen entwickeln und nach einer neuen
Theoriesprache suchen. Der besondere intellektuelle Reiz dieser ihrem
Charakter nach unabgeschlossenen „theoretischen Selbstverständigung"
liegt zum einen in der Vielzahl der anklingenden Motive, zum anderen in
den Anfängen der Dogmatisierung. Den Reichtum, die Komplexität und
die Grenzen dieses Denkens zwischen Fluß und Erstarrung herauszuarbeiten ist das Ziel der nachfolgenden Kommentare.

Abschließend sind noch einige Bemerkungen zur Textgrundlage und
zu einem besonderen Anliegen des vorliegenden Bandes nötig: Seit Mitte
der 1970er Jahre wird eine Marx-Engels-Gesamtausgabe (MEGA²) ediert.
Nach 1989 wurden die Standards dieser historisch-kritischen Edition neu
gefaßt und ihr Umfang redimensioniert. Der Band mit den Texten der
Deutschen Ideologie liegt noch nicht vor. Da die historisch-kritische Edition
aber zum einen keine neuen, bislang unbekannten Manuskripte enthalten
wird, sondern primär der authentischen Wiedergabe der bereits bekannten
Fragmente verpflichtet ist, die *Deutsche Ideologie* zum zweiten bereits in
ihrer bislang vorliegenden Textgestalt eine Vielzahl von Interpretationen
erfahren hat, die sie zum philosophischen bzw. sozialtheoretischen Klassiker werden ließ und weil sich drittens der erste Teil der *Deutschen Ideologie*
im universitären Betrieb einiger Beliebtheit erfreut, kann die inhaltlich-
interpretatorische Debatte auch unabhängig von der historisch kritischen
Ausgabe geführt werden. Allein – und dies kann gar nicht genug betont

werden – das erste Kapitel ist eine Konstruktion von Editoren der ersten, Ende der 1920er Jahren begonnenen und nach wenigen Bänden abgebrochenen Marx-Engels-Gesamtausgabe, die den systematischen Bedürfnissen des dogmatisierten Marxismus-Leninismus folgt. Dieses „Kapitel" ist in seiner Konstitution hoch problematisch und besteht primär aus einer Kompilation von Bruchstücken bereits zuvor verfaßter Kapitel zu Bruno Bauer, Max Stirner sowie den „wahren Sozialisten" und ihrer Verknüpfung mit neuen Passagen. Die Textlage macht auch die Kommentierung nicht unkompliziert, da sie nicht einfach kapitel- oder abschnittweise vorgehen kann. Für den vorliegenden Band wurde für diese Fragmente eine Mischung aus inhaltlichen Gesichtspunkten und zusammenhängenden Textstücken ausgewählt (3. bis 7. Kommentar).

Vom ersten und zweiten Kapitel („Feuerbach" und „Sankt Bruno") gibt es bereits einen Vorabdruck der historisch-kritischen Ausgabe (Marx-Engels-Jahrbuch 2003), so daß der Text in einer gleichsam dekonstruierten Form bereits greifbar ist. Dennoch wurde für den vorliegenden Kommentar die Textfassung des dritten Bandes der „blauen" Edition der Marx-Engels-Werke (MEW) gewählt, da sie besonders weit verbreitetet ist und in ihr alle Kapitel der von den Autoren nicht fertiggestellten *Deutschen Ideologie* enthalten sind. Darüber hinaus wurde von den Kommentatoren auch die jüngste kritische Teiledition im Marx-Engels-Jahrbuch 2003 zu Rate gezogen und – wo nötig – auch auf diese verwiesen. Das ist gewiß nicht optimal, aber unter den gegebenen Umständen angemessen. Schließlich wird die historisch-kritische Edition des Textes der *Deutschen Ideologie* in der MEGA wohl noch einige Jahre auf sich warten lassen.

Dieser Band wäre nicht entstanden, wenn Mischka Dammaschke ihn mir nicht mehrfach nahegelegt hätte. Darüber hinaus gab es eine ganze Reihe von Helfern beim Lektorat und Satz, bei der Überprüfung der Texte und Quellen, zu denen Dr. Henri Band und Dr. Veit Friemert gehören sowie Mitarbeiter und Hilfskräfte an meinem Lehrstuhl in Halle, namentlich Karsten Malowitz, Christoph Michael und Dr. Skadi Krause sowie in besonderer Weise Till Leibersperger und Johannes Peisker. Mein Dank geht an die MEGA Arbeitsstelle an der Berlin-Brandenburgischen Akademie der Wissenschaften für viele Hinweise und Kritiken. Schließlich möchte ich mich gesondert bei den Autoren bedanken, die ihre Texte zuerst und pünktlich geliefert haben, denn die Produktion des Bandes hat sich wesentlich länger hingezogen als geplant war, was hoffentlich der Qualität genützt hat.

Halle a. d. Saale im September 2009   Harald Bluhm

Harald Bluhm

Einführung:
Die deutsche Ideologie –
Kontexte und Deutungen

Marx und Engels können seit dem Ende des Kommunismus, dem Ende des „realsozialistischen" Staatensystem wieder neu gelesen werden – jenseits der vielen Versuche, den Eisbrecher des Marxismus, der die bürgerliche Ordnung und deren Scheinformen aufbrechen sollte, wieder flott zu machen. Gemeint sind damit jene oft durchgespielten Strategien von Akzentverschiebungen im Werk vom späten zum jungen Marx, all die Umbauten durch Rückgriff auf ältere Autoren wie Hegel, Feuerbach und Kant oder Aufbauten durch den Existentialismus oder die Psychoanalyse. Diese Unternehmungen eint, daß sie die Löcher im Rumpf nicht stopfen konnten und das Boot immer in einem Eismeer, einer feindlichen Umwelt, wähnten. Sichtbar geworden sind diese Kalamitäten schon, als das Schiff auf ein Trockendock gelegt und von außen betrachtet wurde. Max Weber, Georg Simmel und Joseph Alois Schumpeter, um nur drei Autoren zu nennen, haben dies mit großer Sachkenntnis im ersten Drittel des 20. Jahrhunderts exemplarisch vorgeführt. So hat Weber (1988) die geistigen Voraussetzungen des Kapitalismus und die Rationalisierungsprozesse generell sowie jene des Staates untersucht, die bei Marx nur rudimentär behandelt werden. Simmel (2001) erkundete den Zusammenhang von Geld und Lebensstil weit über die bei Marx nur skizzierten sozialen Lebensformen hinaus. Schumpeter (1987) schließlich untersuchte die wirtschaftliche Dynamik des Kapitalismus jenseits von Marxscher Werttheorie und Goldgeldtheorie. Auch die methodischen Differenzen sind groß: Zwar eint die genannten Theoretiker und Marx, daß sie dynamische Prozesse und Relationen denken, aber die späteren Autoren unterstellen keine kollektiven Akteure und sind skeptisch gegenüber holistischen Gesellschaftskonzepten und historischen Entwicklungsgesetzen. Dies dürfte inzwischen allgemein anerkannt sein. Gerade deshalb, und weil die genannten Gründerväter der akademischen Sozialwissenschaft Impulse von Marx aufgenommen und transformiert haben, ist es angezeigt, sich erneut den Quellen zuzuwenden. Die Einschätzung von Leistung und Originalität der akademischen Außenseiter und vehementen Gesellschaftskritiker Marx und Engels variiert erheblich. Antworten auf die Frage, was an der *Deutschen Ideologie* aus heutiger Sicht als klassisch gelten kann, drängen sich nicht unmittelbar auf. Sie setzen vielmehr eine Kontextualisierung und ein punktuelles Eingehen auf die Editionsgeschichte und einige Lesarten voraus, da erst dann die theoretischen Einsichten der *DI* erschlossen werden können.

1.1 Vormärz als Kontext

Das Vorwort der *DI* eröffnen Marx und Engels mit einer generellen Geste der Distanzierung gegenüber den Junghegelianern (vgl. 13). Sie wollen deren Positionen von einem Standpunkt außerhalb Deutschlands kritisieren, in Absetzung zu den wenig entwickelten gesellschaftlichen Zuständen, denen diese Bewegung entspringt und die sie widerspiegelt. Gleichwohl bleibt ihre Schrift sehr stark in die deutschen Debatten des Vormärz zwischen 1830 und 1848 eingebunden. Der Vormärz, und mit ihm insbesondere der Junghegelianismus, gehört zu den Epochen polemischer politischer Diskussionen von großer Radikalität und Relevanz, in denen viele Spielarten von Existentialismus und Anarchismus durchgespielt und vorweggenommen wurden (vgl. Saß 1975, 146). Douglass Moggach erkannte in ihm unlängst eine „extraordinarily fertile period in the history of political thought" (2003, 7). In dieser Zeit wirkten nicht nur die Junghegelianer, es agierten auch Heinrich Heine und das Junge Deutschland, und es gab demokratische und liberale Selbstverständigungsdebatten, deren Autorenfeld von Julius Fröbel über Johan Jacoby bis zu Theodor Welcker reicht. Aber der Verweis auf die Existenz der vielen Strömungen und deren Fehden untereinander muß durch den Blick auf den Streit innerhalb der Strömungen ergänzt werden. Der Streit zwischen Heinrich Heine und Ludwig Börne sowie die Debatten unter den Alt- und den Junghegelianern seien dafür als Beispiele genannt. Das geistige Leben stand seit 1830 im Zeichen einer zunehmend diskutierten gesellschaftlichen Krisensituation. Erheblich forcierend wirkten dann die ersten Enttäuschungen nach der Thronbesteigung von Friedrich Wilhelm IV. im Jahre 1840; die Zeitungsverbote und das nicht eingelöste Verfassungsversprechen führten rasch zu einer deutlichen Radikalisierung der Erwartungen – und zwar nicht nur hinsichtlich der Verfassungsfrage, sondern auch mit Blick auf die nationale und die soziale Frage (vgl. Fenske 1991). Sozial und politisch war es die Zeit des Abschiedes von ständischen Strukturen, des Bruches zwischen dem preußischen Beamtentum und der Intelligenz, dem Aufkommen unabhängiger Intellektueller und der Genese politischer Parteien – um nur einige wenige, aber wichtige Stichworte zu nennen. Die Krisensituation entlud sich schließlich in der 1848er Revolution, die allerdings in vielerlei Hinsicht nur wenige Fortschritte brachte – man denke an die nach wie vor offene Verfassungsfrage und die ausgebliebene Parlamentarisierung. Die Zeit nach 1848 unterschied sich sehr deutlich vom Vormärz; sie war durch nachhaltige Enttäuschung und den resignierten Rückzug etlicher Gelehrter aus der Politik gekennzeichnet.

Zu den besonders radikalen Autoren des Vormärz gehörten die Junghegelianer, die Wolfgang Eßbach (1988) wegweisend als sich wandelnde Gruppe untersucht hat. Als antiautoritär-kritische Bewegung spielten sie verschiedene Intellektuellenrollen durch, und zwar als philosophische Schule, als politische Partei, als literarische Bohème und als atheistische Sekte, wobei die Übergänge fließend erfolgten und Gleichzeitigkeiten nicht ausgeschlossen waren. Diese Vielfalt der Rollen und die Konsequenz, mit der sie ausprobiert und verworfen wurden, waren charakteristisch für die junghegelianische Bewegung, die im Kern von 1838 bis 1845/46 währte und durch eine besonders vehemente politische Rhetorik gekennzeichnet war. In diesem Kontext haben Marx und Engels zu Beginn ihres Schaffens gewirkt, und sie blieben – auch wenn sie nach 1843 in Brüssel, Paris oder Manchester weilten – weiterhin mit den Junghegelianern verbunden, denn sie betrieben aktiv und mit erheblichem Aufwand die Auflösung dieser Gruppierung. Die *Heilige Familie* (1845) und die *Deutsche Ideologie* (1845/46) sind Produkte einer Abrechnung mit der eigenen Vergangenheit, die allerdings nicht als Selbstkritik, sondern als Kritik an den einstigen Verbündeten erfolgte.

Marx und Engels agierten seinerzeit in einer politisch aufgeladenen vorrevolutionären Situation, bei der die zunehmende Radikalisierung der Gruppierungen mit einer erheblichen Konkurrenz zwischen Philosophen, Theologen, politischen Schriftstellern und prospektiven parteipolitischen Figuren einherging. Der radikale Denkgestus ihrer Schriften, die seltsame Rhetorik des Überbietens aller anderen Konzepte waren zwar großen Teilen des politisch-gesellschaftlichen Diskurses eigen, wurde von ihnen allerdings auf einen neuen Gipfel geführt, auf dem ein scharfer Wind weht und Eiseskälte im Umgang herrscht. Zudem suchten Marx und Engels nach einer neuen Theoriesprache, nach einem eigenen Standpunkt, der die überkommenen Bahnen der Bewußtseins- und Subjektphilosophie hinter sich ließ. Manch eine scharfe Kritik erklärt sich aus dem Selbstvergewisserungsgebaren, daß man diesen neuen, eigenen Standpunkt, die neuen Kategorien schon hätte. Das thematisieren im vorliegenden Band Kommentare zu den ausufernden kritischen Exkursen zu Bruno Bauer durch Andreas Arndt, zum Radikalindividualisten Max Stirner durch Wolfgang Eßbach, zum philosophischen Materialisten Ludwig Feuerbach durch Christine Weckwerth und zu den deutschen Sozialisten durch Stefan Koslowski.

Bevor ich die theoretischen Einsichten von Engels und Marx umreiße, sind Stationen der Editionsgeschichte, die Konstruktion eines Feuerbach-Kapitels und divergierende Lesarten zu skizzieren, da die Texte der *DI* eine spezifische Wirkungsgeschichte hatten, aus der sie herausgelöst werden müssen.

1.2 Editionsgeschichte und Lesarten

Verfaßt wurde die *DI* in ihren wesentlichen Teilen zwischen November 1845 und Mitte 1846.[1] Die fertigen Teile der Manuskripte wurden zum Druck eingereicht, die Verleger nahmen jedoch im Juli 1846 ihre Zusage zurück. Auch weitere Versuche, einen Verleger zu finden, scheiterten. Seinerzeit sind daher nur das vierte Kapitel des zweiten Bandes, die Kritik an Karl Grün (1847), und der Beitrag von Moses Heß veröffentlicht worden. Marx gab später „Selbstverständigung" als den Hauptzweck der Arbeit an der *DI* an; nachdem diese herbeigeführt war, habe man „das Manuskript der nagenden Kritik der Mäuse" überlassen (*ZKPÖ*, 8). Auch Engels hat 1886 nach einer Durchsicht die Manuskripte nicht für veröffentlichenswert gehalten, dafür aber die etwas früher entstandenen Marx'schen *Thesen über Feuerbach* zum „genialen Keim" der neuen Weltanschauung stilisiert (*MEW* 21, 264) und im Anhang zu seiner Schrift *Ludwig Feuerbach und der Ausgang der klassischen deutschen Philosophie* veröffentlicht. 1903/04 publizierte Eduard Bernstein Teile der Kritik an Stirner („St. Max", Kapitel 3 von Bd. 1 der *DI*), und Gustav Mayer gab im Kontext seiner großen Engels-Biographie 1921 Teile des „Leipziger Konzils" (die Kap. 2 und 3 von Bd. 1 der *DI*) – die Kritiken an Bruno Bauer und Max Stirner – heraus.

---

1 Zur Entstehung und Überlieferung der Manuskripte und Druckversionen sei auf das Heft 1997/2 der *MEGA-Studien* hrsg. von der Internationalen Marx-Engels-Stiftung (IMES), Amsterdam 1998 und die Einführung in das *MEJB* 2003, 1*–28* verwiesen.

Grundlegend verändert hat sich die Editionslage dann erst wieder Anfang der 1930er Jahre. Im Zusammenhang mit der ersten Marx-Engels-Gesamtausgabe (*MEGA¹*) kündigte David Rjasanov, der diese Ausgabe zunächst betreute und später stalinistischen Säuberungen zum Opfer fiel, bereits 1923 ein selbständiges Kapitel zum Feuerbach der *DI* an, hielt jedoch den fragmentarischen Charakter fest und schrieb sich die Entdeckung des Kapitels zu. 1924 erschienen die Manuskripte des Feuerbach-Kapitels auf Russisch im *Marx-Engels-Archiv*. 1932 wurde dann ein aus diesen Manuskripten kompiliertes Kapitel sowohl in der Ausgabe der Frühschriften von Marx in der Edition Landshut/Mayer als auch in der *MEGA¹* veröffentlicht. Im selben Jahr kam schließlich auch eine textidentische Volksausgabe im Verlag der Kommunistischen Internationale heraus mit einem Vorwort von Vladimir Adoratskij, dem Nachfolger von Rjasanov. In diesem Vorwort wurde erstmals die Sonderstellung der *DI* und des 1. Kapitels postuliert: „… in keinem andern ihrer Frühwerke finden wir die Grundfragen des dialektischen Materialismus so vielseitig und erschöpfend beleuchtet. Das leider unvollendete, endgültig nicht ausgearbeitete Manuskript ‚I. Feuerbach‘ enthält die erste systematische Darlegung ihrer historisch-philosophischen Auffassung der ökonomischen Entwicklungsgeschichte der Menschen. All dies verleiht dem vorliegenden Werk seine hervorragende Bedeutung." (1932, IX f.) Die ganze *DI* wurde damit für den sowjetrussischen Marxismus-Leninismus in Anspruch genommen. Das überrascht nicht, denn die Legitimationsbedürfnisse waren erheblich und man suchte aus vielfältigen Quellen der beiden Klassiker eine selbständige dialektisch-materialistische Philosophie zu zimmern. Daß die Behauptung von Systematik angesichts des fragmentarischen Textes völlig überzogen war, spielte dabei keine Rolle. Als politische Zutat enthielt das Vorwort außerdem eine massive Kritik an der Sozialdemokratie, der man vorhielt, durch ihren Reformismus und Opportunismus die Edition bis dato verhindert zu haben. Auch in der Einleitung von Band 3 der russischen Werk-Ausgabe (Sočinenija), die der Veröffentlichung der *DI* im weit verbreiteten Band 3 der *MEW* in den Jahren 1958 ff. zugrunde lag, wurde von der „Ausarbeitung des historischen Materialismus", ja gar von der „Ausarbeitung der marxistischen Theorie" (!) gesprochen, „dessen grundlegende Leitsätze" im Feuerbach-Kapitel erstmals dargelegt worden wären (Soč. 3, VII, XI; *MEW* 3, VII, X).

Die Editionsgeschichte nach dem Zweiten Weltkrieg war durch Neuentdeckungen und eine sukzessive Zunahme an Authentizität bei der Textwiedergabe gekennzeichnet, die der schwierigen Frage der Überlieferung der Manuskripte und ihrer Anordnung zunehmend Rechnung trug. 1962 wurden im Nachlaß von Eduard Bernstein drei zur *DI* gehörige Manuskript-Blätter entdeckt (vgl. Bahne 1962). Das führte zu Neueditionen und Komplettierungen, zunächst in Separatausgaben, später dann auch im Rahmen der *MEW*. Im Westen waren es zunächst die seit 1953 von Siegfried Landshut herausgegebenen *Frühschriften* und die ab 1971 auf eigener Entzifferungsarbeit der Herausgeber beruhende Ausgabe der *DI* im Rahmen der Werkausgabe von Hans-Joachim Lieber und Peter Furth[2], die neben den *MEW* des Ostberliner Dietz-Verlages für eine Verbreitung des Textes sorgten.

Erst im Kontext der 1994 begonnenen Fortsetzung der – nunmehr streng philologisch ausgerichteten – Marx-Engels-Gesamtausgabe (*MEGA²*) konnte auch die Arbeit an einer historisch-kritischen Ausgabe der *DI* aufgenommen werden, deren Vorbereitungen freilich bis in die 1970er Jahre zurückreichten.[3] Als Vorabdruck des Bandes I/5 der *MEGA²*, der die Manuskripte der *DI* enthalten wird, wurden im Jahr 2003 die Manuskripte des sogenannten Feuerbach-Kapitels und „II. Sankt Bruno" veröffentlicht (*MEJB* 2003). Die dekonstruktive Lesart dieser Ausgabe rückt den fragmentarischen Charakter der überlieferten Manuskripte ins Zentrum, und die philologische Analyse zeigt, daß nicht die Auseinandersetzung mit Feuerbach, sondern die Kritik an Bauer und Stirner den Ausgangspunkt der Kritik der *DI* bildete.

Die *DI*, insbesondere das erste Kapitel, hat viele Lesarten angeregt, die weit über die angedeuteten editionsgeschichtlichen Aspekte hinausweisen. Marxisten unterschiedlicher Couleur fanden hier systematisierte Ausführungen zum Historischen Materialismus. Für viele Theoretiker war die *DI* neben weiteren Frühschriften ein wichtiger Bezugstext, um die Kritik am dogmatischen Marxismus-Leninismus voranzubringen. Innerhalb des Marxismus-Leninismus galt diese Schrift leicht dissentierenden Abweichlern als Mittel, um die erstarrten Begriffe zu dynamisieren (vgl. Seidel 1966).

Von den 1950er Jahren an veränderte sich der Diskurs um die *DI*. So gab es insbesondere nach dem Zweiten Weltkrieg wiederholt Versuche, Marxismus und Existentialismus bzw. Psychoanalyse zu verbinden – beide Strategien suchten die ungenügende Thematisierung des Individuums bei Marx zu beheben und fanden dafür auch in der *DI* Anknüpfungspunkte.

---

2 Karl Marx: Werke, Schriften. Bd. II. Darmstadt 1971 u. ö.

3 So findet sich im unveröffentlichten, von den Instituten für Marxismus-Leninismus in Berlin und Moskau an Gutachter zwecks Evaluation des Projektes einer zweiten Marx-Engels-Gesamtausgabe versandten „Probeband" der *MEGA²* eine Edition des Feuerbach-Kapitels. Karl Marx, Friedrich Engels: Gesamtausgabe (*MEGA²*). Editionsgrundsätze und Probestücke. Berlin 1972, 31–119, 399–507.

Seit Anfang der 1960er Jahre entfaltete sich sodann die Praxisphilosophie, zunächst in Jugoslawien um Gajo Petrović (1964,1969), dann aber auch in Frankeich, etwa bei Cornelius Castoriadis (1984). Praxisphilosophische Motive sind schließlich auch in den Sozialtheorien von Anthony Giddens (Joas in Giddens 1988) und Pierre Bourdieu (1976) zu finden. Eine Sonderstellung nimmt der jüngere Jürgen Habermas als exponierter Repräsentant der zweiten Generation der Kritischen Theorie ein, der sich mehrfach explizit mit Marx und der Theorie-Praxis-Beziehung systematisch auseinandergesetzt hat (Habermas 1957, 1971, 1976a, 1976b). Praxis ist allerdings, trotz anders lautender Behauptungen, keine Zentralkategorie bei Marx wie es etwa der Entfremdungsbegriff 1844 war. Die Kategorie kommt selbst im Frühwerk nicht sehr häufig vor (in der *DI* mit 32 und im *Elend der Philosophie* mit insgesamt 9 Nennungen). Viel prominenter ist 1845/46 die Kategorie Teilung der Arbeit (118 Nennungen in der *DI* und im wenig später verfassten „Elend der Philosophie" 109 Nennungen). Praxis ins Zentrum zu rücken heißt, die *DI* von den Feuerbach-Thesen her zu lesen und eine Verbindung von Praxis zu entfremdeter und mehr noch zu nicht-entfremdeter Tätigkeit zu betonen. Nur dann kann man wie Petrović und andere behaupten, daß es sich um ein Schlüsselkonzept handelt. Verdeckt wird durch diese Betonung normativer Momente im Praxiskonzept freilich die kaum übersehbare antispekulative, auch gegen die Philosophie gerichtete Wende, die mit den Konzepten von Praxis und Arbeitsteilung bzw. Teilung der Arbeit ins Werk gesetzt wird.

Die wichtigere Entdeckung für den westlichen Marxismus und das westliche Denken waren allerdings die *Ökonomisch-philosophischen Manuskripte* von 1844. Einige Interpreten, insbesondere Siegfried Landshut, haben bei der Neuedition der Frühschriften 1953 die Einheit zwischen den beiden großen Manuskripten herausgestellt. Für die kommunistische Rezeption stand demgegenüber vorrangig die *DI* im Zentrum, da sie am Historischen Materialismus nicht als einem wissenschaftlichen Ansatz oder als einer Methode, sondern als einer philosophischen Lehre, einem weltanschaulichen System interessiert war. Gerade deshalb trat dort der Werkstattcharakter der Schrift weit in den Hintergrund.

Abgesehen von der komplexen Wirkungs- und Rezeptionsgeschichte, die hier nur angedeutet werden konnte, kennt die im engeren Sinne akademische Forschung neben vielen philologischen Fragen auch verschiedene Grundpositionen, die entweder einen politischen oder einen werkgeschichtlichen Akzent setzen.

Die Lesarten der *DI* mit politischem Akzent betonen in der Regel den Ausbau kommunistischer Positionen, der von Marxisten als Fortschritt und von Kritikern als Dogmatisierung begriffen wird. Der Übergang auf politische Positionen des Kommunismus wurde demnach erst mit dem *Manifest der Kommunistischen Partei*, einer erst im Entstehen begriffenen und im europäischen Rahmen agierenden Partei, abgeschlossen (vgl. Schieder 1991).

Dezidiert werkgeschichtliche Deutungen setzen andere inhaltliche Akzente. Es gibt Marx-Interpreten – wie etwa Leszek Kolakowski (1977) –, die in der *DI* eine erste Ausformulierung des eigenen systematischen Ansatzes erkannten. Für Kolakowski ist das Werk von Marx durch generelle Spannungen zwischen romantischen, prometheisch-faustischen und rationalistisch-aufklärerischen Motiven gekennzeichnet. Diese Motive sieht er in der *DI* recht offen aufeinanderprallen. Andere Interpreten betonen hingegen den Charakter der Schrift als ein Werk des Überganges, das von einer scharfen antispekulativen Wendung getragen wird. In dem Band werde ein Bruch sichtbar, der aber noch nicht komplett vollzogen worden sei. Marx habe, so pointiert Louis Althusser (1968, 12 f.), in der *DI* den Kontinent der Geschichte entdeckt, aber der Durchbruch zur eigenen Theorie fehle noch (dieser Spur folgt die Arbeit von Heinrich 2006). Die *DI* und die Feuerbach-Thesen werden hier als Werke des Einschnittes vor der später systematisch reflektierten Kritik der politischen Ökonomie begriffen. Was den mit Marx sympathisierenden Autoren als Fortschritt erscheint, gilt vielen anderen als Verfall, als vertane Chance. Nach dieser Lesart wandte sich Marx mit der *DI* von der Philosophie ab und hin zur Gesellschaftstheorie, wobei viele philosophische Prämissen seines Schaffens ungeklärt auf der Strecke blieben.

Das methodische Programm indes wurde und wird nur selten genauer beleuchtet. Insbesondere das umstrittene Feuerbach-Kapitel ist nicht nur fragmentarisch, sondern auch in theoretischer Hinsicht unentschieden. Es pendelt zwischen Geschichtstheorie und -philosophie auf der einen Seite und positivistischer Wende auf der anderen. Den positivistischen Zug kann man kaum übersehen, wenn die einstigen Hegelianer, denen zufolge die Realität nur mit theoretischen Konzepten untersucht werden kann, nunmehr behaupten, daß die Voraussetzungen ihres Denkens „auf rein empirischem Wege konstatierbar" seien (20; vgl. auch Heinrich 2006, 139). Dadurch entsteht eine erhebliche Spannung zwischen dem empirischen und dem theoretisch reflektierten Vorgehen, das bei Verhältnissen und Tätigkeitsformen sowie den konkreten Konflikten von Akteuren ansetzt, die aber von den Autoren der *DI* nicht zum Thema gemacht wird.

Trägt man den divergierenden Lesarten Rechnung, so scheint eine Bestimmung der *DI* als ein Werk des Übergangs bzw. des Bruches in doppelter Weise als angemessen. Zum einen werden politisch revolutionäre Positionen und gleichzeitig – zumindest ansatzweise – auch eine neue Gesellschaftstheorie in Form einer Kritik an der Philosophie entwickelt. Dies läßt sich auch ohne teleologischen Bezug auf eine weitere Reifung oder einen definitiven Verfall des philosophischen Horizontes behaupten. Hinzu kommt der dezidierte Werkstattcharakter des Bandes; vieles bleibt Entwurf, andere Gedanken sind zudem von Polemik überwuchert. Darüber hinaus laufen in der Schrift divergierende Gedankenstränge unsystematisch nebeneinander her. Zugleich kann die Schrift als Produkt eines Übergangsstadiums zwischen Philosophie und Gesellschaftstheorie verstanden werden. Und schließlich ist der mehrstimmige Charakter des Textes zu erwähnen, von dem Teile nicht nur in der Handschrift von Marx und Engels, sondern auch in der von Joseph Weydemeyer und ein Stück von Moses Heß vorliegen. Dieser Charakter wird durch kommentierende Randbemerkungen in den Manuskripten noch verstärkt.

1.3 Ort der Feuerbachthesen

Besondere interpretative Probleme werfen die *Thesen zu Feuerbach* auf, die auf den Spuren von Engels durch viele spätere Editionen zu einem festen Bestandteil der *DI* gekürt wurden. Tatsächlich handelt es sich aber um einen etwas früher entstandenen Text, der nicht aus dem Konvolut der Manuskripte der *DI* stammt, sondern sich in einem Marxschen Notizbuch findet.[4] Man sollte daher diese berühmten Thesen von der *DI* absetzen, weshalb ihnen im vorliegenden Band mit dem Beitrag von Alasdaire MacIntyre auch ein selbständiger Kommentar gewidmet ist.

Die *Thesen zu Feuerbach* (die Bezeichnung stammt nicht von Marx) haben zahlreiche Lesarten evoziert. Insbesondere die 11. These, die eine veränderte Haltung der Philosophen gegenüber der Welt fordert und praktische Veränderung als ein Ziel von Reflexion akzentuiert, entfachte kontroverse Auslegungen (vgl. Gerhardt 1996). Auch in diesem Zusammenhang spielt die Art und Weise der ersten Veröffentlichung eine nicht unwichtige Rolle. Schon Engels hat die These durch die Einfügung des Wörtchens „aber" nicht unerheblich variiert. Im seit 1932 in allen Veröffentlichungen dokumentierten Original heißt es demnach nicht wie bei

---

4 Karl Marx: Notizbuch aus den Jahren 1844–47. In: *MEGA*[2] IV/3, 5–30, darin „1) ad Feuerbach" 19–21. Zu datieren sind die Thesen zwischen April und Anfang Juni 1845 (a. a. O., 488).

Engels „Die Philosophen haben die Welt verschieden *interpretiert*; aber es kommt darauf an, sie zu *verändern*", sondern „es kömmt drauf an, sie zu *verändern*". Damit fällt aber nicht nur die Spannung zwischen Interpretation und praktischer Veränderung weniger groß aus als oft behauptet, es zeigt sich auch, daß Marx keinem gravierenden Selbstmißverständnis über das eigene Tun erlag, hat er sich doch primär um neue Interpretationen der Realität als Voraussetzung für ihre revolutionäre Veränderung bemüht und diese Aufgabe auch, wie noch zu zeigen sein wird, explizit reflektiert.

Die *Thesen* zielen auf eine neue Form des Materialismus – einen Materialismus, der die geschichtlichen Verhältnisse und die sinnliche Tätigkeit des Menschen in den Vordergrund rückt und den Bruch mit der Bewußtseins- und Subjektphilosophie vollzieht. Die Frage, welchen Status Strukturen in diesem Tätigkeitskonzept haben, bleibt dabei allerdings weitgehend unklar. Das Verhältnis bzw. der Zusammenhang von Akteuren, Tätigkeit und Strukturen wird erst in der *DI* in unterschiedlichen Anläufen thematisiert. In den Feuerbach-Thesen scheint diese Problematik nur unter dem Aspekt einer Veränderung der Umstände auf, die zugleich mit einer Veränderung der Akteure einhergeht bzw. einhergehen soll.

Die Problematik, ob und inwieweit die *Thesen* systematisch stringent miteinander verknüpft sind (Irrlitz 1996) oder ob sie in anderer Weise, nämlich thematisch, gruppiert werden sollten (Bloch 1954/1985), sei hier ausgespart. Was ihren theoretischen Status anbelangt, so haben Thesen jedenfalls den Charakter von Entwürfen, und nicht den von Ausführungen. Versuche, die weitreichenden Behauptungen auszuformulieren, finden sich erst in der *DI*, aber sie ist eine selbständige Arbeit und darf keinesfalls als bloße Explikation der *Feuerbach-Thesen* mißdeutet werden. Das läßt sich schon an den theoretischen Mitteln veranschaulichen, denn die *Thesen* argumentieren noch primär philosophisch, während die *DI* diesen Rahmen zu sprengen sucht. Zugleich teilen die *Thesen* und die *DI* eine zentrale Ambivalenz, die im Changieren zwischen empirischen und normativen Aussagen liegt. Ähnliches ließe sich für den Marxschen Begriff der „Praxis" zeigen, der zum einen verschiedene empirische Formen von Praxis meint, wie etwa materielle Produktion, Experiment oder Klassenkampf, zum anderen aber – darauf haben etwa Bloch und Petrović zu Recht verwiesen – deutlich vom Pragmatismus abgegrenzt wird. Der Begriff der „Praxis" weist bei Marx nämlich auch eine normative Dimension auf und kann dementsprechend entweder im Sinne von schöpferisch-menschlichem Handeln oder aber im Sinne wissenschaftlich erwiesener Praktikabilität verstanden werden.

Die problematische Ambivalenz läßt sich mit Blick auf die zentrale 6. These gut demonstrieren. Die Sprache bei der Bestimmung des mensch-

lichen Wesens ist zunächst diejenige Feuerbachs und der klassischen deutschen Philosophie, die immer auf das Gattungswesen Mensch abstellt.
Am Ende jedoch heißt es mit Blick auf eben dieses menschliche Wesen:
„In seiner Wirklichkeit ist es das ensemble der gesellschaftlichen Verhältnisse." (6) Das Verständnis des menschlichen Wesens erfährt damit eine
materialistisch-relationistische Wendung, geht es doch nun um sinnlich-
tätige Individuen innerhalb einer konkreten gesellschaftlichen Ordnung.
Man kann sogar noch weiter gehen und behaupten: Hier liegt ein Schlüssel
zur Marxschen Auffassung von Subjekten und Akteuren, die sowohl eine
systematische als auch eine normative Seite hat. Kennzeichnend für den
neuen Materialismus, der weit über Feuerbachs Gattungsbestimmungen
von Herz, Wille und Verstand hinausgeht, ist dabei die Thematisierung
von Verhältnissen als Tätigkeitsformen. Das menschliche Wesen wird in
der Tätigkeit, im werktätigen Leben gesehen. Es ist keine Bestimmung, die
jedem Individuum als einzelnem zukommt, sondern eine nicht-substantia-
listische Gattungsbestimmung. In diesem Sinne hieß es schon in den *ÖPM*,
daß die „Industrie das *aufgeschlagene* Buch der *menschlichen Wesenskräfte*" sei
(*ÖPM*, 542). Das menschliche Wesen gilt nun als ein Ensemble, d. h. als
eine mehr oder weniger geordnete Vielzahl von Verhältnissen – inneren
Selbstverhältnissen ebenso wie äußeren Verhältnissen zwischen Menschen
oder objektvermittelten Verhältnissen, etwa zur Natur oder zu den Gegen-
ständen der Produktion. Damit ist der neue relationistische Ausgangspunkt, die systematische Erschließung von Akteuren innerhalb von materiellen und abgeleiteten Verhältnissen und Tätigkeitsformen, markiert.

Das entscheidende, systematisch weiterführende Stichwort lautet jedoch
„Wirklichkeit". So weisen Marx und Engels sowohl in der *DI* als auch anderen Ortes mehrfach darauf hin, daß Wirklichkeit nach Sein bzw. Existenz
und Wesen differenziert werden muß. Für sie als einstige Hegelianer ist
„Wirklichkeit" nur als Einheit dieser Bestimmungen zu verstehen. Für
den Proletarier, der entfremdete Arbeit leistet und eigentumslos ist, fallen
Wesen und Existenz demzufolge auseinander (vgl. z. B. 543), für ihn stellt
Arbeit mithin eine Form der „Entwirklichung" dar. Wenn die 6. These
behauptet, das menschliche Wesen sei in seiner Wirklichkeit das Ensemble der gesellschaftlichen Verhältnisse, dann ist dies auch eine normative
Aussage, die darauf hinausläuft, daß dieses Ensemble auch realisiert und
gestaltet werden soll, also nicht der Fremdbestimmung unterliegen darf.
Es ist also nicht die empirische Gesamtheit der Verhältnisse mit der Wirklichkeit des menschlichen Wesens gemeint, sondern dessen freie, nicht-
entfremdete Realisierung.

Wie sehr die *DI* ein Übergangswerk ist, kann man auch daran erkennen, daß Marx und Engels den Begriff der „Wirklichkeit" zwar mehrfach im hegelschen Sinn nutzen. Häufiger jedoch ist – wie etliche Jahre später bei Max Weber – von „Wirklichkeit" und „wirklich" in einem emphatischen Sinn die Rede, so etwa wenn die „wirklichen" Voraussetzungen der Geschichte beschworen werden. „Wirklich" bzw. „Wirklichkeit", so kann man festhalten, werden zugleich als polemische Kategorien genutzt, mit denen auf Faktisches rekurriert und der Abschied von der Wesensphilosophie (vgl. Heinrich 2006, 136 f.) signalisiert wird.

Der neue „Historische Materialismus" der Feuerbach-Thesen oszilliert – wie knapp umrissen – ohne eindeutige Klärung zwischen Empirie und Normativität. Diese Unklarheit ist insgesamt in die revolutionäre Theorie, die bewußt Partei ergreift, eingeschrieben. Man darf freilich nicht übersehen, daß Marx schon seinerzeit eine systematische Gesellschaftstheorie für unumgänglich hielt, die er später jahrzehntelang als systematische Darstellung und Kritik der bürgerlichen Ökonomie zu realisieren suchte – wenn auch ohne endgültiges Ergebnis.

1.4 Theoriesprache und neue Einsichten

Insbesondere in den Fragmenten von „Kapitel I" der *DI* finden sich Varianten und verschiedene Anläufe, den neuen theoretischen Ansatz in allgemeiner Form zu formulieren. Deshalb widmen sich insgesamt fünf Kommentare des vorliegenden Bandes unter inhaltlichen, nicht immer mit einzelnen Passagen zusammenfallenden Gesichtspunkten eben diesen Texten. Unabhängig davon, wie man den Status der Überlegungen in der *DI* einschätzt – ob als kritische Sozialphilosophie, als materialistische Geschichtsauffassung oder als Gesellschaftstheorie: Es dominiert die Suche nach einer neuen Theoriesprache, mit der neuartige soziale Phänomene und Probleme faßlich gemacht werden sollen. Die Rezeption der Politischen Ökonomie, der frühen Gesellschaftswissenschaften sowie der sozialistischen Theoretiker stellen dafür Einsichten und Kategorien bereit, die von Marx und Engels aufgegriffen, umgeprägt und in einen anderen Rahmen gestellt werden.

Als dieser neue Rahmen kann das ganzheitliche Verständnis der Gesellschaft angesehen werden, das von den materiellen Bedingungen über die prägenden Eigentumsformen, die sozialen Strukturen und Klassenbeziehungen bis hin zu den politischen und geistigen Formen alles in den Blick zu nehmen sucht. Bezeichnet wird das von Marx und Engels als – materialistische – „Geschichtsauffassung" (23, 37, 69). Bei dem berühmten Label „Historischer Materialismus" handelt es sich demgegenüber um eine spätere Fremdbezeichnung, die zunächst durch Engels (*MEW* 22, 298) eingeführt und dann kanonisiert wurde.

Für die neue Sichtweise sind drei eng miteinander verbundene Punkte charakteristisch, wobei allerdings in allen drei Punkten ein Changieren zwischen aus heutiger Sicht disparaten, an sich unvereinbaren normativen und analytischen Positionen zu beobachten ist. Seinerzeit ist diese Schwäche aber zunächst auch eine Stärke, ließ sich doch so eine Vielzahl an Fragestellungen aufwerfen, ohne daß es sogleich auch jeweils gelungener analytischer Feindifferenzierungen bedurft hätte – deren Ausbildung in manch einem Fall, wie etwa in der sozialwissenschaftlichen Differenzierungstheorie, noch Jahrzehnte auf sich warten ließ.

An erster Stelle ist in diesem Zusammenhang die Kritik des juridischen Denkens zu nennen, das sich allein an rechtliche Formen hält und diese als Ausdruck freier Willensverhältnisse begreift. Dagegen betonen Marx und Engels die grundlegende Bedeutung der sozialen Beziehungen und Kämpfe (vgl. 61–65), und vollziehen mit dieser Kritik eine deutliche Abkehr von der hegelschen Rechtsphilosophie. In der *DI* wird die Kritik am juridischen Denken vor allem in der Kritik an Stirner exponiert (vgl. 311 f., 348, 61 ff.), wobei das Recht als eine besondere Sphäre der Gesellschaft enorm relativiert und stark auf die materiellen Eigentumsverhältnisse bezogen wird. In struktureller Hinsicht betrachten Marx und Engels Rechtsverhältnisse als Ausdruck von Eigentumsverhältnissen bzw. als deren Bewegungsformen. Zugleich wird Recht von ihnen aber auch akteurstheoretisch und utilitaristisch verstanden, und zwar vermittels des Klassenkonzeptes, dem zufolge Rechtsverhältnisse als von Klasseninteressen gestaltete Verhältnisse zu verstehen sind. Beide Erklärungsmuster lassen sich allerdings nur schwer miteinander vereinbaren und verfehlen zudem die spezifischen regulativen Seiten des Rechtes (vgl. Kelsen 1923).

Der zweite wichtige Punkt betrifft die Fokussierung auf sinnliche und gegenständliche Tätigkeiten, insbesondere die der Arbeit. Parallel zur Akzentuierung einer Bedingtheit der Gesellschaft durch Eigentum, Arbeitsteilung und den Stand der Produktionskräfte, verfolgen Marx und Engels die bei den Junghegelianern angelegte Linie einer aktivistischen Philosophie weiter. Damit ist nicht nur die von der klassischen deutschen Philosophie mit Blick auf das Erkenntnisvermögen entwickelte „tätige Seite" gemeint, von der in der ersten Feuerbach-These die Rede ist, vielmehr wird die „Philosophie der Tat" konsequent in eine revolutionäre Lehre überführt. Entscheidend dabei ist, daß die Vielzahl der Tätigkeiten von ihnen nicht nur auf die materielle Tätigkeit als die zentrale existenzsichernde Tätigkeitsform bezogen wird, sondern daß diese Tätigkeiten zudem innerhalb von verschiedenen Verhältnissen, die selbst materieller Art sind, angesiedelt werden. Was auf diese Weise neu dazu kommt, ist folglich die Einbettung der Tätigkeiten in ein Geflecht verschiedener, äußerer und innerer, objekt- wie subjektvermittelter umfassender Verhältnisse. Diese Relationen hatte Marx als Seiten der Entfremdung schon in den *ÖPM* unterschieden: So kann man die Entfremdung in der Arbeit als äußere, die des Arbeiters von sich selbst als innere und die Entfremdung vom Produkt und der Natur als objektvermittelte Entfremdungen verstehen. Die beim Subjekt ansetzende Entfremdungsanalyse wird nun in einen spezifischen Relationismus transformiert, bei dem die konkreten gesellschaftlichen Verhältnisse ins Zentrum rücken. Diese, wenn man so will, erste Dezentrierung der Akteure erfährt ihre Fortsetzung dann in der ökonomischen Theorie. Das prinzipielle Denken in Relationen, d. h. in konkreten Verhältnissen, verwandelt das Verständnis des Materialismus im Kern, da nun nicht mehr nur Dinge, sondern eben auch Relationen und Formen als materiell verstanden werden. Theoretisch wird der Begriff der „Entfremdung" in der *DI* dabei weitgehend durch den der „Teilung der Arbeit" substituiert. Die damit verwandelte Leitfrage, in der sich die Verabschiedung von der Subjektphilosophie zugunsten eines prinzipiellen Relationismus ausdrückt, findet sich in folgender Passage: „Die Individuen sind immer von sich ausgegangen, gehen immer von sich aus. Ihre Verhältnisse sind Verhältnisse ihres wirklichen Lebensprozesses. Woher kömmt es, daß ihre Verhältnisse sich gegen sie verselbständigen? daß die Mächte ihres eigenen Lebens übermächtig gegen sie werden?" Und die anschließende Antwort lautet: „Mit einem Wort: *Die Theilung der Arbeit*, deren Stufe von der jedesmal entwickelten Productivkraft abhängt" (*MEJB*, 100, 540).

Bei dem Ansatz, der der *DI* zugrundeliegt, handelt es sich generell um einen konfliktorientierten Ansatz. Der erste Satz des Kommunistischen Manifestes ist hier schon vorweggenommen. Es heißt: „So hat sich die Gesellschaft bisher immer innerhalb eines Gegensatzes entwickelt, der bei den Alten der Gegensatz von Freien und Sklaven, im Mittelalter der vom Adel und Leibeigenen, in der neueren Zeit der von Bourgeoisie und Proletariat ist." (417) Es ist jedoch nicht allein dieser Klassenkonflikt, den der Theoretiker zu verschärfen hat, in der *DI* werden vielmehr auch strukturelle Konflikte angesprochen, insbesondere jene zwischen Produktivkräften und Verkehrsweise bzw. Produktivkräften und Produktionsverhältnissen. Wie der Zusammenhang zwischen den beiden Arten von Konflikten zu denken ist, wie etwa strukturelle Konflikte in Klassenkonflikte übersetzt werden können, bleibt dabei aber unklar. Vielmehr wird behauptet: „Alle Kollisionen der Geschichte haben also nach unsrer Auffassung ihren Ursprung in dem Widerspruch zwischen den Produktivkräften und der Verkehrsform." (73) Deutlich wird in diesem Kontext, daß die Gesellschaft durch mehrere grundlegende Konflikte charakterisiert ist und daß die Kritiker der bürgerlichen Gesellschaft und des Kapitalismus überkommene Integrationstheorien à la Hegel ablehnen.

Die drei angesprochenen Punkte implizieren einen systematischen Bruch mit der Bewußtseins- bzw. Subjektphilosophie und laufen – trotz geschichtsphilosophischer Züge – auf eine neuartige und strikte Form des Historismus hinaus.[5] Von dem so gewonnenen Standpunkt aus nehmen Marx und Engels das Ganze in den Blick: Der Zusammenhang und die Differenzierung der Gesellschaft wird mit den Begriffen der „Produktion" und der „Teilung der Arbeit" konzeptualisiert, wobei sie – wie Udo Tietz in seinem Kommentar zeigt – den aus der Ökonomie entlehnten Produktionsbegriff ausweiten. Er dient ihnen dazu, Gesellschaft fortan nicht länger als naturhaftes Phänomen, sondern als geschichtliches Produkt von der Ökonomie her zu begreifen. Zugespitzt formuliert kann man sagen, daß Engels und Marx darauf abstellen, die durch Ökonomie, soziale Kämpfe und das Handeln der Individuen bewirkte andauernde Reproduktion der gesamten gesellschaftlichen Strukturen, Verhältnisse und Bewußtseinsformen zu denken.

Waren in den *ÖPM* noch „Eigentum", „Arbeit" und „Entfremdung" die zentralen Kategorien, so wird diese zentrale Stelle in der *DI*, aber auch im *Elend der Philosophie* (1847, *MEW* 4 v. a. § 3, 1846 Brief an Annenkow a. a. O., 547–557), durch die „Teilung der Arbeit" eingenommen. Dabei wird nicht nur das Eigentum primär historisch verstanden, sondern auch die Gesellschaft insgesamt. Auch in diesem Zusammenhang fließen verschiedene, durch kausale, funktionale sowie handlungs- und strukturtheoretische Aspekte gekennzeichnete Überlegungen zusammen. Die „Teilung der Arbeit" ist ein Begriff, den Marx und Engels sowohl aus den Werken der Politischen Ökonomen als auch der Sozialisten, die ihre Folgen kritisierten, übernahmen, nicht zuletzt motiviert durch die Absicht, sich von der klassischen Philosophie und ihren metaphysischen Spekulationen abzuwenden. Der Begriff wird in den neuen Ansatz des prinzipiellen

---

5 Jon Elster (vgl. 1986, 21–25) setzt die Akzente etwas anders, betont aber auch, daß die Marxsche Theorie methodologisch ein Amalgam von holistischen, funktionalen und dialektisch-deduktiven Erklärungen ist.

Relationismus integriert und gleichermaßen auf Produkte, Tätigkeiten und soziale Konsequenzen bezogen. Wenngleich Arbeitsteilung gerade differenzierungstheoretische Einsichten in die Ökonomie und die gesamte soziale Gliederung erlaubt, interessieren Engels und Marx diese nicht primär. Vielmehr wollen sie durch die differenzierte Struktur hindurch die Bedingtheit und Abhängigkeit aller Verhältnisse von materiellen, insbesondere ökonomischen Faktoren aufzeigen. Zu diesem Zweck werden Strukturtheorie und Klassentheorie funktionalistisch verzahnt und revolutionstheoretisch mit geschichtsphilosophischen Motiven finalisiert.

Der Begriff der „Teilung der Arbeit" hat theoriebautechnisch in der *DI* den Status eines Schlüssel- und Übergangsbegriffs, der später durch eine Reihe anderer Kategorien ersetzt wird. Wie Gunnar Hindrichs in seinem Kommentar zum Zusammenhang von Arbeitsteilung und Subjektivität zeigt, dient dieses Konzept Marx und Engels gewissermaßen als Scharnierkategorie. Mit seiner Hilfe unternehmen sie es, strukturelle Differenzen von Stadt und Land, Handel und Produktion, Staat und Gesellschaft sowie die Verknüpfung von Eigentumsformen, Strukturen und Klassen zu bewerkstelligen und auch die Verselbständigung von Bewußtseinsformen zu sozial bedingten Ideologien zu plausibilisieren. Prominent ist die Auffassung der Arbeitsteilung als Tätigkeitskategorie, in der auch der historische Charakter der Arbeitsteilung hervortritt, nämlich ihre Kopplung an die bürgerlich-kapitalistische Gesellschaft: „Übrigens sind Teilung der Arbeit und Privateigentum identische Ausdrücke – in dem Einen wird in Beziehung auf die Tätigkeit dasselbe ausgesagt, was in dem Andern in bezug auf das Produkt der Tätigkeit ausgesagt wird." (32) In dieser These ist die Aufhebung des Privateigentums identisch mit der Aufhebung der (verselbständigten) Arbeitsteilung.

Wie insbesondere die Kommentare von Matthias Bohlender, Michael Quante und Udo Tietz zeigen, wird in der *DI* eine neue Theoriesprache ausprobiert. Marx und Engels generieren eine Fülle an Bestimmungen, wobei freilich vieles unfertig bleibt und etliche Kategorien noch nicht in der späteren Bedeutung fixiert sind. Man kann den Umbau der Begriffe zum Teil direkt beobachten. Ein wichtiges Beispiel dafür ist der Begriff der „bürgerlichen Gesellschaft". Bei Engels und Marx wird er im Anschluß an Hegel und Rousseau, die den *bourgeois* (Privateigentümer, Kapitalist) vom *citoyen* (Bürger, Staatsbürger) abtrennten, als Ort von Handel, Erwerb und Konkurrenz definiert (vgl. 36). Dieser entpolitisierte Strukturbegriff der bürgerlichen Gesellschaft, der nichts mehr mit dem aktiven politischen Engagement von Bürgern zu tun hat, wird dem Staat als der abgehobenen Sphäre politischer Herrschaft und Verwaltung gegenübergestellt. Es ist dieser strukturelle Gegensatz, aus dem später das Verhältnis von Basis und Überbau wird. Ein anderes erwähnenswertes Beispiel ist der Begriff der „Ideologie", der im Kontext der Bewußtseinsproduktion verschiedene Konturen erhält, die auf Täuschung, Verkehrung und auf praktisches Handlungsbewußtsein zielen. Ähnliches gilt für das Verhältnis von Klasse und Individuum bzw. Klasse und Staat, das in Variationen unter dem Aspekt von Gemeinschaftssurrogaten thematisiert wird, worüber die Kommentare von Klaus Roth und Stefan Koslowski aufklären.

Die neuen Konzepte werden von Marx und Engels im Rahmen eines strikten Historismus entwickelt, der selbst wiederum in spannungsvoller Weise mit Geschichtsphilosophie verknüpft ist. Einerseits formulieren die Autoren in der *DI* bekenntnishaft: „Wir kennen nur eine einzige Wissenschaft, die Wissenschaft der Geschichte." (18) Andererseits folgt die ganze Geschichtsdarstellung ungeachtet dieser Proklamation eines radikalen Historismus und Kontextualismus einem Narrativ, das auf die kommunistische Revolution und die Abschaffung des Privateigentums an Produktionsmitteln hinausläuft. Besonders gut läßt sich diese Spannung zwischen Historismus und Geschichtsphilosophie an einem paradoxen begriffsgeschichtlichen Befund exemplifizieren. So treten Marx und Engels einerseits als Kritiker der verselbständigten Begriffe bei Hegel und den Junghegelianern hervor (vgl. 47 ff.; *HF*, 82–91) und akzentuieren schon in der *Heiligen Familie* gegen Bruno Bauer: „*Die Geschichte* tut *nichts*, sie besitzt *keinen* ungeheuren Reichtum, sie ‚kämpft *keine* Kämpfe'!" (*HF*, 98). Andererseits nehmen auch Engels und Marx, so sehr sie sich dagegen auch verwahren mögen, selbst wiederholt Zuflucht zur Vorstellung selbsttätiger Kollektivsingulare, wie etwa dem der Klasse.

Diese Spannungen lassen sich mit dem begriffsgeschichtlichen Konzept von Reinhart Koselleck (vgl. 1974, XIV–XIX), der die Entstehung der modernen politischen Sprache zwischen 1750 und 1850 ansiedelt und als deren Merkmale u. a. Ideologisierung, Demokratisierung und Verzeitlichung erkennt, in einen größeren Kontext stellen. Marx und Engels sind demnach nicht einfach geniale Begriffsschöpfer, sondern auch Kinder ihrer Zeit, und als solche in den Entstehungsprozeß der neuen politischen Sprache ebenso eingebunden wie an ihm beteiligt. Aktiv haben sie nicht nur an der begrifflichen Entstehung von Kollektivsingularen mitgewirkt, sondern auch wichtige Begriffe, wie etwa den des Kommunismus in einen Bewegungsbegriff verwandelt. Daß solche Bewegungsbegriffe sich in der Regel – auch unbeabsichtigt – immer weiter vom Erfahrungsraum abkoppeln, kann ihnen schwerlich als intentionale Leistung zugerechnet werden.

1.5 Revolutionserwartungen und Krisendiagnose

Die theoretische Kritik an der bürgerlichen Gesellschaft steht im Zentrum der *DI*, und politisch avanciert der praktische Materialist zum revolutionären Kommunisten (43). Die damaligen Revolutionsvorstellungen von Marx und Engels lassen sich markant anhand einer im Manuskript gestrichenen Stelle verdeutlichen. Gegen Bruno Bauers Auffassung von Kritik, die sich auf geistige Phänomene konzentriert, heißt es: „Der heilige Kirchenvater wird sich doch sehr wundern, wenn der jüngste Tag, an dem sich dies alles erfüllet, über ihn hereinbricht – ein Tag, dessen Morgenrot der Wider-schein brennender Städte am Himmel ist, wenn unter diesen ‚himmlischen Harmonien' die Melodie der Marseillaise und Carmagnole mit obligatem Kanonendonner an sein Ohr hallt, und die Guillotine dazu den Takt schlägt; wenn die verruchte ‚Masse' ça ira, ça ira brüllt und das ‚Selbstbewußtsein' vermittelst der Laterne aufhebt." (70 f.; *MEJB* 2003, 186)

Bis in die Beispiele hinein wird in diesem Zitat neben der Radikalität die Vorbildhaftigkeit der Großen Französischen Revolution von 1789 deutlich. Darüber hinaus enthält diese Stelle auch *in nuce* den späteren Topos von der Gewalt als Geburtshelfer einer neuen Gesellschaftsordnung. Denn die „Waffe der Kritik" soll ja, wie es in einem berühmten Chiasmus von Marx heißt, ausdrücklich durch die „Kritik der Waffen" (*KHRE*, 385), also durch ihren Einsatz ergänzt werden. Das Ausstellen der praktisch-gewaltsamen Seite der Revolution erschöpft sich aber nicht in der Polemik gegen bloße theoretische Kritik. Es birgt zwei weitere theoretische Aspekte in sich, die zu unterscheiden sind. Zum einen offenbart es ein instrumentelles Verhält-nis zur Gewalt, das, wie insbesondere Hannah Arendt (vgl. 1994, 28–33) gezeigt hat, äußerst problematisch ist. Denn hier wird Macht mit Herr-schaft verschmolzen, wodurch der Urquell des Neuen, das gemeinsame Handeln und Erzeugen von dauerhaften Institutionen im kollektiven Tun zugunsten der destruktiven Seiten ausgeblendet wird. Zum anderen geht es bei der von Marx und Engels erwarteten Revolution um die Emanzipation eines seinerzeit außerhalb der bürgerlichen Gesellschaft stehenden Stan-des, der kaum über bürgerliche und nicht über politische Rechte verfügte. Jene Rechte werden im Verlaufe des 19. Jahrhunderts erst in Revolutionen und Wahlrechtsreformen erkämpft. Die enorme Asymmetrie der Lage und der Handlungsressourcen ist es, die Gewaltsamkeit als Mittel vor allem bei uneinsichtigen Kontrahenten nahe legt. Es ist dieser Umstand, weshalb Engels und Marx die gewaltsam-destruktive Seite der Revolution betonen und die positive Seite des Empowerments von Akteuren, die um institutio-nelle Regelungen ringen, ausblenden.

Wenn nun Marx und Engels den rechtlosen Proletariern, die 12 bis 14 Stunden schuften mußten und vielfach ungebildet waren, zuschreiben, eine neue Form von Gesellschaft bilden zu können, so mutet dies mehr als idealistisch an. Solche idealistisch überhöhten Züge treten wiederholt offen zutage, so etwa wenn Marx 1844 in den *Pariser Manuskripten* davon spricht, daß einem aus den von der Arbeit verhärteten Gestalten des Proletariats der „Adel der Menschheit" (*ÖPM*, 554) entgegen leuchtet. Dennoch ist systematisch zu berücksichtigen, daß die Revolution als ein kreativer Akt der Selbstverwandlung, als Autoemanzipation der Arbeiterklasse begriffen wird. So heißt es in einer entsprechenden Passage der *DI*, die den selbsttransformatorischen Charakter der Revolution hervorkehrt, daß die Arbeiter „nur in einer Revolution dahin kommen ..., sich den ganzen alten Dreck" – gemeint ist die bürgerliche Ordnung – „vom Halse zu schaffen und zu einer neuen Begründung der Gesellschaft befähigt zu werden" und „ihre Persönlichkeit durchzusetzen" (70, 77). – Hier ist der kreativistische, innovative Zug, den die jugoslawische Praxisphilosophie pointiert, offensichtlich: Revolution wird verstanden als die ausgezeichnete Form der Praxis schlechthin. Daß es sich nicht um pure Veränderungsphantasien handelt, zeigt sich u. a. daran, daß in der *DI*, anders als in der Einleitung zur *Kritik der Hegelschen Rechtsphilosophie*, nicht mehr primär Deutschland das Thema ist, sondern das industriell entwickelte England und das politisch entwickelte Frankreich stets mit einbezogen werden. Perspektivisch geht es mithin um eine europäische Revolution, und eine solche fand ja 1848 dann auch statt – freilich ohne die ersehnten sozialistisch-kommunistischen Konsequenzen.

Die proletarische Revolution gilt als Selbstaufhebung nicht nur des Proletariats, sondern auch der Philosophie durch ihre Verwirklichung. Eine Besonderheit ist, daß erstmalig eine Theorie und eine soziale Bewegung systematisch miteinander in Beziehung gesetzt werden; Theorien gelten als Teil von gesellschaftlichen Auseinandersetzungen und sowohl ihre Erkenntnisinteressen als auch ihre soziopolitischen Absichten sind offenzulegen. Trotz ideologischer Engführung werden der Standpunkt des Theoretikers und die intendierten Wirkungen selbstreflexiv in die Theorie mit eingebracht. Die Rolle des Theoretikers wird darin gesehen, bestehende Konflikte aufzudecken und zu verschärfen bzw. latente Konflikte, die noch nicht ins Bewußtsein der Öffentlichkeit gedrungen sind, so zu pointieren und zu forcieren, daß die ihnen zugrunde liegenden Gegensätze erkennbar werden. Diese Vorstellung bildet das Programm und den Hintergrund für die anti-intellektuelle, gegen die Junghegelianer gerichtete Polemik der *DI*. Hier wird die Privilegierung von Marx und Engels

zu selbsternannten Theoretikern der Arbeiterbewegung und Hütern der
Einsicht in die Gesetzmäßigkeiten der Geschichte wie des Wissens um die
politische Mission einer Klasse offensichtlich. Dementsprechend heißt es:
„Wenn also die theoretischen Vertreter der Proletarier irgend etwas durch
ihre literarische Tätigkeit ausrichten wollen, so müssen sie vor Allem
darauf dringen, daß alle Phrasen entfernt werden, die das Bewußtsein der
Schärfe dieses Gegensatzes [von Privateigentümer und eigentumslosen
Proletariern; H. B.] schwächen, alle Phrasen, die diesen Gegensatz vertu-
schen und wohl gar den Bourgeois Gelegenheit bieten, sich kraft ihrer
philanthropischen Schwärmereien der Sicherheit halber den Kommunisten
zu nähern. ... Wir wissen sehr gut, daß die kommunistische Bewegung
nicht durch ein paar deutsche Phrasenmacher verdorben werden kann.
Aber es ist dennoch nötig, in einem Lande wie Deutschland, wo die philosophischen Phrasen seit Jahrhunderten eine gewisse Macht hatten und wo
die Abwesenheit der scharfen Klassengegensätze andrer Nationen ohnehin
dem kommunistischen Bewußtsein weniger Schärfe und Entschiedenheit
gibt, allen Phrasen entgegenzutreten, die das Bewußtsein über den totalen
Gegensatz des Kommunismus gegen die bestehende Weltordnung noch
mehr abschwächen und verwässern könnten." (457)

Zeitlich wird die neue Philosophie bzw. Theorie so mit revolutionärer
Praxis verbunden. Sie soll der Revolution vorangehen, sie begleiten und
instruieren. Ohne systematische Theorie wird diese Revolution letztlich
nicht für möglich gehalten, gerade darum benötige die Arbeiterklasse
ein wissenschaftliches Programm, und das *Manifest der Kommunistischen
Partei* versteht sich selbst als das erste entsprechende Parteiprogramm mit
wissenschaftlichem Anspruch. Faktisch erklären sich Marx und Engels, der
Herkunft nach zwei „bürgerliche" Intellektuelle, damit 1847 in einem Akt
von Selbstermächtigung zu den einzig kompetenten Autoren eines solchen
Programmes.

Inhaltlich wird die angestrebte neue Gesellschaftsform des Kommunismus weder in der *DI* noch im *Manifest* näher charakterisiert, da Marx
und Engels sich vehement von allen Formen des utopischen Sozialismus
als unwissenschaftlicher Schwärmerei absetzen wollen. Der Begriff des
„Kommunismus" ist damit nicht bloß ein Bewegungsbegriff, sondern ein
negatorischer Bewegungsbegriff mit starkem Zukunftsbezug, dessen Kern
die Aufhebung bzw. die Inversion der bürgerlich-kapitalistischen Ordnung
und die Verwirklichung ihres Gegenteils (Gemein- statt Privateigentum,
wirkliche Freiheit statt bloß formelle) bildet (vgl. Berki 1983). In diesem
Sinne wird der Kommunismus als Aufhebung des Privateigentums, als
Abschaffung der Subsumtion von Individuen unter die Teilung der Arbeit

und als Ende von Gemeinschaftssurrogaten, kurz: als selbstzweckhafte Assoziation beschrieben. Das romantische Motiv freier Individualität wird dabei rousseauistisch, aber ohne nähere inhaltliche Qualifikation mit dem Motiv von Gemeinschaft verschmolzen. Demnach gilt: Erst „[i]n der wirklichen Gemeinschaft erlangen die Individuen in und durch ihre Assoziation zugleich ihre Freiheit". (74) – Die Bestimmung dieser Auffassung als kommunistischer Individualismus (vgl. Pies/Leschke 2005), betont die paradoxe Gleichwertigkeit von Individuum und Gemeinschaft.

1.6 Philosophie oder Gesellschaftstheorie?

Die Verwirklichung der Philosophie ist ein großes Thema bei allen Junghegelianern. Meist geht es dabei um den Vollzug eines Übergangs – vom Gedanken zur Tat, von der Theorie zur Praxis oder vom Begriff zum Leben. Diesen Impuls verknüpfen Marx und Engels nicht nur mit einer speziellen, explizit auf die Arbeiterklasse bezogenen Auffassung von Praxis, sondern auch mit der Aufhebung eines bestimmten Typus von (verselbständigter) Philosophie. Sie streben eine neuartige, ganzheitliche Gesellschaftstheorie an und bemühen sich zu diesem Zweck um eine Verbindung der Philosophie mit anderen Disziplinen. In der *DI* bezeichnen Engels und Marx dies als Aufhebung bzw. Verwirklichung der Philosophie in „positive Wissenschaft" (27). Die *DI* steht somit einerseits auf der Schwelle zur Ausdifferenzierung der diversen modernen Sozialwissenschaften aus der umfassenden praktischen Philosophie – und verdient schon von daher besondere Aufmerksamkeit. Andererseits verbergen sich hinter dem Schlagwort von der „Aufhebung der Philosophie" noch weitere Motive, weshalb der Status dieser Schrift aus heutiger Sicht nicht leicht zu bestimmen ist. Man kann und sollte sie sowohl als philosophisch inspirierte Gesellschaftstheorie begreifen wie auch als eine politische Philosophie, die in ihrem Kern freilich eine radikale Absage an die herkömmliche Auffassung von Gesellschaft, Politik und Philosophie enthält. Einig sind sich die Kommentatoren jedenfalls, daß es gerade die Übergange zwischen der Philosophie und den Sozialwissenschaften im engeren Sinne sind, die der Schrift ihre bis heute anhaltende Anziehungskraft verleihen. Und wie Dieter Thomä und Christoph Hennig anhand aktueller Werke der Philosophie und Sozialtheorie nachweisen, wirken die Motive der *DI* in der Tat bis in die Gegenwart fort.

Die vorgelegten Interpretationen zu den einzelnen Manuskripten der *DI* beabsichtigen, mit frischem Blick die Originalität und die Vielfalt, aber auch die Fallstricke und Defizite der divergierenden konzeptionellen Ansätze, die sich in dieser Schrift finden lassen, zu erörtern. Das als Schwäche der Manuskripte herausgestellte Pendeln zwischen normativen und deskriptiven Aussagen, zwischen Philosophie und analytischer Gesellschaftstheorie, ist nicht nur ein Problem, sondern dieses Pendeln macht – da es immerfort zum Nachdenken und zu Widerspruch provoziert – gerade auch den eigentümlichen Reiz des zu kommentierenden Textes aus. In diesem Sinne streben die folgenden Beiträge an, Zugänge zur *DI* zu eröffnen, die eigene Streifzüge durch die Gedankenwerkstatt der Autoren Marx und Engels gestatten.

Literatur

Althusser, Louis (1968): Für Marx, Frankfurt/M.

Arendt, Hannah (1968/1994): Zwischen Vergangenheit und Zukunft. Übungen im politischen Denken I, hrsg. v. U. Ludz, Zürich/München.

Bahne, Siegfried (1962): „Die deutsche Ideologie" von Marx und Engels. Einige Textergänzungen, in: International Review of Social History 7, 1962, 93–104.

Berki, Robert Nandor (1983): Insight and Vision. The Problem of Communism in Marx's Thought, London/Melbourne.

Bloch, Ernst (1954/1985): Das Prinzip Hoffnung, Bd. 1, in: ders.: Werkausgabe Bd. 5, Frankfurt/M.

Bourdieu, Pierre (1976): Entwurf einer Theorie der Praxis auf der Grundlage der kabylischen Gesellschaft, Frankfurt/M.

Castoriadis, Cornelius (1978/1984): Gesellschaft als imaginäre Institution. Entwurf einer politischen Philosophie, Frankfurt/M.

Elster, Jon (1986): An Introduction to Karl Marx, Cambridge.

Eßbach, Wolfgang (1988): Die Junghegelianer. Soziologie einer Intellektuellengruppe, München.

Fenske, Hans (1991²) (Hrsg.): Vormärz und Revolution 1840–1849, Darmstadt.

Gerhardt, Volker: (1996) (Hrsg.): Eine angeschlagene These. Die 11. Feuerbach-These im Foyer der Humboldt-Universität zu Berlin, Berlin.

Habermas, Jürgen (1971): Theorie und Praxis, Frankfurt/M.

Habermas, Jürgen (1971⁴): Literaturbericht (1957), in: ders.: Theorie und Praxis, 387–464.

Habermas, Jürgen (1976): Zur Rekonstruktion der Historischen Materialismus, Frankfurt/M.

Heinrich, Michael (2006⁴): Die Wissenschaft vom Wert. Die Marxsche Kritik der politischen Ökonomie zwischen wissenschaftlicher Revolution und klassischer Tradition, Münster.

Irrlitz, Gerd (1996): Karl Marx – Aufhebung der Subjektphilosophie und der idealistischen Handlungstheorie, in: Gerhardt (1996), 33–64.

Joas, Hans (1988): Einführung. Eine soziologische Transformation der Praxisphilosophie – Giddens' Theorie der Strukturierung, in: Giddens, Anthony: Die Konstitution der Gesellschaft, Frankfurt/M., 9–23.

Kelsen, Hans (1923²): Sozialismus und Staat. Eine Untersuchung der politischen Theorie des Marxismus, Leipzig.

Kolakowski, Leszek (1976/1988): Die Hauptströmungen des Marxismus, Bd. 1, München/ Zürich.

Koselleck, Reinhart (1974): Einleitung in: Geschichtliche Grundbegriffe, Bd. 1, Stuttgart, XIII–XXVII.

Marx, Karl (1953): Die Frühschriften, hrsg. v. Siegfried Landshut, Stuttgart.

Moggach, Douglass (2006): Introduction. Hegelianism, Republicanism, and Modernity, in: ders. (Hrsg.): The New Hegelians. Politics and Philosophy in the Hegelian School, Cambridge.

Petrović, Gajo (1965): Praxis und Sein, in: Praxis, 1/1965.

Petrović, Gajo (1969) (Hrsg.): Revolutionäre Praxis. Jugoslawischer Marxismus der Gegenwart, Freiburg.

Pies, Ingo/Leschke, Martin (2005) (Hrsg.): Karl Marx' kommunistischer Individualismus, Tübingen.

Saß, Martin (1975): [Protokoll] Diskussion IV. Feuerbachianismus und Marxismus I, in: Lübbe, Hermann/Saß, Hans-Martin (Hrsg.): Atheismus in der Diskussion. Kontroversen um Ludwig Feuerbach, München/Mainz, 142–165.

Schieder, Wolfgang (1991): Karl Marx als Politiker, München/Zürich.

Schumpeter, Joseph A. (1942/1987⁶): Kapitalismus, Sozialismus und Demokratie, Tübingen.

Seidel, Helmut (1966): Vom praktischen und theoretischen Verhältnis der Menschen zur Wirklichkeit, in: Deutsche Zeitschrift für Philosophie, No. 10, 14. Jg., 1177–1191.

Simmel, Georg (1900/2001): Philosophie des Geldes, in: ders.: Gesamtausgabe, Bd. 6, Frankfurt/M.

Weber, Max (1920/1988⁷): Gesammelte Aufsätze zur Religionssoziologie, Bd. 1–3, Tübingen.

Alasdair MacIntyre

Die *Thesen über Feuerbach*.
Ein Weg, der
nicht beschritten wurde

Wenn wir heute Marx wieder lesen, dann muß sich diese Lektüre zwei herausragenden und miteinander verbundenen Momenten unserer jüngeren Erfahrung zuwenden. Der innere Zusammenbruch des kommunistischen Staatsapparates in so vielen Ländern hat dort eine Vielzahl von Gruppen hinterlassen, die darum ringen, den perspektivischen Standpunkt der bürgerlichen Gesellschaft [*civil society*] zu erlangen oder vielmehr wiederzuerlangen. Zur gleichen Zeit wird von der sehr gegenwartsfixierten Gesellschaftstheorie unserer eigenen politischen Kultur – einer Theorie, die den heute vorherrschenden Formen der Macht Ausdruck verleiht – entweder behauptet oder vorausgesetzt, daß der perspektivische Standpunkt der bürgerlichen Gesellschaft nicht transzendiert werden kann. Was also war und ist der Standpunkt der bürgerlichen Gesellschaft?

Der Ausdruck „civil society" und seine Entsprechungen in anderen europäischen Sprachen ist ursprünglich verwendet worden, um das Aristotelische „koinōnia politikē" zu übersetzen. Aber zu Beginn des 19. Jahrhunderts war er inzwischen in ganz unterschiedlichen Weisen gebräuchlich und Hegel, der ihn bei Adam Ferguson kennenlernte, übernahm ihn für diejenigen sozialen, ökonomischen und rechtlichen Beziehungen, die Individuen eingehen, um ihre Bedürfnisse zu befriedigen, wodurch sie „ein System allseitiger Abhängigkeit, daß die Subsistenz und das Wohl des Einzelnen und sein rechtliches Dasein in die Subsistenz, das Wohl und Recht aller verflochten [hat]" (Hegel 1981, § 183, 221), formen. Aus der Perspektive der bürgerlichen Gesellschaft heraus muß das Individuum von denjenigen sozialen Beziehungen unterschieden und diesen gegenübergestellt werden, die er oder sie einzugehen gewählt hat. Diese Beziehungen, oft als Vertragsbeziehungen gedacht, sind einerseits ein Mittel zur

Verwirklichung der Ziele eines jeden Individuums und andererseits ein derart gebautes System, daß in ihm jedes Individuum für andere ein Mittel zum Erreichen von deren eigenen Zwecken wird. Zu den durch ein solches System erzeugten Bedürfnissen gehört daher auch eines nach Schutz der Individuen davor, von anderen als Mittel auf eine Weise gebraucht zu werden, daß die Verfolgung der eigenen Zwecke sich eher frustrierend als erfüllend gestaltet. Appellen an moralische und rechtliche Normen, die einen solchen Schutz gewähren, kommt daher innerhalb der bürgerlichen Gesellschaft eine wichtige Funktion zu. Die zentralen, das Denken über die menschlichen Beziehungen in der bürgerlichen Gesellschaft prägenden Begriffe sind deshalb jene der Nützlichkeit, des Vertrags und der individuellen Rechte. Und die Moralphilosophie, die den Standpunkt der bürgerlichen Gesellschaft zum Ausdruck bringt, besteht aus einer fortlaufenden Debatte über diese Begriffe und darüber, wie sie anzuwenden sind.

Bis 1844 hatte Marx eine philosophische Debatte mit Hegel, mit den Linkshegelianern und mit Feuerbach über die Natur der bürgerlichen Gesellschaft, deren Verhältnis zum Staat und zur Religion und über die Unzulänglichkeit der bisherigen Kritik an der bürgerlichen Gesellschaft durch ihre Kritiker geführt. Der Untertitel von *Die heilige Familie* faßt sein Vorhaben zusammen: „eine Kritik der kritischen Kritik". Während der ersten Niederschrift und der darauf folgenden Abwendung vom Manuskript *Die deutsche Ideologie* begannen Marx und Engels gemeinsam im Jahre 1845 ein neues Projekt: die Ausarbeitung einer historischen und analytischen Darstellung der Genese und Dynamik moderner kapitalistischer Ökonomien. Was waren Marx' Gründe für diese Abkehr von der philosophischen Untersuchung? Wenn ich von einer Abkehr von der philosophischen Untersuchung spreche, stelle ich selbstverständlich nicht in Abrede, daß Marx' spätere historischen und ökonomischen Analysen selbst von philosophischen Voraussetzungen durchdrungen sind. Das wäre absurd. Die Philosophie ist aber nicht länger der Gegenstand seiner Untersuchungen und die von ihm gestellten Fragen sind im allgemeinen keine philosophischen Fragen.

Lucio Colletti hat angemerkt, wie wenige von Marx' späteren Schriften auf diesen Wandel hinweisen, indem er uns „die Gründe, philosophische wie praktische, die Marx veranlaßten, nach seinem Bruch mit Hegel und Feuerbach die Philosophie aufzugeben" (Coletti 1975, 8), liefert. Dazu führt er den kurzen Text, dem Engels später den Titel „Thesen über Feuerbach" gab, das *Vorwort* der 1859 veröffentlichten Schrift *Zur Kritik der Politischen Ökonomie* und das *Nachwort zur zweiten Auflage* des ersten Bandes des *Kapitals* an. Die beiden letztgenannten Texte sind jedoch erheblich später vom

Standpunkt des reifen Marx aus verfaßt worden. Nur mit ersterem liegt uns ein echter Übergangstext vor.

Collettis eigene Diagnose dieses Wandels ist auf Marx' Kritik an Hegel gerichtet, in der Marx sich durch Hegels Begriffe der Dialektik und des Staates soweit hindurchgearbeitet hatte, daß ihn deren leere Abstraktionen und Inkohärenzen dazu veranlaßt hatten, diese abzulehnen. Und Colletti versteht Marx' nächste Stufe als eine, die die Begrenztheit dieser Begriffe hinter sich gelassen hat. Mein Vorschlag ist stattdessen, daß die wichtige Frage nicht so sehr ist, warum Marx Hegel und Feuerbach ablehnte, sondern vielmehr, warum er mit ihrer Ablehnung die Philosophie ablehnte und warum er durch die Zurückweisung der Philosophie in einem Stadium, in dem seine eigenen philosophischen Untersuchungen noch unvollendet waren und auf von seinen philosophischen Vorgängern geerbten Fehlern beruhten, es zudem zuließ, daß sein späteres Werk durch Prämissen entstellt wurde, die in wesentlichen Aspekten von philosophischen Irrtümern infiziert waren.

Marx' *Thesen über Feuerbach* sind dieser Auffassung zufolge ein zum Teil erfolgreicher, aber zum Teil auch ein erfolgloser Versuch, das zu identifizieren, was beim Überschreiten des Standpunktes der bürgerlichen Gesellschaft im Spiel ist. Indem ich den Erfolg vom Mißerfolg unterscheide, kann ich nicht umhin, eine bestimmte Interpretation des Textes vorauszusetzen, und es gibt keine Interpretation, die nicht umstritten wäre. Ich werde aber die Gelehrtendispute beiseite lassen, da deren adäquate Behandlung im Rahmen dieses Aufsatzes unmöglich wäre. Damit verzichte ich auch auf nähere Quellenangaben. Unterrichtete Leser werden zum Beispiel bemerken, daß ich eine These George L. Klines (1984) zugrundelege, wonach Marx keine materialistische Ontologie besaß und das Wort „materiell" in den *Thesen über Feuerbach* wie an anderen Stellen mit Vorsicht zu deuten ist; und daß ich von der Richtigkeit von Carol Goulds (1978, besonders 30–39) Beschreibung von Marx' Ontologie der Individuen-in-Verhältnissen und ihrer aristotelischen Abstammung ausgehe. Aber sie und eine Reihe nicht zitierter anderer Autoren können nicht für eine Interpretation verantwortlich gemacht werden, die ich hier mehr behaupte denn beweise.

Meine Vorgehensweise wird darin bestehen, sechs zentrale Behauptungen in Marx' elf *Thesen* zu identifizieren und zu kommentieren. Die erste ist, daß durch die Theorie allein der Standpunkt der bürgerlichen Gesellschaft nicht transzendiert und dessen Grenzen nicht angemessen verstanden und kritisiert werden können – das betrifft die von einer Praxis geschiedene Theorie. Vielmehr ist eine bestimmte Art von Praxis nötig, eine Praxis, die auf einer bestimmten Art von Theorie beruht, die in eben dieser Praxis wurzelt. Die Philosophen haben bisher zu verstehen versucht, aber ihr Verstehen war nicht von dem Ziel geleitet, die gesellschaftliche und natürliche Welt auf die erforderliche Weise umzugestalten. Die elfte These sagt den Philosophen nicht, den Versuch des Verstehens aufzugeben; sie sagt ihnen, ihre Verstehensaufgaben auf das Erreichen eines bestimmten Telos hin auszurichten. Welches Telos?

Es ist das Telos einer Form dessen, was Marx in der ersten These *gegenständliche* Tätigkeit nennt, ein Ausdruck, den er von Fichte und Hegel übernimmt. Gegenständliche Tätigkeit ist Tätigkeit, in der der Zweck oder das Ziel der Tätigkeit so beschaffen ist, daß die Individuen, wenn sie den Zweck zu ihrem eigenen machen, etwas von universellem Wert erlangen können, etwas, das durch die Kooperation mit anderen Individuen in einer bestimmten Form von Praxis verkörpert ist. Die Beziehungen, die für diesen Typ von Zweck erforderlich sind, sind der Art, daß jedes Individuum zugleich *den* Zweck und das, was sein oder ihr eigener Zweck geworden ist, erreicht. Praktiken, deren Tätigkeiten auf diese Weise charakterisiert werden können, stehen in scharfem Gegensatz zum praktischen Leben der bürgerlichen Gesellschaft. Es ist ein Gegensatz, der in aristotelischen Termini besser ausdrückbar ist als in hegelianischen.

In den von den Normen der bürgerlichen Gesellschaft beherrschten Tätigkeiten gibt es keine Zwecke außer denjenigen, die als die Ziele eines bestimmten Individuums oder bestimmter Individuen verstanden werden und die von den Wünschen dieser Individuen diktiert sind, und in ihr werden keine Güter anerkannt außer den für die Befriedigung der Wünsche und Bedürfnisse von Individuen erforderlichen. Weil es viele Güter gibt, die Individuen nur durch kooperative Rücksicht auf die Güter anderer erwerben können, erkennt die bürgerliche Gesellschaft als Gemeingüter diejenigen an, welche von den Individuen gemeinsam angestrebt werden. Aber die einzig verfügbare Vorstellung eines Gemeingutes ist eine, die aus den Vorstellungen der Güter entwickelt wird und auf diese reduzierbar ist, die von den verschiedenen Individuen bei dem Versuch, ihre Wünsche zu erfüllen, verfolgt werden.

Im Gegensatz dazu sind die Zwecke jedes Typs von Praxis, die einschließt, was Marx gegenständliche Tätigkeit nennt, vorgängig und unabhängig von jeder Charakterisierung der Wünsche bestimmter Individuen charakterisierbar, die zufälligerweise an ihr beteiligt sind. Die Individuen entdecken in den Zwecken aller solcher Praktiken Güter, die allen, die an ihnen teilhaben, gemeinsam sind, Güter, die diesem bestimmten Praxistyp inhärent und für ihn spezifisch sind, die sie nur zu ihren eigenen machen können, wenn sie zulassen, daß ihre Teilnahme an der Tätigkeit eine Umwandlung ihrer ursprünglich in die Tätigkeit mit eingebrachten Wünsche bewirkt. Im Verlaufe der Verrichtung dessen, was immer für das Erreichen dieser Güter getan werden muß, verwandeln sie sich folglich auch selbst durch das, was zugleich eine Veränderung ihrer Wünsche und eine Aneignung derjenigen intellektuellen und moralischen Tugenden und derjenigen intellektuellen, körperlichen und imaginativen Fähigkeiten ist, die zum Erreichen der Güter dieser besonderen Praxis notwendig sind. So kommt es, wie Marx in der dritten These formuliert, zum „Zusammenfallen des Änderns der Umstände und der menschlichen Tätigkeit oder Selbstveränderung" (6).

Zugleich ist aber sofort klar, daß eine solche Deutung von Marx zumindest auf zwei Einwände trifft. Der erste und naheliegendste: Marx ist dieser Deutung zufolge so dargestellt, als hätte er eine Unterscheidung getroffen, die in aristotelischem Vokabular ausgedrückt ist, einem Vokabular, das er in Wahrheit nicht verwendete und von dessen Prämissen er einige zurückgewiesen hatte. Die Vorstellung eines auf die Erlangung eines Gemeingutes oder des Gemeinwohls teleologisch hingeordneten Praxistyps, wird es heißen, mag einer aristotelischen oder thomistischen Perspektive eigen sein, der Marxschen ist sie aber fremd. Darauf antworte ich, indem ich zum Teil zustimme: Was ich Marx zugeschrieben habe, ist in der Tat nicht das, was er sagte. Trotzdem behaupte ich, daß wenn Marx die Grundunterscheidung im einzelnen erklärt hätte, die das Argument der *Thesen über Feuerbach* braucht, so wäre er auch gezwungen gewesen, ihn auf eine aristotelischen Termini sehr ähnliche Weise zu artikulieren. Hegels Idiom ist dieser Aufgabe einfach nicht angemessen.

Hierauf muß ein zweiter Einwand lauten, was Marx sagt, ist viel zu komprimiert und elliptisch, um eine derartige Interpretation zu stützen. Jene Interpreten, welche die *Thesen* durch Heranziehung von Marx' anderen Schriften erklärten, hatten wenigstens das Beweismaterial dieser anderen Schriften vorzuweisen. Darauf erwidere ich, wenn wir die *Thesen* einerseits als Zeichen eines bedeutsamen Bruches mit dem, was Marx bis dahin getan hatte, verstehen und andererseits als Wegweiser in eine Richtung, die er in Wirklichkeit nicht einschlug, dann kann das Vertrauen auf seine anderen Schriften selbst irreführend sein. Wonach wir suchen sollten, ist eine Möglichkeit, in Begriffen, die weder durch die Irrtümer Hegels noch die Feuerbachs entstellt sind, eine effektive Zurückweisung der bürgerlichen Gesellschaft zu artikulieren. Unsere erste Frage sollte daher sein: Was machte – nach Marx' Ansicht – jedwede Zurückweisung der bürgerlichen Gesellschaft in hegelianischen oder feuerbachianischen Begriffen fruchtlos?

Marx' Ablehnung allen Hegelianismus' und insbesondere desjenigen der Linkshegelianer war zu einem wesentlichen Teil eine Ablehnung rein theoretischer Untersuchung als Instrument sozialer Veränderung. Was die Linkshegelianer charakteristischerweise angenommen hatten, war, daß das Aufzeigen der Inkohärenzen und damit Bloßstellen der Irrationalität der im sozialen und politischen *Status quo* verkörperten Prinzipien an sich schon bedeutete, einen wichtigen und wirkungsvollen Beitrag zur Herbeiführung seines Unterganges geleistet zu haben. Wir sollten nicht zu streng in der Verurteilung ihres Irrtums sein. Schließlich verfügen wir über mehr als anderthalb Jahrhunderte an Erfahrung, die ihnen fehlte, eine Erfahrung moderner Gesellschaftsordnungen, welche die Enthüllung der Inkohärenzen ihrer Leitprinzipien nicht nur überleben, sondern in einigen Fällen sogar gerade auf Grund dieser Inkohärenz zu gedeihen scheinen. Zum Beispiel verhält der moderne Staat sich gegenüber den ihm Untergebenen zeitweise so, als ob er nichts anderes als ein gigantisches, monopolistisches Versorgungsunternehmen wäre, und zeitweise, als sei er der heilige Hüter von all jenem, das am schätzenswertesten ist. In der einen Eigenschaft verlangt er von uns, die entsprechenden Formulare in dreifacher Ausführung auszufüllen. In der anderen fordert er wiederkehrend von uns, für ihn zu sterben. Diese tiefe Inkohärenz des modernen Staates ist kein Geheimnis, aber die Tatsache, daß sie für jeden offensichtlich ist, trägt überhaupt gar nichts zur Unterminierung des modernen Staates bei. Und Marx erkannte vielleicht als erster, wie ungemein wenig die Enthüllung von Inkohärenz gewöhnlich bewirkt.

Andere Aspekte in Marx' Kritik der Hegelschen Philosophie teilte er mit Feuerbach und hatte sie in der Tat von ihm gelernt. Zu der Zeit, als er die *Thesen* schrieb, mußte er sehr darauf achten, seine eigenen Positionen von einigen des späteren Feuerbach zu unterscheiden (zur Komplexität und den Feinheiten von Feuerbachs Entwicklung siehe Wartofsky 1977). Schließlich hatte Feuerbach bereits in den 1843 veröffentlichten *Thesen zur Reformation der Philosophie* geschrieben: „Der bisherige Gang der spekulativen Philosophie vom Abstrakten zum Konkreten, vom Idealen zum Realen ist ein verkehrter. Auf diesem Wege kommt man nie zur *wahren, objektiven* Realität", sondern lediglich zur Verdinglichung [*reification*] von Abstraktionen der Philosophie, und: „Der Übergang vom Idealen zum Realen hat seinen Platz nur in der praktischen Philosophie." (Feuerbach ³1990, 251) Anscheinend wird hier Marx antizipiert. Wie also ist Marx' Position der *Thesen* davon zu unterscheiden?

In den *Thesen* erhebt Marx die Anklage, daß Feuerbachs Religionskritik unzulänglich gewesen sei, zu einem der Hauptpunkte seiner Kritik an Feuerbach. Feuerbach hatte Religion als eine verzerrte Äußerung des menschlichen Gemüts verstanden, in der Wahrheiten über die Liebe in verschleierter Form ausgedrückt und die wirklichen Beziehungen von Subjekt und Prädikat verkehrt wurden. Die Philosophie sollte diesen Schleier durchdringen und durch rationale Darlegung der entsprechenden Wahrheiten die übernatürlichen Illusionen verdrängen. Feuerbach ging dann aber weiter und verkündete, was er für seine Entdeckung hielt – daß die Philosophie durch ihre Abstraktionen ebenfalls Illusionen erzeugt. Marx' Kritik an Feuerbachs Religionsauffassung ist daher vielleicht am besten als ein Prolog zu Marx' Kritik an Feuerbachs Philosophieverständnis zu verstehen.

Die Marxsche Kritik an Feuerbachs Religionsauffassung war zweigeteilt. Erstens beklagte er, daß Feuerbach, während er – nach Marx Ansicht: richtigerweise – davon ausging, daß die Religion gänzlich vermittels ihrer weltlichen Grundlage zu erklären ist, dann aber nicht fragt, was in „der Selbstzerrissenheit und [dem] Sichselbstwidersprechen" (die vierte These; 6) dieser Grundlage die Illusion erzeugt hatte und wie die weltliche Grundlage umzugestalten wäre, damit sie nicht länger zur Erzeugung von Illusionen neige. Zweitens behauptete Marx, daß Feuerbach „das religiöse Gemüt" nicht hinreichend als ein soziales Produkt analysiert hätte, da Feuerbachs Erklärung an dem Punkt aufhört, an dem er es psychologisch als ein Gefühl von Individuen analysiert und nicht als eine expressive Form, die für einen besonderen Typ gesellschaftlicher Ordnung charakteristisch ist (die siebente These; 7). Worauf es Marx hier ankommt, ist die spezifische Vorstellung vom Individuum, auf die sich Feuerbach stützt. Feuerbach sieht nicht, daß diese Vorstellung zum einen auch zu denjenigen zählt, die wegen ihrer Abstraktheit fehlerhaft sind, und zum anderen, daß sie zum Begriffssystem eines besonderen Typs von gesellschaftlicher Ordnung gehört.

Wenn wir Marx' Kritik an Feuerbachs Deutung der Religion als Verzerrung nun auf Feuerbachs spätere Deutung der Philosophie als Verzerrung anwenden, worin besteht dann Marx' Aussage? Er behauptet erstens, daß die Philosophie ihre weltliche Grundlage in einem besonderen Typ gesellschaftlicher Ordnung hat, jener, die vom Standpunkt der bürgerlichen Gesellschaft geprägt ist, und zweitens, daß, indem wir annehmen, uns durch das Verstehen philosophischer Untersuchung und Begründung als der Tätigkeit von Individuen und durch die Darstellung der weltlichen Grundlage dieser Tätigkeit als ebenfalls individuelle Tätigkeit erfolgreich vom Abstrakten zum Konkreten bewegt zu haben, wir uns dann selbst etwas vormachen. Marx' Verwendung des Begriffs der Abstraktion ist natürlich oft kritisiert worden. Zweifellos, so wurde gesagt, schließen alle Konzepte und jeglicher Sprachgebrauch Abstraktion ein und deshalb kann es keine Kritik eines bestimmten Begriffes oder einer Vorstellung sein, zu sagen, daß sie abstrakt sind. Aber diese Kritik geht an der Sache vorbei, was ebenfalls oft gesagt wurde, aber eine Wiederholung noch immer verträgt. In Marx' semitechnischer hegelianischer Verwendung bedeutet Abstrahieren immer, einen Begriff auf eine Weise zu bilden, die ihn seiner kontextuellen Verbindungen beraubt, in denen er allein beheimatet ist, und daher, ihn so darzustellen, als ließe er sich unabhängig von dem betreffenden Set an Kontexten anwenden. Das zieht nämlich immer begriffliche Irrtümer und Mißverständnisse nach sich. En passant sollten wir vielleicht erwähnen, daß Marx' Gebrauch des Abstraktionsbegriffs oft eher dem Wittgensteinschen als dem Hegelschen gleicht.

Was also macht den Begriff des Individuums, wie ihn Feuerbach verwendet, abstrakt und wodurch ist diese Abstraktion in der Lage, in dem für die bürgerliche Gesellschaft charakteristischen Denken und Handeln eine Rolle zu spielen? Eine Antwort auf die letzte Frage enthält auch eine Antwort auf die erste. Wir haben bereits bemerkt, daß in der bürgerlichen Gesellschaft alle Transaktionen als zwischen Individuen und Gruppen von Individuen stattfindend gedacht werden und daß diese Individuen auf kontingente Weise nur durch ihre eigenen Willensakte mit den sozialen Umständen und den sozialen Verhältnissen, in denen sie zu einem bestimmten Zeitpunkt gerade leben, zusammenhängen. Es kann natürlich sein, daß ein Individuum sich in bestimmte soziale Verhältnisse verwickelt sieht, ohne das gewollt zu haben. Daß es aber in ihnen verbleibt – außer wenn Gewalt oder Betrug am Werk sind (Gewalt und Betrug, zu deren Verhinderung die rechtlichen und moralischen Schutzwälle der bürgerlichen Gesellschaft bestimmt sind) –, ist sein eigenes Tun. Alles, was geschieht, wird entweder als beabsichtigte oder unbeabsichtigte Konsequenz der Handlungen eines oder mehrerer Individuen angesehen. Das menschliche Individuum muß deshalb in Abstraktion von seinen sozialen Beziehungen betrachtet werden und das menschliche Wesen muß spezifizierbar sein, indem nur auf Eigenschaften Bezug genommen wird, die Individuen außerhalb ihrer sozialen Beziehungen und unabhängig von ihnen besitzen.

Es ist wichtig zu erkennen, daß diese Vorstellung vom Individuum nicht bloß im Denken, sondern auch in den für die bürgerliche Gesellschaft charakteristischen Tätigkeiten verkörpert ist. Individuen als verschieden und getrennt von ihren sozialen Beziehungen zu betrachten, ist ein Fehler der Theorie, aber nicht nur ein theoretischer Fehler. Es ist ein im institutionalisierten gesellschaftlichen Leben verkörperter Fehler. Und deshalb ist es ein

Fehler, der nicht ausschließlich mittels besserer theoretischer Analyse korrigiert werden kann. Verbesserte theoretische Analyse ist natürlich notwendig und in der sechsten These deutet Marx an, welche Art theoretischer Darstellung erforderlich ist. Das menschliche Wesen ist nicht gegeben, wenn man die Eigenschaften der Individuen isoliert betrachtet. „In seiner Wirklichkeit ist es das Ensemble der gesellschaftlichen Verhältnisse." (6) Und natürlich ist, was Marx in dieser aphoristischen Äußerung mit „*das* Ensemble" meint, nicht völlig klar. Klar dagegen ist, daß Menschen, die wahrhaft verstehen, was sie wesentlich sind, sich vermittels ihrer wirklichen und möglichen gesellschaftlichen Beziehungen verstehen und dieses Verständnis in ihren Handlungen ebenso wie in ihren Theorien ausdrücken müssen.

In der bürgerlichen Gesellschaft muß es jedoch einen Widerspruch geben, eine Kluft zwischen dem, wie Menschen wirklich und wesentlich sind, und dem, wie sie ihr Sein selbst verstehen. Diese „Selbstzerrissenheit und Selbstwidersprüchlichkeit", durch welche die bürgerliche Gesellschaft eine soziale Ordnung ist, in der Menschen ein wahres Verständnis ihrer selbst und ihrer Beziehungen allgemein versagt ist, bildet die Quelle der von Feuerbach diagnostizierten Illusionen. Und wenn dies auch philosophische Illusionen sind, ob nun über die Religion oder die Philosophie selbst, so können sie doch nicht philosophisch kuriert werden. Hier steht Marx Wittgenstein entgegen. Das einzige Heilmittel für derartige Illusionen ist eine alternative Form von Praxis von genau der Art, die wir bereits als mit dem Standpunkt der bürgerlichen Gesellschaft unvereinbar erkannt haben. Warum ist das so?

Die bürgerliche Gesellschaft ist nicht nur durch ihren abstrakten Individualismus gekennzeichnet, sondern auch durch eine besondere Art, sich das Verhältnis zwischen aller Theorie, einschließlich der Gesellschaftstheorie, und der Praxis vorzustellen. Die Adäquatheit einer Theorie gegenüber ihren Objekten wird als eine Frage der Übereinstimmung von „Gedankenobjekten" mit „sinnlichen Objekten" aufgefaßt (die erste These). Dieser Auffassung nach sollen wir das „abstrakte Denken" mit unserer Anschauung der von der physischen und sozialen Welt gelieferten Sinneserfahrung korrigieren. Vom Standpunkt dessen, was Marx Feuerbachs „anschauenden Materialismus" nennt, sind das, was die Anschauung der sozialen Welt zum Vorschein bringt, „einzelne Individuen" und ihre Ansammlung in der bürgerlichen Gesellschaft (die neunte These, 7). Die theoretische Untersuchung führt zu der materialistischen Folgerung, daß diese Individuen das, was sie sind, auf Grund ihrer Umstände und ihrer Erziehung sind. Menschen werden dann als das Produkt kausaler Mächte, über die sie keine Kontrolle besessen haben, begriffen.

Der Gesellschaftstheoretiker, der bei dieser Schlußfolgerung angelangt ist, hat damit das Werk der Ausarbeitung einer adäquaten Theorie vollendet. Sie oder er muß nun begreifen, daß sie oder er vor einer zweiten, andersgearteten Aufgabe steht: der Anwendung dieser Theorie, um Veränderungen zu bewirken. Aber indem sie sich ihre Aufgabe so vorstellen, haben die Theoretiker, bezeichnenderweise ohne dies zu erkennen, den schärfsten Unterschied gezogen zwischen ihrem Selbstverständnis und der Weise, wie sie diejenigen verstehen, die den Gegenstand ihrer Forschungen bilden. Sie verstehen diejenigen, deren Handlungen und Erfahrungen mit ihrer Theorie erklärt werden sollen, als völlig durch Umstände und Erziehung bestimmte Produkte. Ihr biologisches und soziales Erbe macht sie zu dem, was sie sind, unabhängig von und vorgängig zu ihrem eigenen Denken und Wollen, die nichts weiter als Produkte dieses Erbes sind. Im Gegensatz dazu verstehen sich solche Theoretiker als rational Handelnde, fähig und danach trachtend, ihre Absichten in der natürlichen und gesellschaftlichen Welt zu verwirklichen. Andere begreifen sie in den Kategorien einer deterministischen Theorie; sich selbst verstanden sie mittels eines rationalen Voluntarismus'. Marx formulierte das in der dritten These, indem er schrieb: „Die materialistische Lehre von der Veränderung der Umstände und der Erziehung vergißt, daß die Umstände von den Menschen verändert und der Erzieher selbst erzogen werden muß. Sie muß daher die Gesellschaft in zwei Teile – von denen der eine über ihr erhaben ist – sondieren." (5 f.) Was sollten wir aus diesen Bemerkungen lernen?

Eine erste Lehre betrifft das Verhältnis zwischen der Autonomie der Theorie und der gesellschaftlichen Ordnung der bürgerlichen Gesellschaft. Marx hatte die Autonomie der theoretischen Forschung bereits als etwas für die bürgerliche Gesellschaft Charakteristisches identifiziert. Nun fügt er als ebenfalls kennzeichnend für die bürgerliche Gesellschaft das Selbstverständnis des Theoretikers als eines autonom Handelnden hinzu und darum in dessen eigenem Verständnis immer auch als potentieller Gesetzgeber für andere und im Namen anderer. Marx deutet hier das Irreführende an einer Antithese an, die später viele Diskussionen über den Marxismus dominierte: nämlich zwischen der Ansicht, daß theoretische Untersuchungen in ökonomischen und sozialen Formationen unausweichlich als deren Teil funktionieren, und der konkurrierenden Ansicht, daß theoretische Untersuchungen autonom und unabhängig von den sozialen Kontexten, in denen der Theoretiker lebt, sein können. Marx identifiziert dagegen eine bestimmte Art der Autonomie und Unabhängigkeit von Theorie als für einen bestimmten Typ gesellschaftlicher Ordnung an sich charakteristisch und von ihm untrennbar seiend.

Zweitens erkannte Marx eine beständige Aporie jeder modernen Gesellschaftstheorie, indem er erklärte, daß eine solche autonome Gesellschaftstheorie es gar nicht vermeiden kann, Menschen auf zwei unvereinbare Weisen zu betrachten, einerseits als Produkte objektiver gesellschaftlicher und natürlicher Umstände und andererseits als rational Handelnde. Nicht selten haben in diesem Jahrhundert Gesellschaftstheoretiker erklärt, daß sie das damit aufgeworfene Problem gelöst haben, unter ihnen Parsons, Sartre, Habermas und jüngst Bourdieu. Aber so verschieden wie ihre Lösungen auch sind, es waren alles theorieimmanente Lösungen. Selbst Bourdieu, dem Loïc J. D. Wacquant kürzlich zur „Einbeziehung einer Theorie der theoretischen Praxis in die Theorie der Praxis"(Bourdieu/ Wacquant 1996, 72) gratuliert hat, verbindet mit Theorie in erster Linie die Praxis des wissenschaftlich Forschenden, das heißt, die des Theoretikers. Aber Marx kam es, wie ich annehme, gerade darauf an, daß es aus dem Inneren der Theorie oder selbst aus dem Inneren der Praxis des Theoretikers keine Lösung geben kann. Nur vom Standpunkt einer sehr verschiedenen Art sozialer Praxis aus, einer, die sowohl der Untersuchung als auch der Theorie vorausgeht, ist eine Lösung möglich. Welche Art von Praxis könnte das sein? Es kann nicht die Art von Praxis sein, die jene vor Augen haben, die sich mit einer Reform der Institutionen der bürgerlichen Gesellschaft befassen, ohne jedoch deren Grundüberzeugungen preiszugeben. Denn Marx hatte Gründe aufgefunden, die hierarchische Struktur dieses Typs reformistischer Theorie und Praxis zurückzuweisen. Jene, die, ohne den Standpunkt der bürgerlichen Gesellschaft aufzugeben, im voraus zu wissen meinen, was zur Herbeiführung der nötigen Veränderung getan werden muß, sind auch diejenigen, die sich deshalb für berechtigt halten, diese Veränderung zu organisieren. Andere sollen die passiven Empfänger dessen sein, was sie als Manager veranlassen. Diese hierarchische Trennung zwischen Führern und Geführten wird so durch das überlegene Wissen legitimiert, das sich diese leitenden Reformer, die sich die Rolle des Erziehers zugeteilt haben, zuschrieben. Marx hatte dabei mit ziemlicher Sicherheit an erster Stelle Robert Owen im Sinn, den er in den Pariser Manuskripten als den Verfasser „einer *philosophisch* abstrakten Philanthropie" beschrieben hatte. Owen sollte in der späteren Geschichte des Sozialismus zahlreiche Nachfolger haben, darunter Lenin (zumindest gelegentlich) sowie Beatrice und Sidney Webb.

Zu beachten ist, daß wir in der sechsten These dem Problem der Interpretation dessen, was Marx nur in komprimierter und elliptischer Form ausgedrückt hat, noch einmal begegnen. Was hat es mit dem Besitz theoretischen Wissens gesellschaftlicher Erzieher auf sich, daß dieses als Legi-

timation ihrer überlegenen Rolle betrachtet werden kann? Es muß wohl
so sein, daß der Erzieher oder die Erzieherin von sich nicht nur glaubt,
mehr zu wissen, sondern daß er oder sie am besten zu wissen meint, was
für andere wahrhaft gut ist, also etwas, das jene selbst nicht wissen. Die
Erzieher halten sich folglich für berufen, anderen *ihre* Vorstellung des
Guten aufzuerlegen. In Bezug auf die Kenntnis des Guten stellt Marx die
Tätigkeit dieses Erziehertyps der Tätigkeit einer ganz anderen Art von
Praxis gegenüber, einer, in der die an ihr Beteiligten sich selbst verändern und sich durch ihre eigene selbstverändernde Tätigkeit selbst erzie-
hen und dabei dahin kommen, ihr Gut als ein Gut, das dieser Tätigkeit
inhärent ist, zu verstehen. Auch hier hätte die Erhellung von Marx' anti-
hegelianischer und anti-feuerbachianischer These wieder in aristotelischen
Begriffen erfolgen müssen. Aber diese Erklärung könnte kaum gerechtfertigt werden, wenn sich als unmöglich erweisen sollte, irgendein relevantes
Beispiel genau einer solchen Praxisform zu finden, einer Praxis, die mit
Recht *sowohl* „revolutionär" (die erste und dritte These) genannt werden
könnte, *als auch* nur durch einen aristotelischen Verweis auf ihre inneren
Güter angemessen charakterisierbar wäre.

Ein solches Beispiel finden wir in Edward Thompsons Beschreibung des
Gemeinschaftslebens der Handweber von Lancashire und Yorkshire vor und
während der größten Prosperität dieser Webergemeinden Ende des 18. und
zu Beginn des 19. Jahrhunderts. Im besten Fall erhielt die Lebensweise des
Handwebers die Unabhängigkeit seiner Familie und seine eigene Selbständigkeit. Redlichkeit und Integrität besaßen einen hohen Stellenwert und das,
was Thompson in *The Making of the English Working Class* den „Rhythmus von
Arbeit und Muße" nennt, erlaubte die Kultivierung von Gärten, das Erlernen von Arithmetik und Geometrie, das Lesen und Verfassen von Poesie.
Was die Handweber erhofften, aber nicht aufrechtzuerhalten vermoch-
ten, war „eine Gemeinschaft von unabhängigen kleinen Produzenten, die
ihre Produkte untereinander austauschten, ohne die Verzerrungen durch
Unternehmer und Zwischenhändler". (Thompson 1987, 300, 321)[1] Zu ihrer
besten Zeit verwirklichten sie in ihrer Praxis eine bestimmte Vorstellung des
menschlichen Guten, von Tugenden, von gegenseitigen Pflichten und vom

---

1   Die Bewegung der *Chartists* formierte sich, nachdem der englische *Reform Act* von 1832 das
Wahlrecht auf den größten Teil der bürgerlichen Mittelklasse ausgeweitet hatte, Angehörige
der Arbeiterklasse aber weiterhin ausschloß. Die 1838 veröffentlichte *Peoples Charter* enthielt
die Ziele der Chartisten, u. a. allgemeines Wahlrecht für Männer über 21 Jahren, Zulassung
von Gewerkschaften und Verbesserungen der Arbeitsbedingungen. Die *Moral-force Chartists*
und die *Physical-force Chartists* unterscheiden sich durch ihre Einstellung zu gewaltsamen
Protesten. [Anm. d. Hrsg.]

untergeordneten Rang technischer Fähigkeiten im menschlichen Leben, für deren Artikulierung sie aber selbst keine Theorie besaßen. Indem sie so lebten, hatten sie sich, soweit das überhaupt möglich war, außerhalb der bürgerlichen Gesellschaft gestellt. Und eine Theorie, die ihre Praxis erfolgreich artikuliert hätte und die so formuliert worden wäre, daß ihre Abhängigkeit von dieser Praxis evident ist, würde genau die Art von Beispiel für das Verhältnis von Theorie und Praxis abgegeben haben, welche die in den *Thesen über Feuerbach* getroffene Aussage so dringend benötigt.

Was machte die Praxis der Handweber so revolutionär? Es war das Maß, in welchem sie, um ihre Lebensweise aufrechtzuerhalten, ablehnen mußten, was diejenigen, die vom Standpunkt der bürgerlichen Gesellschaft aus sprachen und handelten, für den ökonomischen und technologischen Triumph des Zeitalters hielten. So beschreibt Thompson, wie der kapitalistische Fortschritt letzten Endes „die Weber zu überzeugten ‚physical-force'-Chartisten" (a. a. O., 327) machte. Marx selbst kannte die Kampfbereitschaft der Weber durch den Aufstand der Schlesischen Weber des Eulengebirges im Jahre 1844. Aber er scheint die Lebensform, aus der diese Militanz erwuchs, nicht verstanden zu haben und so konnte er später nicht begreifen, daß, obwohl die Proletarisierung für die Arbeiter den Widerstand notwendig macht, er sie auch derjenigen Praxisformen beraubt, durch die sie Vorstellungen eines Gutes und von Tugenden entdecken können, welche den moralischen Erfordernissen des Widerstandes angemessen sind. Doch in den *Thesen über Feuerbach* kam Marx sehr nah an die Formulierung genau der Unterscheidungen heran, die es ihm ermöglicht hätten, dies zu verstehen. Diese Unterscheidungen aber klar ausgedrückt und ihre Implikationen entwickelt zu haben, würde ihn vielleicht daran gehindert haben, sein Verhältnis zu den großen revolutionären Veränderungen zu bestimmen, die er als nahe bevorstehend ausgemacht hatte, und hätte ihn statt dessen an das gebunden, was er für bereits unterlegene Formen vergangenen Lebens hielt. Marx dürfte deshalb wohl vor der Alternative gestanden haben, entweder die Philosophie zu verwerfen oder aber sich der Möglichkeit einer unmittelbar wirksamen Teilnahme an großen Ereignissen zu berauben. Und möglicherweise ist dies der Grund, aus dem er die Philosophie verwarf.

Einige von Marx' Gedanken aus den *Thesen* tauchen natürlich in seinen späteren Schriften wieder auf. Mit seiner Ablehnung der Philosophie im Jahre 1845 verlor er aber die Möglichkeit, diese Gedanken systematisch zu entwickeln und deren Auswirkungen auf das Verhältnis von Theorie und Praxis zu verstehen. Damit hinterließ er eine unabgeschlossene philosophische Aufgabe, und als späterhin die Philosophie im Marxismus wiederbelebt wurde, geschah das typischerweise entweder in Form des dialektischen und historischen Materialismus Plechanows, der aus Engels' Mißverständnis von Marx' Verhältnis zu Feuerbach erwuchs, oder jener des rationalen Voluntarismus des jungen Lukács, in dem Lukács Züge des Marxschen Denken wiederbelebte, die ihren vollsten Ausdruck in den Pariser Manuskripten von 1844 gefunden hatten. Aber dieser Gegensatz – zwischen der Philosophie von Engels und Plechanow auf der einen Seite und der des jungen Lukács auf der anderen – belebte in einer neuen Version oder vielmehr in einer Serie neuer Versionen eine der Antithesen, die von Marx in den *Thesen über Feuerbach* bereits selbst ernsthaft in Frage gestellt worden waren. In den nachfolgenden Debatten verfügte jede der Parteien über eine ausgezeichnete Diagnose der Irrtümer ihrer Gegner. Die Anhänger des jüngeren Lukács begriffen sehr gut, daß, wenn menschliche Individuen – in dem von Engels und Plechanow dargelegten Sinne – das Produkt von Umständen und Erziehung wären, dann die Art revolutionärer Tätigkeit, durch welche die Grenzen der Umstände und der Erziehung überschritten werden könnte, unverständlich würde. Ebenso wußten die Anhänger von Engels und Plechanow, daß, wenn die Möglichkeiten revolutionären Handelns das wären, wofür sie der Lukács der Schriften *Geschichte und Klassenbewußtsein* und *Lenin* hielt, dann die Natur der historischen Determination durch die sozialen und ökonomischen Ordnungen ziemlich unklar würde. In einer frühen Rezension des erstgenannten Buches sagte Ernst Bloch über die Bolschewiken voraus: „manche von ihnen werden sagen, Marx habe Hegel nicht auf seine Füße gestellt, damit Lukács Marx wieder auf den Kopf stelle" (Bloch 1985, 601). Die Bolschewiken, die eben das taten, wie auch Lukács selbst waren auf verschiedene Weise Opfer genau dieser irreführenden Metapher und damit einer philosophischen Erbschaft, die beide am Verständnis der Tragweite von Marx' *Thesen über Feuerbach* hinderte.

Dieser Mangel wird an zwei Aspekten der Geschichte der Moralphilosophie im Marxismus besonders deutlich. Der eine ist das Maß, in dem Marxisten, wenn sie zu Moraldebatten gezwungen wurden, auf die bereits von der Moralphilosophie der bürgerlichen Gesellschaft bereitgestellten Mittel zurückfallen mußten, so daß die sich bekämpfenden Parteien lediglich wiederholten, was von den Protagonisten dieser Moralphilosophie bereits früher und besser gesagt worden war. So wiederholten Kautsky auf die eine und Trotzki auf die andere Weise Thesen des benthamistischen Utilitarismus, während so verschiedene Theoretiker wie Bernstein und Guevara neuerlich Kant bemühten. Wichtiger ist aber ein zweiter Aspekt des marxistischen Moraldenkens.

Seit Marx und Engels haben Marxisten allgemein angenommen, daß ein historisches und soziologisches Verständnis moralischer Begriffe und Grundsätze, wie sie in Praktiken artikuliert sind, unvereinbar mit einer Berufung auf objektive Standards von Güte, Richtigkeit und Tugend sei, Standards, die unabhängig von den Interessen und Einstellungen der an solchen Praktiken Beteiligten sind. Und die Marxisten standen mit dieser Annahme natürlich nicht allein. Aber auch hier liegt wieder eine falsche Antithese vor. Was der Objektivität moralischer und anderer Wertestandards gleichkommt, muß einzig aus dem Kontext und vermittels der Struktur bestimmter Typen historisch entwickelter Praxis begriffen werden, wobei die Ausgangsinteressen der an solchen Praktiken Beteiligten durch ihre Tätigkeiten in ein Interesse an der Unterwerfung unter die Maßstäbe der Vortrefflichkeit, die diese Praktiken erfordern, verwandelt werden, so daß sich ihre inneren Güter erreichen lassen. Das sind Praxistypen, welche durch die, für den sich entwickelnden Kapitalismus charakteristischen, selbstverherrlichenden und selbstschützenden Einstellungen und Tätigkeiten gesellschaftlich marginalisiert werden, Praxistypen, wie sie dem Standpunkt der bürgerlichen Gesellschaft fremd sind. Aber dies sind die Praxistypen, in denen das moralische Denken relevanten praktischen Überprüfungen unterzogen wird und Objektivität erlangt. Nur in solchen Kontexten kann die Frage, „ob dem menschlichen Denken gegenständliche Wahrheit zukomme", in Bezug auf das moralische Denken beantwortet werden, und diese Frage ist keine „der Theorie, sondern eine *praktische* Frage" (die zweite These). Sie wird von den Mitgliedern von Fischereikollektiven, Landkooperativen und Streichquartetten ebenso beantwortet wie von den Handwebern des 18. Jahrhunderts und ihren mittelalterlichen und antiken Vorgängern, nur durch und unter Bezugnahme auf Praxisformen, die der Theorie vorangehen, derer sie so dringend bedürfen. Nur in solchen Praktiken und durch sie kann der Standpunkt der bürgerlichen Gesellschaft überschritten werden.

Wir haben die Einsichten der *Thesen über Feuerbach* deshalb noch immer ernsthaft in Betracht zu ziehen, wenn wir in der Lage sein sollen, auf einem Weg voranzuschreiten, den Marx selbst nicht gegangen ist. Ich habe erwähnt, wie Marx seine eigenen, in den *Thesen* enthaltenen Einsichten nicht zu entwickeln vermochte. An den daraus folgenden Irrtümern ist heute aber nicht so wichtig, daß es Marx' Irrtümer waren, als daß es für so viele von uns *unsere* Irrtümer waren und die Niederlage des Marxismus *unsere* Niederlage war. Aber weder der Marxismus noch wir selbst wurden von den Protagonisten des Standpunktes der bürgerlichen Gesellschaft besiegt, die sich nun fälschlicherweise zum Zusammenbruch der kommunistischen Herrschaft in so vielen Staaten gratulieren. Der Marxismus hat sich selbst besiegt und auch wir, Marxisten und Ex-Marxisten und Post-Marxisten verschiedenster Art, waren die Urheber unserer eigenen Niederlagen – zum wesentlichen Teil auf Grund unserer Unfähigkeit, rechtzeitig einige der Lehren der *Thesen über Feuerbach* anzunehmen. Entscheidend ist jedoch, zuerst dies zu verstehen und dann noch einmal von vorn anzufangen.

Aus dem Amerikanischen übertragene, revidierte Übersetzung von Wolf-Dietrich Junghanns (zuerst in: *Deutsche Zeitschrift für Philosophie*, 1996, Heft 4, 543–554). Quelle: Gould, Carol C./Cohen, Robert S. (1994) (Hrsg.): *Artifacts, Representation and Social Practice. Essays for Marx Wartofsky*. Dordrecht, Boston, London, 277–290.

Literatur

Bloch, Ernst (1985): Aktualität und Utopie. Zu Lukács ‚Geschichte und Klassenbewußtsein‘ (1923), in: Ders.: Philosophische Aufsätze zur objektiven Phantasie, in: Ders.: Werkausgabe. Bd. 10, Frankfurt/M., S. 598–621.

Bourdieu, Pierre/Wacquant, Loïc J. D. (1996): Reflexive Anthropologie, Frankfurt/M.

Colletti, Lucio (1975): Introduction, in: Karl Marx. Early Writings. Ed. by Q. Hoare, New York, 7–56.

Feuerbach, Ludwig (³1990): Vorläufige Thesen zur Reformation der Philosophie, in: Ders.: Gesammelte Werke. Hrsg. von W. Schuffenhauer, Bd. 9 (Kleinere Schriften II), Berlin, 243–263.

Gould, Carol (1978): Marx's Social Ontology. Individuality and Community in Marx' Theory of Social Reality, Cambridge (Mass.), Kapitel I.

Hegel, G. W. F. (1981): Grundlinien der Philosophie des Rechts oder Naturrechts und Staatswissenschaft im Grundrisse. Nach der Ausgabe von E. Gans hrsg. v. H. Klenner, Berlin.

Kline, George L. (1984): The Myth of Marx's Materialism, in: Annales of Scholarhip 3, 2.

Thompson, Edward P. (1987): Die Entstehung der englischen Arbeiterklasse, Frankfurt/M., Bd. 1.

Wartofsky, Marx W. (1977): Feuerbach, Cambridge.

3

Matthias Bohlender

Die Herrschaft der Gedanken

Über Funktionsweise, Effekt und die Produktionsbedingungen von Ideologie

Der Begriff der Ideologie war immer schon ein schwieriger und zwiespältiger. Gerade weil er heutzutage in den Alltagsgebrauch eingesickert ist, bleibt oft unklar, was genau mit ihm gemeint und welcher Vorwurf mit ihm verbunden ist. „Ideologisch" zu sein, kann bedeuten, bewußt lügen oder täuschen zu wollen; es kann heißen, eine (partei-)politisch interessierte Haltung zu vertreten; man kann aber unter „Ideologie" auch einfach nur eine mehr oder minder kohärente Weltanschauung oder Lehre verstehen. Nichts von alledem aber bezeichnet jenen komplexen Ideologiebegriff, den Marx und Engels in der *Deutschen Ideologie* herauszuarbeiten versuchten und der nicht zuletzt durch sie zu einem wissenschaftlichen Gegenstand werden konnte. Man muß von „Versuchen" oder vielleicht von „Anläufen" und „Abbrüchen" reden, weil der Titel und eine ganze Geschichte der Rezeption dieses Textes suggerieren könnten, hier würde man definitiv und klar auf eine fertig ausgearbeitete Marxsche Ideologietheorie und Ideologiekritik stoßen. Dagegen sprechen allerdings die unterschiedlichen und widersprüchlichen Bedeutungsschichten des verwendeten Ideologiebegriffs und nicht zuletzt die Tatsache, daß zumindest Marx den Begriff später nie mehr systematisch gebraucht und theoretisch präzisiert hat.[1]

Entgegen also einer möglichen Erwartung, in der *Deutschen Ideologie* würde man einen kohärenten und für das Marxsche Werk durchgängig gebrauchten Begriff von Ideologie antreffen, gilt es vielmehr, seine Hete-

---

1 Im *Kapital* beispielsweise wird Marx das Konzept des „Fetischismus" an die Stelle der „Ideologie" rücken und das Problem damit grundlegend verschieben (vgl. dazu Balibar 1995, 42 ff.). Engels dagegen greift den Begriff später wieder auf, insbesondere im *Anti-Dühring* und in *Ludwig Feuerbach und der Ausgang der klassischen deutschen Philosophie*.

rogenität und – vor allem – seine Historizität zu betonen. Marx hat später, im Vorwort *Zur Kritik der politischen Ökonomie* von 1859, auf diese beiden Dimensionen des Manuskripts Bezug genommen, als er von einem Selbstverständigungstext der beiden Autoren sprach und nichts dagegen hatte, ihn letztlich der „nagenden Kritik der Mäuse" zu überantworten (*ZKPÖ*, 10). Das aber heißt: Zu einem bestimmten Zeitpunkt verständigten sich Marx und Engels über ein spezifisches Problem, das sie mit Begriffen wie „Ideologie", „Illusion" oder „Herrschaft der Gedanken" bezeichneten; es ging darum, dieses Problem für ihre gesellschaftliche Analyse und für ihre politische Diagnose von einer künftigen Revolution zu benennen, eine gemeinsame Sprache zu finden und entsprechend aufzulösen. Die vier Fragen, die uns demnach im folgenden interessieren werden, lauten: Was genau ist das Problem mit der Ideologie? Wie funktioniert der ideologische Mechanismus? Was sind die Entstehungs- bzw. Produktionsbedingungen von Ideologie und auf welche Weise läßt sich Ideologie als Herrschaftspraxis fassen, kritisieren oder gar beseitigen?

3.1 Ideologie: Eine Kritik der Philosophie

Wenn es Marx und Engels in der *Deutschen Ideologie* um eine Selbstverständigung ging, dann stellt sich zunächst einmal die Frage, worüber man sich eigentlich verständigen wollte? Schaut man sich die Passage noch einmal genauer an, so heißt es dort, daß beide beschlossen hatten, „den Gegensatz unserer Ansicht gegen die ideologische der deutschen Philosophie gemeinschaftlich auszuarbeiten, in der Tat mit unserem ehemaligen philosophischen Gewissen abzurechnen" (*ZKPÖ*, 10). Es geht also um eine *Kritik* der Philosophie und eine *Abrechnung* mit jenen junghegelianischen Anschauungen und Überzeugungen, die Marx und Engels vor kurzem selbst noch geteilt hatten. Dementsprechend handelt es sich von Anfang an um einen Text mit einer desillusionierenden Geste: Schaut her, so wie Ihr haben wir bisher auch gedacht; aber diese Denkweise muß neu überdacht, die daraus resultierende Kritik des Bestehenden ihrerseits kritisiert werden.

In der Geschichte der Philosophie lassen sich nun zwei Antworten finden, warum eine Denkweise oder eine Kritik überdacht oder aufgegeben werden sollte: Die eine, seit Platon bekannte Linie entlarvt ein Denken als eine bloße Meinung und offenbart die Falschheit und den Irrtum ihrer Aussagen. Die andere, mit Bacon und der Aufklärung assoziierte Linie ergänzt diese erkenntniskritische Perspektive um eine macht- und herrschaftskritische Seite. Hier geht es nicht mehr allein um die Frage nach der richtigen oder falschen Abbildung von Welt oder Wirklichkeit, sondern um die Frage nach der bewußten Täuschung und Manipulation durch „falsche Ideen" und „trügerische Vorstellungen". Daß die Religion, daß die Kirchen und ihre Priester bewußt die Mehrheit der Menschen mit ihren Vorstellungen von Gott, Sünde, Vergebung und Erlösung täuschen und damit Herrschaft über sie ausüben, gehört seit der Mitte des 18. Jahrhunderts zum festen Argumentationsbestand der europäischen Aufklärung.

Das beunruhigende Problem, das seit der Aufklärung mit jener „Täuschung durch falsche Ideen" – wie man Ideologie hier bezeichnen könnte – zu Tage tritt, besteht in der unerhörten Verknüpfung von *Erkenntnis und Herrschaft*, von *Wissen und Macht*. Von nun an scheint offensichtlich, daß die Art und Weise, wie wir uns die Welt, die Menschen und ihre Gegenstände vorstellen, eine Frage der Beherrschung dieser Welt, dieser Menschen und ihre Gegenstände bedeutet. Die Ideen haben eine bestimmte und bestimmende Macht über die Menschen; so können sie etwas Glauben machen, zu Handlungen verleiten oder gar unterwerfen. Will man also ernsthaft die bestehende Wirklichkeit verändern, will man die Emanzipation des Menschen von der Herrschaft der Gedanken, die er selbst erzeugt hat, so gilt es diese Ideen, Gedanken und Vorstellungen zu überprüfen, zu kritisieren und aufzulösen.

Das in etwa ist der Standpunkt der deutschen Philosophie und jener junghegelianischen Autoren (Strauss, Bauer, Stirner, Feuerbach), von dem Marx und Engels ausgehen, um ihn als ideologisch und illusorisch zu kritisieren. Schon in den ersten Sätzen der Vorrede heißt es: „Die Menschen haben sich bisher stets falsche Vorstellungen über sich selbst gemacht, von dem, was sie sind oder sein sollen. Nach ihren Vorstellungen von Gott, von dem Normalmenschen usw. haben sie ihre Verhältnisse eingerichtet. Die Ausgeburten ihres Kopfes sind ihnen über den Kopf gewachsen. Vor ihren Geschöpfen haben sie, die Schöpfer, sich gebeugt. Befreien wir sie von den Hirngespinsten, den Ideen, den Dogmen, den eingebildeten Wesen, unter deren Joch sie verkümmern. Rebellieren wir gegen diese Herrschaft der Gedanken ... und – die bestehende Wirklichkeit wird zusammenbrechen." (13)

Für diese Art von Befreiung und Rebellion haben Marx und Engels nur Spott übrig. Sie sprechen von einer „unschuldigen und kindlichen Phantasie", besser aber noch von bloßer „Prahlerei" – als wäre es möglich, allein durch einen kritischen Denkakt die „Gedankenherrschaft" und damit den Untergang des Bestehenden herbeizuführen. Die „Ideologie", wie Marx und Engels sie hier fassen, ist ein Amalgam aus Denken bzw. Bewußtsein und Herrschaft; soweit bestätigen sie die Tradition der Aufklärung und ihre legitime Erbin: die „deutsche Philosophie". Doch sie bezweifeln, daß man den komplexen Mechanismus ideologischer Produktion auch nur annähernd verstanden hat, wenn man versucht, ihn lediglich von Seiten des Denkens und mit den Mitteln der Kritik aufzulösen. Ein solcher Versuch ist nicht nur zum Scheitern verurteilt; er ist, was sich als wesentlich problematischer erweist, selbst Bestandteil und Element von Ideologie. „Da nach ihrer Phantasie die Verhältnisse der Menschen, ihr ganzes Tun und Treiben, ihre Fesseln und Schranken Produkte ihres Bewußtseins sind, so stellen die Junghegelianer konsequenterweise das moralische Postulat an sie, ihr gegenwärtiges Bewußtsein mit dem menschlichen, kritischen oder egoistischen Bewußtsein zu vertauschen und dadurch ihre Schranken zu beseitigen. Diese Forderung, das Bewußtsein zu verändern, läuft auf die Forderung hinaus, das Bestehende anders zu interpretieren, d. h. es vermittelst einer anderen Interpretation anzuerkennen." (20)

Die junghegelsche Philosophie war in der Tradition der Aufklärung angetreten, eine radikale Kritik der bestehenden, entfremdeten und herrschaftlichen Verhältnisse zu liefern, um mit dieser Kritik die Verhältnisse selbst zu ändern. Man brauchte den Menschen lediglich die Wahrheit zu sagen: daß das, was sie beherrscht – Gott, Staat, Moral, Eigentum etc. – die verselbständigten Produkte ihres eigenen Bewußtseins sind. Ideologie entpuppt sich damit als menschliche *Selbsttäuschung und Selbstbegrenzung*. Mit dieser Erkenntnis würde die Herrschaft fallen, weil sie im Grunde eine reine „Herrschaft der Gedanken" darstellt. Für Marx und Engels ist aber genau dies die Illusion bzw. die Selbsttäuschung der Junghegelianer, daß sie glauben, die „wirklich bestehende Welt zu bekämpfen", wenn sie nur „die Phrasen dieser Welt bekämpfen". In Wahrheit verbleiben sie jedoch innerhalb des ideologischen Rahmens und sind Teil seines Effektes, der darin besteht, die Welt als Gedanken- und Bewußtseinswelt, die Herrschaft als Gedanken- und Bewußtseinsherrschaft erscheinen zu lassen. Jede Forderung, die bestehende Wirklichkeit dadurch zu ändern, daß man das Bewußtsein verändern muß, erweist sich somit als Anerkennung und Legitimation der bestehenden Wirklichkeit.

Die berühmte elfte *These über Feuerbach*: „Die Philosophen haben die Welt nur verschieden *interpretiert*, es kömmt drauf an, sie zu *verändern*" (7) wird hier, in der *Deutschen Ideologie*, weiter zugespitzt und radikalisiert. Die Philosophen stellen sich nun nicht mehr als bloße Interpreten *neben* die Veränderer, sondern sind selbst zu Ideologen geworden, die die revolutionäre Veränderung des Bestehenden unterlaufen, indem sie diese als Bewußtseinsveränderung interpretieren. Marx und Engels vollziehen so einen radikalen Bruch mit den beiden oben erwähnten philosophischen Traditionen und mit der Philosophie überhaupt. Bis dahin war sie der reflexive Ort, an dem sich die privilegierte Praxis der Unterscheidung von wahrer und falscher Erkenntnis, von Emanzipation und Herrschaft behaupten konnte; nun aber erscheint sie als „ideologische Gedankenform", als Praxis der Legitimation von Herrschaft.

3.2 Camera obscura oder die Verwandlung von Bewußtsein in Ideologie

Wie hat man sich nun die Funktionsweise dieser ideologischen Praxis vorzustellen? Wie kommt es überhaupt dazu, daß das Denken, das Bewußtsein und die Gedankenformen eine so machtvolle Rolle in der Lebensweise der Menschen spielen? Um die Funktionsweise von Ideologie, um den ideologischen Effekt erklären zu können, stellen Marx und Engels zunächst einmal eine *Genesis* des Denkens und des Bewußtseins voran. „Die Produktion der Ideen, Vorstellungen, des Bewußtseins ist zunächst unmittelbar verflochten in die materielle Tätigkeit und den materiellen Verkehr der Menschen, Sprache des wirklichen Lebens. Das Vorstellen, Denken, der geistige Verkehr der Menschen erscheinen hier noch als direkter Ausfluß ihres materiellen Verhaltens." (26) Schon an dieser Stelle wird deutlich, daß beide Autoren einen Pfad einschlagen, der aus dem Feld der Philosophie herausführen soll: Die Ideen und Vorstellungen sind nicht Ergebnis einer Logik der Wahrnehmung und einer einfachen Abbildung, sondern es sind *Produkte* von Tätigkeiten, die im Verkehr der Menschen untereinander anfallen. Die Menschen produzieren nicht nur Gegenstände, sondern während sie Gegenstände produzieren und tauschen, produzieren sie auch die dazugehörigen Gedanken, Vorstellungen und Ideen – und zwar naturwüchsig. Das Denken der Menschen ist damit immer auf irgendeine Weise *gebunden* an ihre konkrete Produktions- und Verkehrsweise. Genau das meint die folgende berühmte Passage: „Die Menschen sind die Produzenten ihrer Vorstellungen, Ideen pp., aber die wirklichen, wirkenden Menschen, wie sie bedingt sind durch eine bestimmte Entwicklung ihrer Produktivkräfte und des denselben entsprechenden Verkehrs bis zu seinen weitesten Formationen hinauf. Das Bewußtsein kann nie etwas Anderes sein als das bewußte Sein, und das Sein der Menschen ist ihr wirklicher Lebensprozeß." (26)

Wie aber wird nun aus Bewußtsein Ideologie? Zwei Dinge waren in der Bestimmung des Denkens für Marx und Engels von Bedeutung: zum einen sein Produktcharakter, d. h. Ideen, Vorstellungen und Gedanken sind wie herkömmliche Gegenstände das Ergebnis eines Herstellungsprozesses;

zum anderen ist jedoch dieser Produktionsprozeß von Ideen und Gedanken unmittelbar gekoppelt an den bzw. abhängig vom Entwicklungsstand
der gesamten Produktions- und Verkehrsweise der Menschen. Daß Ideen
von Menschen produziert werden und daß sie in Form und Inhalt von der
gesamten materiellen Lebensweise des Menschen abhängen – so könnte
man schließen –, ist ihre adäquate Bestimmung. Ideologie dagegen macht
nun etwas ganz eigentümliches bzw. Ideologie macht diese Eigentümlich-
keit aus: Sie verdreht diese beiden Bestimmungen in ihr Gegenteil; sie stellt
sie auf den Kopf, so jedenfalls das berühmte Bild von der *Camera obscura*.
„Wenn in der ganzen Ideologie die Menschen und ihre Verhältnisse wie
in einer Camera obscura auf den Kopf gestellt erscheinen, so geht dies
Phänomen ebensosehr aus ihrem historischen Lebensprozeß hervor, wie
die Umdrehung der Gegenstände auf der Netzhaut aus ihrem unmittelbaren physischen." (26)

Sarah Kofman hat in einer bemerkenswerten Analyse dieser Passage
darauf aufmerksam gemacht, daß Marx und Engels mit dem Gebrauch
der Camera obscura-Metapher wieder zurück in das Feld der Philosophie
eintreten (vgl. Kofman 1998; zu dieser berühmten „Inversionsmetapher"
siehe auch Mitchell 1986, 168 ff. und Eagleton 1993, 92 ff.). Ideologie
erscheint nun als eine bloße Wahrnehmungs- und Abbildungsstörung,
eine Verdrehung, die wieder verdreht werden müßte, eine Täuschung,
die enttäuscht werden kann. Und sie fragt konsequenterweise: „Is Marx
constrained, by his language, by his play of metaphors, to remain, no matter
what he does, within ideology?" (Kofman 1998, 6)

Für Kofmans Verdacht sprechen weitere Indizien, wie zum Beispiel
jene Metapher von den „Nebelbildungen im Gehirn der Menschen" als
„notwendige Sublimate ihres materiellen Lebensprozesses" (beide 26),
die ja wohl leicht durch „positive Wissenschaft" (27) oder jene „Wissenschaft der Geschichte" (18) zu beseitigen wären, die auf dem „wirklichen
Geschichts*boden*" steht (38). Wenn man nun aber Ideologie durch Wissenschaft ersetzt, die Nebelbildungen aufgelöst und die Dinge vom Kopf auf
die Füße gestellt hat, was hat man dann erreicht? Verbleibt man damit
nicht innerhalb jenes Vorwurfs, den Marx selbst an die Junghegelianer
richtet, wenn er schreibt, „daß alle Formen und Produkte des Bewußtseins
nicht durch geistige Kritik, durch Auflösung ins ‚Selbstbewußtsein' oder
Verwandlung in ‚Spuk', ‚Gespenster', ‚Sparren' etc., sondern nur durch
den praktischen Umsturz der realen gesellschaftlichen Verhältnisse, aus
denen diese idealistischen Flausen hervorgegangen sind, aufgelöst werden
können" (38). Kritik und Wissenschaft oder Umsturz und Revolution? Wo
genau soll man die Arbeit der beiden Autoren verorten?

Doch kehren wir noch einmal zur Metapher zurück. Mit ihr beschreiben Marx und Engels die Funktionsweise der Ideologie als einen Mechanismus der Inversion, der Umkehrung. Was aber bedeutet hier Umkehrung? Wird überhaupt etwas umgedreht? In dieser topologischen Metapher
liegt vielleicht das eigentliche Problem.[2] Die Autoren sagen nämlich
im Grunde lediglich folgendes: Ideologie, das ist eine Weise, die beiden
wesentlichen Bestimmungen des Denkens zu bearbeiten und zu *verwandeln*; es geht nämlich einerseits darum, den Produktcharakter von Ideen
und Vorstellungen vergessen zu machen und andererseits die Abhängigkeit
des Denkens von der gesellschaftlichen Produktions- und Verkehrsweise zu
negieren. Die ideologischen Verwandlungen des Denkens bestehen also in
der *Produktion* von Ideen und Vorstellungen, die nicht als historisch-gesellschaftliche Produkte, sondern als „ewige", „natürliche", vor allem aber als
„allgemeine, universelle Ideen" erscheinen und die sich scheinbar völlig
„unabhängig" von der jeweiligen, historisch-spezifischen Produktions- und
Verkehrsweise entwickeln und bewegen, ein „gespenstisches" Eigenleben
führen. Sie erhalten den „Schein der Selbständigkeit", der die deutschen
Philosophen glauben läßt, von ihnen ginge die Macht und Herrschaft über
die Menschen aus.

Das Bild von der Camera obscura, von einer bloßen Umkehrung erklärt
diesen Vorgang allerdings kaum. Marx und Engels beschreiben im Grunde
einen Mechanismus der qualitativen *Transformation*, vom spezifischen
Produkt zur allgemeinen Idee, von der Abhängigkeit zur Loslösung und
Selbständigkeit des Gedankens. Die Inversionsmetapher beschreibt dagegen einen Mechanismus der räumlichen und hierarchischen Umgruppie-
rung oder *Transposition*, eine qualitative Verwandlung der Objekte ist darin
nicht enthalten. Die beiden Autoren müssen die metaphorologischen Grenzen der Camera obscura-Analogie geahnt haben, denn tatsächlich greifen
sie an anderer Stelle auf eine ihnen wohl vertrautere Argumentationsfigur
zurück, um den Vorgang der Verfestigung und der Verselbständigung plau-
sibler zu machen. „Die soziale Macht, d. h. die vervielfachte Produktionskraft, die durch das in der Teilung der Arbeit bedingte Zusammenwirken
der verschiedenen Individuen entsteht, erscheint diesen Individuen, weil
das Zusammenwirken selbst nicht freiwillig, sondern naturwüchsig ist,

---

2 Tatsächlich handelt es sich nicht allein um eine topologische, sondern um eine *optische* Metapher, bei der die Umkehrung in Form einer *Widerspiegelung*, *Reflexion* oder *Abbildung* erfolgt.
Gleichwohl hat die topologische Metapher, nicht zuletzt durch die spätere Passage von der
„Basis" und der „Superstruktur" (36), in der Rezeption eine größere Dominanz erhalten. Siehe
insbesondere *ZKPÖ*, 8 ff.

nicht als ihre eigne, vereinte Macht, sondern als eine fremde, außer ihnen stehende Gewalt, von der sie nicht wissen woher und wohin, die sie also nicht mehr beherrschen können, die im Gegenteil nun eine eigentümliche, vom Wollen und Laufen der Menschen unabhängige, ja dies Wollen und Laufen erst dirigierende Reihenfolge von Phasen und Entwicklungsstufen durchläuft. Diese ‚*Entfremdung*‘, um den Philosophen verständlich zu bleiben …“ (34) Nebenbei gesagt hat zumindest Marx die seit Rousseau und Hegel einschlägige sozialphilosophische Figur der „Entfremdung“ noch ein Jahr zuvor in seiner ersten „Kritik der politischen Ökonomie“ – den *Ökonomisch-philosophischen Manuskripten* (*ÖPM*, 510 ff.) – erkenntnisleitend gebraucht.

Die hier explizit als Metapher eingesetzte Figur der *Entfremdung* beschreibt exakt den zuvor dargestellten ideologischen Effekt einer spezifischen qualitativen Transformation: der „Konsolidation unseres eignen Produkts zu einer sachlichen Gewalt über uns, die unserer Kontrolle entwächst“ (33). Allerdings handelt es sich an dieser Stelle nun nicht allein um „Gedanken“, „Ideen“ und „Vorstellungen“ (Freiheit, Gleichheit, Mensch, Gott etc.), die die Ideologie erzeugt, sondern um soziale Praktiken, politische Institutionen und Organisationsweisen (Staat, Regierungsformen, Wahlrecht, Eigentum etc.), die als „illusorische Formen“ bezeichnet werden, innerhalb derer die Menschen ihre Konflikte und Kämpfe austragen.

Camera obscura oder Entfremdung? Beide Metaphern beschreiben die Funktionsweise der Ideologie unterschiedlich. Besteht der ideologische Effekt lediglich in einer Umkehrung, einer Inversion der Denkobjekte, dann ist das Bild von der Camera obscura adäquat. Doch versteht man unter Ideologie einen Vorgang, der aus einem Denkprozeß verfestigte, verselbständigte und universale „Ideen“ erzeugt, so reicht dieses Bild nicht aus. Die beiden Autoren greifen daher auf den philosophischen Begriff der „Entfremdung“ zurück, nicht ohne sich zugleich von ihm zu distanzieren. Es spricht viel dafür, daß an dieser Stelle zwei divergierende Anschauungen aufeinander stoßen, die im Selbstverständigungsprozeß der beiden Autoren zwar offen gelegt aber noch nicht verarbeitet wurden: ein mechanischer oder „*anschauender*“ Materialismus (Camera obscura) und ein hegelianisch eingefärbter „*Idealismus*“ der Praxis (Entfremdung) – just also jene philosophischen Denkströmungen der 1830er und 1840er Jahre, mit denen sie gerade in der *Deutschen Ideologie* abzurechnen gedachten.

3.3 Das ideologische Momentum:
Die Naturwüchsigkeit der Arbeitsteilung

Auch wenn die Camera obscura-Analogie inadäquat erscheint, um den komplexen ideologischen Produktionsvorgang zu erklären, weist die Passage noch auf etwas anderes, nicht weniger Wichtiges hin. Wenn es stimmt, daß Ideen und Vorstellungen von den Menschen produziert sind und zwar in unmittelbarer Abhängigkeit von der historischen Entwicklungsstufe der gesellschaftlichen Produktionsweise, dann muß auch die ideologische Produktion – also die Herstellung „ewiger", „scheinselbständiger" und „universeller Ideen" – auf eine spezifische, gesellschaftliche Produktions- und Lebensweise zurückzuführen sein. Wie jede Form der Ideenproduktion muß auch das Phänomen der „Ideologie" erklärt werden können. Es geht also zunächst einmal gar nicht darum, Ideologie durch Wissenschaft, „Falsches" durch „Richtiges" zu ersetzen und zu hoffen, daß dann die „Nebelbildungen", die „Phrasen" und die „Mystifikationen" verschwänden. Das Programm, das Marx und Engels sich vorgenommen haben, ist von anderer Art: Es zielt darauf ab, die Existenz und Notwendigkeit von Ideologie zu erklären und zwar als intellektuellen Ausfluß einer spezifischen, historisch-gesellschaftlichen Produktionsweise, die sich als Herrschaftsverhältnis entpuppt.

Bis zu diesem Zeitpunkt haben die beiden Autoren klargemacht, wie Ideologie funktioniert (Inversion/Reflexion oder Entfremdung) und welche Effekte sie erzielt (Verfestigung, Autonomisierung). Die Frage, die nun auf der Grundlage des neuen Programms beantwortet werden muß, heißt: Warum gibt es überhaupt Ideologie? Was ist der Grund dafür, daß diese ideologischen Effekte entstehen können? Kurz: Was sind die Produktionsbedingungen von Ideologie? Wenn, wie die Autoren betonen, das Bewußtsein ein gesellschaftliches Produkt der Lebens- und Produktionsweise der Menschen ist, dann muß es in der Geschichte oder Entwicklung dieser Lebens- und Produktionsweise einen Moment geben, an dem nicht etwa – wie man meinen könnte – „Leben" und „Bewußtsein" auseinandertreten, sondern an dem ein „Bewußtsein" entsteht, das sich einbildet, „Leben" und „Bewußtsein", „Denken" und „materielle Produktion" wären getrennt.

Zwar lassen sich erste Anzeichen einer solchen „Einbildung" in der menschlichen Gesellschaftsgeschichte schon recht früh in Form von Naturreligionen ausmachen; das „Momentum", von dem an sich die Produktion von Ideologie dauerhaft entwickeln und festsetzen kann, erscheint aber erst auf der Grundlage „gesteigerter Produktivität", „Vermehrung der Bedürfnisse" und „Vermehrung der Bevölkerung". „Damit entwickelt sich die

Teilung der Arbeit, die ursprünglich nichts war als die Teilung der Arbeit im Geschlechtsakt, dann Teilung der Arbeit, die sich vermöge der natürlichen Anlage (z. B. Körperkraft), Bedürfnisse, Zufälle etc. von selbst oder ‚naturwüchsig‘ macht." (31) Das Momentum ist demnach die Arbeitsteilung und zwar eine Arbeitsteilung, die sich verselbständigt und unabhängig vom Willen, der Planung und den Intentionen der Menschen verläuft. Diese *Naturwüchsigkeit der Arbeitsteilung* erreicht ihre höchste Form in der bürgerlichen Gesellschaft und das heißt in der systematischen Trennung von Kopf- und Handarbeit: „Die Teilung der Arbeit wird erst wirkliche Teilung von dem Augenblick an, wo eine Teilung der materiellen und geistigen Arbeit eintritt. Von diesem Augenblick an *kann* sich das Bewußtsein wirklich einbilden, etwas Anderes als das Bewußtsein der bestehenden Praxis zu sein, *wirklich* etwas vorzustellen, ohne etwas Wirkliches vorzustellen – von diesem Augenblick an ist das Bewußtsein imstande, sich von der Welt zu emanzipieren und zur Bildung der ‚reinen‘ Theorie, Theologie, Philosophie, Moral etc. überzugehen." (31)

Zwei Dinge sind an dieser Stelle bemerkenswert: Zum einen wird der Bestimmung von Ideologie ein neues Element hinzugefügt, nämlich die Einbildung oder besser die *Fiktionalität* der Gegenstände, die sie produziert, während die *Materialität* der ideologischen Praxis – also die geistige Arbeit – besonders hervorgehoben wird. Zum anderen wird hier das kritische Programm von Marx und Engels formuliert: nämliche eine Art *historisch-politische Ökonomie des Wissens*. Dieser Typ der Analyse hat den Anspruch, die Theorie, Theologie etc. als Ideologie zu entlarven, aber nicht, indem man diesen Wissensformen Falschheit nachweist oder sie zu „falschem Bewußtsein" erklärt.[3] Der hier konstatierten „Ideologiekritik" von Marx und Engels geht es vielmehr darum die „Reinheit" dieser Wissensformen anzugreifen und zu zerstören; doch gelingen kann dies nur, indem man ihre *Herkunft* als Produkte einer spezifischen gesellschaftlichen Arbeitsteilung und einer dementsprechenden gesellschaftlichen Produktions- und Verkehrsform aufzeigt. Nichts etwa ist „falsch" an der „deut-

---

3 Dieser berühmte Ausdruck ist von Marx selbst nie gebraucht worden. Es war Friedrich Engels, der in einem Brief an Franz Mehring am 14. 7. 1893 schreibt: „Die Ideologie ist ein Prozeß, der zwar mit Bewußtsein vom sogenannten Denker vollzogen wird, aber mit einem falschen Bewußtsein. Die eigentlichen Triebkräfte, die ihn bewegen, bleiben ihm unbekannt; sonst wäre es eben kein ideologischer Prozeß." (*MEW* 39, 97) Engels gebraucht den Begriff hier, um Ideologie als eine schlichte Form der *Selbsttäuschung* zu beschreiben (vgl. dazu Eagleton 1993, 106 f.). Systematische Bedeutung erhält der Ausdruck "falsches Bewußtsein" dann bei Georg Lukács und der kritischen Theorie der „Frankfurter Schule" (M. Horkheimer, T. W. Adorno).

schen Philosophie", nicht ihre Begriffe, Ideen und Vorstellungen; alles an ihr *entspricht* den gesellschaftlichen Bedingungen, unter denen sie fortwährend produziert und reproduziert wird. Das Problem der Ideologie liegt nicht auf einer ontologischen oder epistemologischen Ebene, sondern auf einer *wissenspolitischen* oder *wissensökonomischen*.[4]

Wenn die besagte „Ökonomie des Wissens" nicht der Unterscheidung von Wahrheit und Falschheit folgt, so orientiert sie sich doch offensichtlich an einer anderen Logik, die man schlicht eine *Logik der Kongruenz und des Widerspruch* nennen könnte. Die „Ideologiekritik" von Marx und Engels tastet die historisch bedingten gesellschaftlichen Verhältnisse von „Denken" und „Wirklichkeit" nach ihrer Übereinstimmung oder Widersprüchlichkeit ab. Gesetzt den Fall, eine Theorie, Philosophie oder Moral tritt in Widerspruch zu den bestehenden Verhältnissen – wie dies die beiden Autoren für ihre eigene Theorie in der bürgerlichen Gesellschaft reklamieren würden –, so ist das keineswegs der Theorie oder dem Genie ihrer Autoren zuzuschreiben, sondern der Tatsache, „daß die bestehenden gesellschaftlichen Verhältnisse mit der bestehenden Produktionskraft in Widerspruch getreten sind" (31 f.), was so viel heißt wie: Die Theorie, da sie nach wie vor als Ausdruck der nun widersprüchlich geworden Verhältnisse gefaßt werden muß, erscheint als „widersprüchlich" oder als *Kritik* der bestehenden Verhältnisse.

Die Logik der Kongruenz und des Widerspruchs wäre allerdings bloß „spekulative Phrase", die Kritik bloß „philosophische Marktschreierei", wenn sie nicht gleichsam in den materiellen gesellschaftlichen Verhältnissen selbst eingeschrieben wäre. Und nichts weniger behaupten Marx und Engels mit dem von ihnen ausgemachten „ideologischen Moment" – der Naturwüchsigkeit der Arbeitsteilung. „... wir erhalten aus diesem ganzen Dreck nur das eine Resultat, daß diese drei Momente, die Produktionskraft, der gesellschaftliche Zustand und das Bewußtsein in Widerspruch untereinander geraten können und müssen, weil mit der *Teilung der Arbeit* die Möglichkeit, ja die Wirklichkeit gegeben ist, daß die geistige und materielle Tätigkeit – daß der Genuß und die Arbeit, Produktion und Konsumtion, verschiedenen Individuen zufallen, und die Möglichkeit, daß sie nicht in Widerspruch geraten, nur darin liegt, daß die Teilung der Arbeit wieder aufgehoben wird." (32)

---

4 Karl Mannheim wird später auf dieser ideologietheoretischen Grundlage die *Wissenssoziologie* begründen. Vgl. Mannheim 1985.

3.4 Klassenherrschaft, konzeptive Ideologen
und das Problem einer „proletarischen Ideologie"

Im Grunde wird nun erst deutlich, daß Ideologie etwas mit dem zu tun hat, was wir zu Beginn als ihr fundamentales Problem benannt hatten: nämlich *Herrschaft*. Ideologie ist eine Praxis zur Aufrechterhaltung und Legitimation von Herrschaft. Sie beruht auf der naturwüchsig herge-stellten Teilung der Arbeit und ist zugleich die in Gedanken, Ideen und Vorstellungen ausgedrückte Form, diese Naturwüchsigkeit der Teilung dauerhaft zu reproduzieren, zu verallgemeinern und zu verewigen. Aber wie hat man sich das genau vorzustellen? Die Arbeitsteilung erzeugt letz-ten Endes eine Klassengesellschaft, weil mit ihr „zu gleicher Zeit auch die *Ver*teilung, und zwar die *ungleiche*, sowohl quantitative wie qualita-tive Verteilung der Arbeit und ihre Produkte gegeben" ist (32). Die eine Klasse verfügt über fast alle Mittel der materiellen Produktion und eignet sich die Produkte, somit den gesamten gesellschaftlichen Reichtum an, während die andere Klasse fast nichts besitzt, bloß ihre Arbeitskraft, die sie verkauft, um diesen Reichtum zu produzieren. Wie schlägt sich nun diese Klassenherrschaft auf die Produktion von Ideen, Gedanken und Vorstellungen nieder? „Die Gedanken der herrschenden Klasse sind in jeder Epoche die herrschenden Gedanken, d. h. die Klasse, welche die herrschende materielle Macht der Gesellschaft ist, ist zugleich ihre herrschende geistige Macht. Die Klasse, die die Mittel zur materiellen Produktion zu ihrer Verfügung hat, disponiert damit zugleich über die Mittel zur geistigen Produktion, so daß ihr damit zugleich im Durch-schnitt die Gedanken derer, denen die Mittel zur geistigen Produktion abgehen, unterworfen sind." (46)

Wir hatten bisher die Ideologie von ihrer Funktionsweise und ihrem unmittelbaren Effekt her bestimmt. Die Stichworte hierfür waren: Umkeh-rung, Entfremdung, Verfestigung, Verselbständigung, Fiktionalität. Nun werden diese eher formalen Bestimmungen einem ganz bestimmten und konkreten *Handlungsagenten* zugeordnet: der herrschenden Klasse. Man könnte deshalb fragen, warum die herrschende Klasse ihre Herrschaft auch noch ideologisch ausüben muß. Reicht es denn nicht aus, sie in ihrer gesellschaftlichen Materialität auszuüben? Die erste Antwort darauf ist ganz offensichtlich: Sie kann gar nicht anders! „Die Individuen, welche die herrschende Klasse ausmachen, haben unter Anderem auch Bewußtsein und denken daher; insofern sie also als Klasse herrschen und den ganzen Umfang einer Geschichtsepoche bestimmen, versteht es sich von selbst, daß sie dies in ihrer ganzen Ausdehnung tun, also unter Andern auch als

Denkende, als Produzenten von Gedanken herrschen, die Produktion und Distribution der Gedanken ihrer Zeit regeln." (46)

Die zweite Antwort dagegen ist etwas komplexer. Darin erweist sich die Ideologie nicht bloß als eine Herrschaftspraxis der einen Klasse über die andere. Vielmehr verwandelt sie sich nun in ein Mittel zur notwendigen Organisation und Vereinheitlichung derselben. Es ist der Auftritt der sogenannten *konzeptiven Ideologen*. „Die Teilung der Arbeit, die wir schon oben als eine der Hauptmächte der bisherigen Geschichte vorfanden, äußert sich nun auch in der herrschende Klasse als Teilung der geistigen und der materiellen Arbeit, so daß innerhalb dieser Klasse der eine Teil als die Denker dieser Klasse auftritt (die aktiven konzeptiven Ideologen derselben, welche die Ausbildung der Illusion dieser Klasse über sich selbst zu ihrem Hauptnahrungszweige machen), während die Anderen sich zu diesen Gedanken und Illusionen mehr passiv und rezeptiv verhalten, weil sie in der Wirklichkeit die aktiven Mitglieder dieser Klasse sind und weniger Zeit haben, sich Illusionen und Gedanken über sich selbst zu machen." (46 f.) Die Arbeitsteilung treibt demnach auch die herrschende Klasse auseinander, erzeugt Klassenfraktionen, aber nur um eine Figur hervorzubringen, die die gesamte Klasse mit Gedanken und Illusionen über sich selbst versorgt und damit eine Kohärenz von herrschenden Gedanken, eine homogene Ideologie, herstellt. Den Intellektuellen – um es moderner auszudrücken – fällt die Aufgabe zu, dem scheinbar gedanken- und illusionslosen Kapitalisten die herrschenden Gedanken über seine eigene Position in den gesellschaftlichen Verhältnissen zu lehren.

Schaut man noch etwas genauer auf die Figur des „konzeptiven Ideologen", so läßt sich sogar noch eine dritte Antwort auf die Frage nach der Notwendigkeit ideologischer Herrschaft entdecken. Dabei geht es nicht um die ideologische Formierung der herrschenden Klasse *während* ihrer Herrschaft, sondern um ihre ideologische Darstellung als neue, als revolutionäre Klasse im Kampf *um* die Herrschaft. „Jede neue Klasse nämlich, die sich an die Stelle einer vor ihr herrschenden setzt, ist genötigt, schon um ihren Zweck durchzuführen, ihr Interesse als das gemeinschaftliche Interesse aller Mitglieder der Gesellschaft darzustellen, d. h. ideell ausgedrückt: ihre Gedanken die Form der Allgemeinheit zu geben, sie als die einzig vernünftigen, allgemein gültigen darzustellen. Die revolutionierende Klasse tritt von vornherein, schon weil sie einer *Klasse* gegenübersteht, nicht als Klasse, sondern als Vertreterin der ganzen Gesellschaft auf, sie erscheint als die ganze Masse der Gesellschaft gegenüber der einzigen, herrschenden Klasse." (47 f.) Der ideologische Mechanismus der Verallgemeinerung, der Produktion abstrakter oder fiktionaler Universalien –

beispielsweise der „Mensch", der „Staatsbürger" (citoyen), die „Freiheit", die „Gleichheit", die „Nation" und das „Eigentum" etc. – entpuppt sich im Kontext der Durchsetzung der bürgerlichen Klasse gegen die Aristokratie als eine Strategie zur Mobilisierung aller beherrschten gesellschaftlichen Kräfte. Der ideologische Effekt, partikulare Interessen als die gemeinschaftlichen Interessen aller Beherrschten darzustellen, wird hier also zu einem Element, ja zu einer Waffe im Klassenkampf.

Marx und Engels haben diesen Gedanken dann noch geschichtsphilosophisch radikalisiert, indem sie die Geschichte des Klassenkampfes auch als eine ihn begleitende ideologische Geschichte der akkumulierten Erweiterung der Allgemeininteressen entwerfen. Der historisch linear verlaufenden Ablösung einer herrschenden Klasse durch die andere entspricht – auch hier wieder einer Logik der Kongruenz und des Widerspruchs folgend – eine sukzessive Ausdehnung, Rationalisierung und Sublimierung der dargestellten Interessen. Eine der zentralen Folgen aus dieser Steigerungsspirale ist nun in der Rückwirkung auf den Klassenkampf selbst und das mögliche Ende aller Klassenkämpfe, die Revolution, zu beobachten. Marx und Engels schreiben dazu: „Jede neue Klasse bringt daher nur auf einer breiteren Basis als die der bisher herrschenden ihre Herrschaft zustande, wogegen sich dann später auch der Gegensatz der nichtherrschenden gegen die nun herrschende Klasse um so schärfer und tiefer entwickelt. Durch Beides ist bedingt, daß der gegen diese neue herrschende Klasse zu führende Kampf wiederum auf eine entschiedenere, radikalere Negation der bisherigen Gesellschaftszustände hinarbeitet, als alle bisherigen die Herrschaft anstrebenden Klassen dies tun konnten." (48) Es scheint so, als hätte die Ideologie nun die Funktion einer *Radikalisierung* des Klassenkampfes, einer *Beschleunigung* des revolutionären Prozesses. Heißt das aber nicht auch, daß die „Klasse des Proletariats" ebenfalls eine Ideologie und konzeptive Ideologen ausbilden muß? Gibt es nicht geradezu einen *Zwang zur Ideologiebildung*, eine Notwendigkeit, im Moment der Revolution ihr Interesse als das Allgemeine darzustellen? Ist der „Kommunismus" damit möglicherweise die Ideologie des Proletariats und verstehen sich Marx und Engels als dessen „organische Intellektuelle" (A. Gramsci)? [5]

Andererseits: Ist ein Ausdruck wie „proletarische Ideologie" nicht sinnlos? Welche Illusionen sollte sich das Proletariat über sich selbst machen? Daß es eine „revolutionäre Klasse" ist? Daß es in der Lage ist, die bürger-

---

5 Es war vor allem Louis Althusser, der im Anschluss an Lenin und Gramsci diesen Gedanken weiterentwickelt hat und folgerichtig die „Ideologiekritik" durch eine „Theorie der Ideologie im Allgemeinen" ersetzen mußte (vgl. Althusser 1977, 164 ff., 131 ff.).

liche Gesellschaft in ihrer gesamten Produktionsweise umzuwälzen? Wenn der „Kommunismus" eine Ideologie wäre, dann müßte in ihm die „Reinheit" einer *Idee der Umwälzung*, der Revolution aufzufinden sein, dann müsste sich das Proletariat, genauer: das „proletarische Klassen-Bewußtsein" einbilden können, „revolutionär" zu sein, obgleich die materiellen gesellschaftlichen Bedingungen für eine Revolution nicht vorhanden sind. Aber gerade dazu schreiben die beiden Autoren: „… und wenn diese materiellen Elemente einer totalen Umwälzung, nämlich einerseits die vorhandenen Produktivkräfte, andererseits die Bildung einer revolutionären Masse, … nicht vorhanden sind, so ist es ganz gleichgültig für die praktische Entwicklung, ob die *Idee* dieser Umwälzung schon hundertmal ausgesprochen ist – wie die Geschichte des Kommunismus beweist." (38 f.) Damit wäre jede „proletarische Ideologie", die von einer „ewigen Idee" der Revolution träumt – also von der *Macht* einer Gedankenform unabhängig von den konkreten Praktiken und Produktionsweisen des Revolutionierens – ad absurdum geführt.

Es gibt allerdings noch einen weiteren Grund, warum es Marx und Engels zufolge nicht sinnvoll ist, von einer „proletarischen Ideologie" zu sprechen, und dieser Grund steht dem oben erwähnten Zwang zur Ideologiebildung in der Phase der Revolution genau entgegen. Tatsächlich nämlich hat das Proletariat als „revolutionäre Masse" bzw. als „Masse der Menschheit" überhaupt keinen Grund irgendeiner – auch nicht der bürgerlichen – Ideologie zu folgen; sie revolutioniert, weil sie „eigentumslos" ist und damit *ohne Illusionen*: „Für die Masse der Menschen, d. h. das Proletariat, existieren diese theoretischen Vorstellungen nicht, brauchen also für sie auch nicht aufgelöst zu werden, und wenn diese Masse je einige theoretische Vorstellungen, z. B. Religion hatte, so sind diese jetzt schon längst durch die Umstände aufgelöst." (40, vgl. dazu Bohlender 2008) Das Proletariat wird hier überhaupt nicht mehr als „Klasse" verstanden; es *ist* die Mehrheit der Menschen und muß daher nicht irgendein partikulares Interesse als Allgemeines *darstellen*. Sein und Denken, Präsenz und Repräsentation oder – hegelianisch gesprochen – Wesen und Existenz fallen hier zusammen. Das Proletariat hat seinen Klassencharakter verloren, und seine durch die eigentumslose Lage hergestellte Illusionslosigkeit macht es zu einem Handlungsakteur, der sich „fundamental außerhalb der Welt der Ideologie" bewegt (Balibar 1995, 54). Das erinnert natürlich an jene berühmten Passagen aus dem *Manifest der Kommunistischen Partei*, wo zunächst die Bourgeoisie als revolutionärer Agent der Rationalisierung, Desillusionierung und Entzauberung der Welt beschrieben wird, um dann den Proletarier als ernüchterten Totengräber der alten Welt zu präsentieren: „Die Lebensbedingungen der alten Gesellschaft sind schon vernichtet in den Lebensbedingungen des Proletariats. Der Proletarier ist eigentumslos; sein Verhältnis zu Weib und Kindern hat nichts mehr gemein mit dem bürgerlichen Familienverhältnis; die moderne industrielle Arbeit, die moderne Unterjochung unter das Kapital ... hat ihm allen nationalen Charakter abgestreift. Die Gesetze, die Moral, die Religion sind für ihn ebenso viele bürgerliche Vorurteile, hinter denen sich ebenso viele bürgerliche Interessen verstecken." (*MKP*, 472). Es ist die erschütternde Wucht der elenden Lage, die alle Formen von Ideologie am Proletarier abblättern lassen. Für das Proletariat erweist sich die *Wirklichkeit* selbst als die wirksamste „Ideologiekritik". Der „moderne Arbeiter" braucht weder eine „proletarische Ideologie" noch ist er auf eine „Ideologiekritik" à la Marx und Engels – gar in Form einer historisch-politischen Ökonomie des Wissens – angewiesen.

3.5 Fazit

Damit sind wir an einen Punkt der Argumentation angekommen, an dem die dilemmatische und schwankende Struktur des „Ideologiebegriffs" im Text sichtbar wird. Am deutlichsten zeigt sich dies in der Frage nach den Adressaten von Ideologie, den Subjekten, die dem ideologischen Herrschaftseffekt unterworfen sind. Zu Beginn sah es noch so aus, als wäre die „Herrschaft der Gedanken" ein universaler Effekt, der sich folgerichtig auf alle Mitglieder einer spezifischen gesellschaftlichen Produktions- und Verkehrsform ausdehnt. Es war zumindest offensichtlich, daß die Beherrschten das Zielobjekt von Ideologie sein mußten. Mit dem „konzeptiven Ideologen" wurde dann eine Figur eingeführt, an der Marx und Engels auch die Wirkungsweise von Ideologie auf die „herrschende Klasse" darlegen konnten. Mit der Reflexion auf Ideologie jedoch als zentrales Element des Klassenkampfes und insbesondere der revolutionären Umwälzung zeigte sich die Notwendigkeit, die Brüchigkeit des universellen ideologischen Effektes zu erklären: Wie kommt es dazu, daß die „Masse der Menschen" revoltiert? Wie kommt es zu einer Revolution? Das ist die Frage, die für Marx und Engels nun hinter dem Problem der Ideologie lauert. Die Abrechnung mit dem einstmals philosophischen Gewissen und einer Kritik der „deutschen Philosophie" tritt in den Hintergrund. Statt dessen stehen sie vor dem Problem, die Revolution des Proletariats entweder aus der illusionslosen Lage der Proletarier zu erklären; das hieße: Ideologie hätte ihren Herrschaftseffekt auf das Proletariat verloren, allein die herrschende Klasse, insbesondere die bürgerlichen Intellektuellen wären ihrer Wirkung unterworfen und Marx und Engels befänden sich dann in der delikaten Rolle von Selbstaufklärern der bürgerlichen Klasse. Oder diese Revolution benötigt eine „proletarische Ideologie" und „konzeptive Ideologen", um das „partikulare Interesse" des Proletariats als „Allgemeininteresse" *darzustellen*, wenn auch nur, um in der Darstellung zu zeigen, daß das Proletariat die allgemeine Klasse *ist*, und wenn sie es erst einmal *geworden ist*, „die Herrschaft von Klassen überhaupt aufhört, die Form der gesellschaftlichen Ordnung zu sein" (48).

Zwischen diesen beiden Perspektiven schwankt der Text hin und her. Liest man ihn *ideologietheoretisch*, so wirkt er als ein Dokument der Selbstaufklärung auf der Suche nach einer „Ideologiekritik" in Form einer *historisch-politischen Ökonomie des Wissens*. Liest man ihn dagegen stärker von seiner *revolutionstheoretischen* Seite, entwickelt er einen geradezu dilemmatischen Sog, in dem „Ideologie" und „Ideologiekritik" zu ununterscheidbaren Elementen einer *Praxis des Klassenkampfes* werden.

Literatur

Althusser, Louis (1977): Ideologie und ideologische Staatsapparate. Aufsätze zur marxistischen Theorie, Hamburg.

Balibar, Étienne (1995): The Philosophy of Marx, London.

Bohlender, Matthias (2008): „um die liberale Bourgeoisie aus ihrem eignen Munde zu schlagen". Friedrich Engels und die Kritik im Handgemenge, in: Marx-Engels Jahrbuch 2007, Berlin, 9–33.

Eagleton, Terry (1993): Ideologie. Eine Einführung, Stuttgart/Weimar.

Kofman, Sarah (1998): Camera Obscura of Ideology, Ithaca/New York.

Mannheim, Karl (1985): Ideologie und Utopie, Frankfurt/M.

Mitchell, W. J. T. (1986): Iconology. Image, Text, Ideology, Chicago/London.

4

Udo Tietz

Die Gesellschaftsauffassung
(S. 20–27, 50–70)

Zu den theoriegeschichtlichen Gemeinplätzen gehört, daß Marx in der 11. These über Feuerbach über die Philosophie ein Todesurteil aussprach und der philosophischen Interpretation der Welt eine Orientierung auf revolutionäre Praxis gegenüberstellte – womit eine, wenn nicht sogar die entscheidende Besonderheit dieses auf revolutionäre Weltveränderung ausgerichteten Theorieprogramms benannt wäre: Es versteht sich als materialistische Gesellschafts- und Geschichtstheorie in praktischer Absicht. Dem Selbstverständnis nach beansprucht dieses Theorieprogramm gegenüber der Tradition etwas geradezu Einzigartiges, nämlich eine Erklärung der Dialektik des gesellschaftlichen Lebensprozesses, die so umfassend ist, daß sie nicht nur den Entstehungs-, sondern auch noch den Verwendungszusammenhang der Theorie mit einbegreift. Marx und Engels wollen nicht nur die Bedingungen angeben, unter denen eine nichtidealistische Selbstreflexion der Gattungsgeschichte möglich wurde. Sie nennen zugleich auch den Adressaten, der sich mit Hilfe dieser Theorie über sich und über seine emanzipatorische Rolle im Geschichtsprozeß aufklären kann.

Für ein solches Unternehmen gilt, daß es sich nicht noch einmal den Träumen einer absoluten Vernunft überlassen kann, die in zwei Dogmen gründet: im bewußtseinsphilosophischen Dogma der Voraussetzungslosigkeit der Erkenntnis und im geschichtsphilosophischen Dogma von einem objektiv-teleologischen Prozeß, nach dem die Weltgeschichte als Heilsgeschichte verstanden werden müsse. Ich werde im folgenden zeigen, inwieweit Marx und Engels sich von diesen Dogmen entfernen und daß die produktionstheoretische Wendung in der Gesellschaftsauffassung auf mehrfache Weise nicht von Hegel loskommt.

4.1 Die Voraussetzungen von Gesellschaft und Geschichte

Dem ersten Dogma stellen Marx und Engels in der *Deutschen Ideologie* ein Konzept gegenüber, das den Zusammenhang von Philosophie und Wirklichkeit so reformuliert, daß die Institutionen des Staates und alle gesellschaftlichen Bewußtseinsformen, also all die Gegenstände, die bei Hegel Gegenstände des objektiven Geistes sind, als Überbauphänomene aus einer entfremdeten ökonomischen Basisstruktur erklärbar werden – wobei uns Marx und Engels hier vor beträchtliche Abgrenzungsprobleme stellen, was genau zur Basis und was zum Überbau gehört.[1] Mit Verweis auf „wirkliche Voraussetzungen" (20) sollen die „Nebelbildungen im Gehirn" (21) der Menschen aufgelöst und eine Geschichtstheorie in praktischer Absicht entworfen werden, mit der die nur spekulativ vollzogenen Vermittlungen unter eine die Gegenwart verändernde Kritik gestellt werden können.

> „Die Voraussetzungen, mit denen wir beginnen, sind keine willkürlichen, keine Dogmen, es sind wirkliche Voraussetzungen, von denen man nur in der Einbildung abstrahieren kann. Es sind die wirklichen Individuen, ihre Aktion und ihre materiellen Lebensbedingungen, sowohl die vorgefundenen wie die durch ihre eigne Aktion erzeugten. Diese Voraussetzungen sind also auf rein empirischem Wege konstatierbar." (20)

Die genannten Voraussetzungen betrachten Marx und Engels in ihrer Gesamtheit als die „erste Voraussetzung aller Menschheitsgeschichte" (20), von der „alle Geschichtsschreibung" (21) und damit auch jede philosophische Systematik auszugehen hat. Der *DI* zufolge unterscheiden sich die Menschen selbst – und zwar unabhängig von unseren Unterscheidungen – von den Tieren durch die Produktion. „Man kann die Menschen durch das Bewußtsein, durch die Religion, durch was man sonst will, von den Tieren unterscheiden. Sie selbst fangen an, sich von den Tieren zu unterscheiden, sobald sie anfangen, ihre Lebensmittel *zu produzieren*, ein Schritt, der durch ihre körperliche Organisation bedingt ist. Indem die Menschen ihre Lebensmittel produzieren, produzieren sie indirekt ihr materielles Leben selbst." (21)

Diese Unterscheidung zwischen Mensch und Tier ist eine kulturalistische Unterscheidung, insofern der Mensch hier als das Wesen vorge-

---

1 Nach Odo Marquard ist die „Basis ... derjenige Teil des Überbaus, den derjenige Teil des Überbaus, der sich für Überbau hält, für Basis hält." (1973, 181)

stellt wird, der sich dadurch, daß er seinen Stoffwechsel mit der Natur realisiert, sich selbst als ein Kulturwesen erschafft, weshalb man hier auch sagen kann: Der Mensch ist von Natur aus ein Kulturwesen (vgl. Gehlen 1969, 9). Die These, daß der Mensch von Natur aus ein Kulturwesen ist, wird von Marx und Engels produktionstheoretisch erläutert. „Die Weise, in der die Menschen ihre Lebensmittel produzieren, hängt zunächst von der Beschaffenheit der vorgefundenen und zu reproduzierenden Lebensmittel ab. Diese Weise der Produktion ist nicht bloß nach der Seite hin zu betrachten, daß sie die Reproduktion der physischen Existenz der Individuen ist. Sie ist vielmehr schon eine bestimmte Art der Tätigkeit dieser Individuen, eine bestimmte Art, ihr Leben zu äußern, eine bestimmte *Lebensweise* derselben. Wie die Individuen ihr Leben äußern, so sind sie. Was sie sind, fällt also zusammen mit ihrer Produktion, sowohl damit, *was* sie produzieren, als auch damit, *wie* sie produzieren. Was die Individuen also sind, das hängt ab von den materiellen Bedingungen ihrer Produktion." (21)

Das Produktionsparadigma soll es nicht nur gestatten, über den Praxisbegriff die Arbeit als Stoffwechselprozeß zwischen Mensch und Natur zu denken, sondern immer auch als den Prozeß der Produktion und Reproduktion der gesellschaftlichen Beziehungen zwischen Mensch und Mensch, was freilich nur unter der Voraussetzung plausibel wäre, wenn sich die Praxis im Sinne von normengeleiteten Interaktionen zwischen Menschen nach dem Muster der produktiven Verausgabung von Arbeitskraft verstehen ließe. Nur wenn auch gezeigt werden kann, daß sich die Praxis nicht nur als Herstellungs- und Aneignungsprozeß materieller Lebensmittel verstehen läßt, der einen bestimmten Stand der gesellschaftlichen Produktivkräfte anzeigt, sondern auch als Interaktionsprozeß, der nach bestimmten Normen geregelt ist und den selektiven Zugang zu Macht und Reichtum und damit die Produktionsverhältnisse zum Ausdruck bringt, kann das Produktionsparadigma die Last der Erklärung tragen. Dazu müßten sich aus dem Stoffwechselprozeß zwischen Mensch und Natur jedoch auch noch die normativen Gehalte ableiten lassen, die für die Produktionsverhältnisse einer konkreten Gesellschaftsformation konstitutiv sind. Dies dürfte jedoch insofern schwer fallen, als die Produktion zwar ein Gegenstand für normative Regelungen bilden kann, selbst aber normativ neutral ist – was einer der Gründe dafür sein dürfte, daß sich der „Geist des Kapitalismus" (insofern dieser ein Synonym für den Stoffwechselprozeß zwischen Mensch und Natur ist) nicht nur mit der europäischen Kulturform zu vertragen scheint.

Aber wie dem auch sei: Die produktionstheoretische Erläuterung der These, daß der Mensch von Natur ein Kulturwesen ist, führt zu dem Ergebnis, daß es sich bei der Dialektik von Produktion und Reproduktion der Gesellschaft um die Einheit eines dualen Prozesses handelt, der „als Arbeit *und* als Reproduktion gesellschaftlicher Beziehungen" (Márkus 1980, 36) zu verstehen ist.

In diesem Zusammenhang können wir Produktion mit „Kultur" im Sinne der Gesamtheit der menschlichen Erzeugungsleistungen innerhalb konkret bestimmter Gesellschaftsformationen übersetzen, insofern in der *DI* von Kultur überall dort die Rede ist, wo von Produktion gesprochen wird. Praktisch-sinnliche Tätigkeit, Arbeit und Produktion – dies sind nach Marx und Engels der Grund der geschichtlichen Menschenwelt, die immer die Natur des Menschen und die äußere Natur mit umfaßt. Das Feuerbachsche Naturverständnis wird in der *DI* also durch die Auffassung des Menschen als eines Wesens vertieft und radikalisiert, das Kultur und damit Geschichte hat – womit Feuerbach gerade nicht rechnete, weshalb bei ihm Materialismus und Geschichte auch nicht zusammenfallen (vgl. 45; vgl. Tietz 2004, 17 ff.).

Die Bedeutung dieser produktionstheoretischen Ausformulierung der anthropologischen Intuitionen Feuerbachs im Umfeld der Hegelnachfolge besteht darin, daß sich nun die „wahre Geschichte" des Menschen nicht mehr als „Geschichte des Geistes" und damit als „Geistergeschichte", sondern als Produktionsgeschichte und damit als Einheit von Natur- und Kulturgeschichte verstehen läßt. In dieser Sichtweise verliert freilich die äußere Natur zunehmend ihre Selbständigkeit und wird zu einem bloßen Moment der geschichtlichen Selbstentfaltung der menschlichen Natur herabgesetzt. Später tritt die Produktions- oder Kulturanthropologie durch die Dogmatisierung der Dialektik von Produktivkräften und Produktionsverhältnissen immer mehr zurück, bis schließlich die Kultur fast vollständig ausgeblendet wird.

Der spekulative Naturalismus des jungen Marx, der behauptete, der Kommunismus sei als „vollendete(r) Naturalismus Humanismus" und als „vollendete(r) Humanismus Naturalismus" (*ÖPM*, 536), schlägt in der *DI* in einen reinen Kulturalismus um, der sich ironischerweise als „historischer" Materialismus mißversteht. Denn tatsächlich ist dieser ein *Produktionsidealismus*, der Fichte entschieden näher steht als Hegel. Den natürlichen Menschen und die äußere Natur zu bloßen Momenten weltgeschichtlicher Arbeit herabzusetzen, indem der Kommunismus die „naturwüchsigen Voraussetzungen … ihrer Naturwüchsigkeit entkleidet und der Macht der vereinigten Individuen unterwirft" (70), bedeutet die vollständige Neutralisierung aller naturalen Elemente im Prozeß der kulturellen Selbsterzeugung des Menschen. An deren Ende steht dann der Kommunismus als durchgeführter Kulturalismus.

Während Hegel Natur und Geschichte strikt trennte, insofern er den Gedanken der Entwicklung allein der geschichtlichen Welt vorbehielt, führt die produktionstheoretische Reformulierung der Feuerbachschen Anthropologie also zu dem Ergebnis, daß die Entwicklung des Menschen eine gesellschaftliche Entwicklung ist, die über die Entwicklung der Produktivkräfte erklärt werden muß – wobei hier der Terminus „Gesellschaft" zunächst in einer anthropologischen Perspektive als Sozialität des Menschen verwendet wird,[2] also noch nicht im Sinne der „bürgerlichen Gesellschaft". Dabei wird die Entwicklung der Produktivkräfte strikt an die „Teilung der Arbeit" gebunden, weshalb Marx und Engels auch sagen können: „Jede neue Produktivkraft ... hat eine neue Ausbildung der Teilung der Arbeit zur Folge." (22)

Diese „Teilung der Arbeit ... führt zunächst die Trennung der industriellen und kommerziellen von der ackerbauenden Arbeit und damit die Trennung von *Stadt* und *Land* ... herbei" (ebd.), bis sich dann auch die industrielle von der kommerziellen Arbeit trennt. Den unterschiedlichen Entwicklungsstufen der Teilung der Arbeit entsprechen dann jeweils unterschiedliche Eigentumsformen: Stammeigentum, Gemeinde- und Staatseigentum, feudales oder ständisches Eigentum und schließlich das bürgerliche Eigentum (vgl. 22 ff.). Die Folgerung aus dieser knappen Skizze lautet: „Die Tatsache ist also die: bestimmte Individuen, die auf bestimmte Weise produktiv tätig sind, gehen diese bestimmten gesellschaftlichen und politischen Verhältnisse ein" (25), wobei sich der hier behauptete Zusammenhang von „Produktion" und der ihr entsprechenden „gesellschaftlichen und politischen Gliederung" durch „empirische Beobachtung" (alle ebd.) nachweisen lassen soll.

Wie weit die von der Ökonomie aufgenommene Produktionskategorie ausgedehnt und für die ganze Gesellschaft verwandt wird, verdeutlicht die folgende Passage. „Die Produktion der Ideen, Vorstellungen, des Bewußtseins ist zunächst unmittelbar verflochten in die materielle Tätigkeit und den materiellen Verkehr der Menschen, Sprache des wirklichen Lebens. Das Vorstellen, Denken, der geistige Verkehr der Menschen erscheinen hier noch als direkter Ausfluß ihres materiellen Verhaltens. Von der

---

2 In den Pariser Manuskripten wird Feuerbach die „Gründung des *wahren Materialismus* und der *reellen Wissenschaft*" attestiert, weil er „das gesellschaftliche Verhältnis ‚des Menschen zum Menschen' ebenso zur Grundlage der Theorie" machte. (*ÖPM*, 570)

geistigen Produktion, wie sie in der Sprache der Politik, der Gesetze, der Moral, der Religion, Metaphysik usw. eines Volkes sich darstellt, gilt dasselbe. Die Menschen sind die Produzenten ihrer Vorstellungen, Ideen pp., aber die wirklichen, wirkenden Menschen, wie sie bedingt sind durch eine bestimmte Entwicklung ihrer Produktivkräfte und des denselben entsprechenden Verkehrs bis zu seinen weitesten Formationen hinauf. Das Bewußtsein kann nie etwas Andres sein als das bewußte Sein, und das Sein der Menschen ist ihr wirklicher Lebensprozeß." (26)

Gegenüber der deutschen Philosophie, die Denken und Bewußtsein als die treibende Kraft des „historischen Lebensprozesses" ausgemacht hat, verweisen Marx und Engels darauf, daß der hier behauptete Zusammenhang von Idee und Wirklichkeit auf dem Kopf steht. Mehr noch: Der Zusammenhang von Idee und Wirklichkeit steht nicht nur auf dem Kopf, er steht notwendigerweise auf dem Kopf. Denn der Zusammenhang von Idee und Wirklichkeit mußte notwendigerweise verfehlt werden, weil die deutsche Philosophie stets von dem ausging, was die Menschen sagten, sich einbildeten oder sich vorstellten, wodurch es zu einer Verkehrung kam, die die *DI* wieder aufzuheben sucht. Daher wird nun „von den wirklich tätigen Menschen ausgegangen und aus ihrem wirklichen Lebensprozeß auch die Entwicklung der ideologischen Reflexe und Echos dieses Lebensprozesses dargestellt. Auch die Nebelbildungen im Gehirn der Menschen sind notwendige Sublimate ihres materiellen, empirisch konstatierbaren und an materielle Voraussetzungen geknüpften Lebensprozesses. Die Moral, Religion, Metaphysik und sonstige Ideologie und die ihnen entsprechenden Bewußtseinsformen behalten hiermit nicht länger den Schein der Selbständigkeit. Sie haben keine Geschichte, sie haben keine Entwicklung, sondern die ihre materielle Produktion und ihren materiellen Verkehr entwickelnden Menschen ändern mit dieser ihrer Wirklichkeit auch ihr Denken und die Produkte ihres Denkens." (26 f.) Produktion, Leben und Tätigkeit sind die Schlüsselwörter dieser aktivistischen Gesellschaftsauffassung, die spannungsreich dazu stets auch die materiellen Bedingungen der verschiedenen Produktionsformen und ihre determinierende Rolle betont.

In diesem Sinne machen Marx und Engels immer wieder auf die Voraussetzungshaftigkeit der „materialistischen Geschichtsauffassung" aufmerksam und betonen in einer Art Dreiklang die Individuen, deren Aktionen und die materiellen Bedingungen (vgl. 20). Die von ihnen in begründungstheoretischer Hinsicht in Anspruch genommenen Voraussetzungen sollen dabei „wirkliche Voraussetzungen" (ebd.) sein, die auf „rein empirischem Wege konstatierbar" sind – im Unterschied zu idealistischen Spekulationen über Geschichte als einer „eingebildete(n) Aktion eingebildeter Subjekte"

(27), wie sie auch Hegels Figur einer „List der Vernunft" zugrunde liegen. Mit Rekurs auf diese Voraussetzungen wollen Marx und Engels zum einen zeigen, daß Denken und Bewußtsein abhängig sind vom materiellen Lebensprozeß der Gesellschaft (der „materiellen Produktion" und dem „materiellen Verkehr"), und zum anderen, daß dieser Lebensprozeß immer auch die Strukturen mit reproduziert, die für die gesellschaftlichen Scheinformen in Form der „Nebelbildungen" konstitutiv sind. Der materielle Produktionsprozeß ist also nicht nur ein gesellschaftlicher Reproduktionsprozeß, sondern er erscheint zudem auch als ein auf dem Kopf stehender Prozeß, weil hier das, was tatsächlich als Bedingung und Voraussetzung fungiert, als das Bedingte und Abgeleitete auftritt – und zwar notwendigerweise.

Interessant ist in diesem Zusammenhang zweierlei: erstens, daß eine solche Theorie nicht mehr als Philosophie im traditionellen Sinne verstanden werden soll, sondern als „positive Wissenschaft" (ebd.), und zweitens, daß sich Marx und Engels über den Status ihrer eigenen Basistheorie und über den Rekurs auf jene Voraussetzungen täuschen, die „auf rein empirischem Wege konstatierbar" sein sollen.

Daß diese Theorie nicht mehr als selbständige Philosophie im traditionellen Sinn verstanden werden soll, folgt nicht allein aus der Abgrenzung gegenüber der „deutschen Kritik", die „den Boden der Philosophie nicht verlassen" (18) hat, sondern vor allem aus der Forderung, die Spekulation zugunsten der positiven Wissenschaft aufzugeben – „Wir kennen nur eine einzige Wissenschaft, die Wissenschaft der Geschichte." (18) „Die selbständige Philosophie verliert mit der Darstellung der Wirklichkeit ihr Existenzmedium" (27) – was ein Philosophieverständnis unterstellt, in dem normative Begründungsfragen entweder gar nicht mehr vorkommen oder aber mit Rekurs auf diesen Entwicklungsprozeß wegerklärt werden müssen. „An ihre Stelle kann höchstens eine Zusammenfassung der allgemeinsten Resultate treten, die sich aus der Betrachtung der historischen Entwicklung der Menschen abstrahieren lassen." (Ebd.)

Nun ist zwar klar, daß die proklamierte Auflösung eines jeden „tiefsinnige(n) philosophische(n) Problem(s) ... in ein empirisches Faktum" (43) durchaus ernst gemeint ist und daß mit empirischen Fakten kein spekulativer Staat zu machen ist. Es fragt sich jedoch, wie sich der Status der hier unterstellten Basistheorie verstehen läßt, wenn der Rekurs auf jene Voraussetzungen, die ein Philosophieren unter nachidealistischen Bedingungen überhaupt erst ermöglichen sollen, unter kritischen Auspizien nicht mehr gerechtfertigt werden kann. Denn einerseits behaupten Marx und Engels, daß die „Abstraktionen ... nur dazu dienen (können), die Ordnung des geschichtlichen Materials zu erleichtern, die Reihenfolge seiner einzelnen Schichten anzudeuten" (27; ebd. auch die folgenden Zitate), ohne daß diese wie die traditionelle Philosophie ein „Rezept oder Schema" abgäben. Andererseits sollen sich diese Abstraktionen gerade aus dem zusammengefaßten Material ergeben. Denn die Abstraktionen sind ja nichts anderes als die „Zusammenfassung der allgemeinsten Resultate", so daß hier das, was eine Voraussetzung für die Ordnung des geschichtlichen Materials ist, zu seinem Resultat gemacht wird. Daß in dieser Argumentation ein Zirkel vorliegt, haben Marx und Engels zumindest geahnt, denn ihnen ist nicht entgangen, daß sie hier auf eine „Schwierigkeit" stoßen, die dort beginnt, „wo man sich an die Betrachtung und Ordnung des Materials, sei es einer vergangenen Epoche oder der Gegenwart" macht. Sie meinen jedoch, daß sich die „Voraussetzungen" für die „Beseitigung dieser Schwierigkeiten … erst aus dem Studium des wirklichen Lebensprozesses und der Aktion der Individuen jeder Epoche … ergeben (werden)".

Wenn wir zwischen *dogmatischer* und *kritischer Geschichtsphilosophie* unterscheiden, dann vertreten Marx und Engels eine dogmatische Geschichtsphilosophie, weil sie die Einheit der rerum gestarum memoria auf die der res gestae zurückführen. Und dies tun sie deshalb, weil sie die Systematisierbarkeit von Geschichte allein durch die objektiven Bedingungen im geschichtlichen Material für garantiert halten. Marx und Engels halten also an der Hegelschen Einheit des Historischen und Systematischen fest, versuchen sie aber unabhängig von den Prämissen des absoluten Idealismus neu zu begründen – und zwar mit Rekurs auf die Voraussetzungen, die ihnen als die „wirklichen" gelten. Sie meinen dies deshalb zu können, weil sie sich im Besitz einer nach-philosophischen Basistheorie zur Konzeptualisierung der historischen Einzelereignisse wähnen, die eine befriedigende Lösung des traditionellen geschichtsphilosophischen Systematisierungsproblems ermöglicht. Später soll diese Basistheorie sich aus der Kritik der politischen Ökonomie ergeben. Was sich nun auf den ersten Blick als ein unproblematischer Begriff darstellt, offenbart in dem Moment seine Tücken, wenn darüber nachgedacht wird, was mit den „wirklichen Voraussetzungen" überhaupt gemeint ist.

Wenn sich nämlich jene Voraussetzungen, die ein Philosophieren unter nachidealistischen Bedingungen überhaupt erst ermöglichen sollen, eben nicht auf einem rein empirischen Weg konstatieren lassen, dann hätten Marx und Engels, so sie ihre Basistheorie unter kritischen Auspizien hätten rechtfertigen wollen, nach den Bedingungen der Möglichkeit von „Wirklichkeit" fragen müssen, wie dies von Kant vorgeführt wurde. Damit wäre man dann zwar in die „Spekulation" geraten – jedoch freilich nicht in eine identitätsphilosophische, sondern in eine transzendentalphilosophische.

Aber wenn die Aufklärung dessen, was mit dem „Wirklichen" gemeint sein soll, für das Verständnis relevant ist, was mit Rekurs auf die „wirklichen Voraussetzungen" erklärt werden soll, dann führt eben diese Frage von sich aus in einen Bereich hinein, den man mit der materialistischen Geschichtsauffassung als idealismusverdächtig eigentlich hinter sich lassen wollte.

Was also könnte die Systematisierungsbasis der materialistischen Geschichtsauffassung abgeben, wenn die von Marx und Engels vertretene Position sich nicht dem Vorwurf des Dogmatismus aussetzen will? Eine erkenntniskritische Theorie steht ihnen nicht zur Verfügung, da die Erkenntnistheorie ja durch die Gesellschaftstheorie fundiert und begründet wird – hier wird später der Austromarxismus von Max Adler mit seinem Versuch anknüpfen, die Marxsche Gesellschaftstheorie durch den Aufweis nicht-empirischer Konstitutionsbedingungen grundlagentheoretisch zu legitimieren und ihr so ein erkenntniskritisches Fundament jenseits vom „treibenden Strom der Geschichte" (Lehrke 1994, 269; vgl. auch Adler 1936) zu verschaffen. Auf anthropologische Konstanten können sie aber auch nicht mehr rekurrieren, weil die produktionstheoretische Umdeutung der Feuerbachschen Anthropologie alle menschlichen Wesensbestimmungen zu geschichtlichen und gesellschaftlichen Eigenschaften macht, weshalb sie auch nicht mehr als Systematisierungsbasis des Geschichtlichen taugen, weil sie nun selbst der geschichtlichen Systematisierung bedürfen.

Gleichwohl muß diese Frage beantwortet werden, will man die Probleme der dogmatischen Geschichtsphilosophie vermeiden, die ja eine Skepsis an ihren Prämissen herausforderte, ohne dieser Skepsis mit eigenen Mitteln begegnen zu können. Und die Antwort von Marx und Engels lautet: Umstellung der Philosophie auf revolutionäre Praxis. Der Rekurs auf revolutionäre Praxis wird zum Universalschlüssel des historischen Materialismus, weshalb man sie auch im Umfeld eines kritischen Marxismus zur Zentralkategorie machen wollte (vgl. Seidel 1966). Mit dem Praxiskonzept bietet die *DI* einen antiidealistischen Kontrastbegriff auf, mit dem der Hegelsche Geist als Arbeit dechiffriert werden soll, so daß der rationalistisch verhimmelten Vernunft über ihre Situierung in ihren jeweiligen Funktionsbereichen ihre lebensweltlichen Kontexte zurückgegeben werden können. Ähnliche Bestrebungen gingen später von der Lebensphilosophie, der Existenzphilosophie und dem amerikanischen Pragmatismus aus. Marx und Engels meinen, daß sich dann, wenn sie mittels der praxisphilosophischen Dechiffrierung des Hegelschen Geistes als Arbeit zur „wirkliche(n) Basis der Ideologie" (50) vorstoßen, nicht nur die „Nebelbildungen" im Gehirn der Menschen auflösen würden; gleichzeitig und in diesem Zusammenhang werde sich auch über die Analyse der Abfolge der

Gesellschaftsformationen eine Perspektive auf eine revolutionäre Veränderung der bürgerlichen Gesellschaft abzeichnen.

Die Metapher der Umstülpung, des vom Kopf-auf-die-Füße-Stellens (vgl. *MEW* 23, 27), ist daher wörtlich zu nehmen. Gerade weil die Idealismuskritik der *DI* eine Kritik in praktischer Absicht ist, muß der ideologiekritische Ansatz Marx und Engels zu einer materialistischen Umkehrung der Hegelschen Geschichtsphilosophie führen, da erst mit dieser Umkehrung die geschichtsphilosophische Vernunft in eine „vernünftige Form" gebracht wird und damit auch die Analyse und Kritik der bürgerlichen Gesellschaft ein tragfähiges Fundament findet (vgl. Wellmer 1969, 89).

4.2 Arbeit und Eigentum als Grundlage der Gesellschaft

Die Dechiffrierung des „Geistes" als „Arbeit" kommt in der *DI* zu folgendem Ergebnis: Mit der „Trennung von Stadt und Land", die mit der „Teilung der materiellen und geistigen Arbeit" zusammenfällt, geht die Unterscheidung von „Kapital und Grundeigentum" (alle 50) einher. Dieses Kapital war zunächst „naturwüchsiges Kapital" (52), das noch nicht, wie das moderne, in Geld abgeschätzt wurde. „Die nächste Ausdehnung der Teilung der Arbeit war die Trennung von Produktion und Verkehr, die Bildung einer besondern Klasse von Kaufleuten" (ebd.). Auf dieser Stufe der Teilung der Arbeit veränderte sich das Verhältnis von Produktion und Verkehr dahingehend, daß der Verkehr zunehmend die lokalen Grenzen der Produktion sprengte. „Die Städte treten *miteinander* in Verbindung" (53), und es bildete sich allmählich eine Bürgerklasse, die sich als Klasse von da an konstituierte, „als sie einen gemeinsamen Kampf gegen eine andere Klasse zu führen" hatte. (54) „Die Teilung der Arbeit zwischen den verschiedenen Städten hatte zur nächsten Folge das Entstehen der Manufakturen, der dem Zunftwesen entwachsenen Produktionszweige." (ebd.). Mit ihr „veränderten sich sogleich auch die Eigentumsverhältnisse. Der erste Fortschritt über das naturwüchsig-ständische Kapital hinaus war durch das Aufkommen der Kaufleute gegeben, deren Kapital von vornherein mobil, Kapital im modernen Sinne war, soweit davon unter den damaligen Verhältnissen die Rede sein kann. Der zweite Fortschritt kam mit der Manufaktur, die wieder eine Masse des naturwüchsigen Kapitals mobilisierte und überhaupt die Masse des mobilen Kapitals gegenüber der des naturwüchsigen vermehrte." (55)

Mit der Manufaktur, mit der sich das Geldverhältnis zwischen Arbeiter und Kapitalist durchsetzte, und dann mit der großen Industrie traten die verschiedenen Nationen in einen Verkehr, der mehr und mehr alle „lokalen Schranken" (37) sprengte – die „Entdeckung Amerikas und des Seeweges nach Ostindien" (56) wirkten hier als Katalysator (vgl. Freyer 1948). „Die große Industrie", die trotz lokaler „Schutzmittel die Konkurrenz" zwischen den Nationen „universalisierte", „stellte die Kommunikationsmittel und den modernen Weltmarkt her" und „erzeugte insoweit erst die Weltgeschichte" (60), eine Geschichte, die alles Ständische „verdampft" und alle überkommenen Gemeinschaftsbeziehungen durch deren Versachlichung auflöst. In der *DI* wird also die moderne Geschichte als eine über den Weltmarkt vermittelte Geschichte begriffen, die die Nationen zivilisiert und die „naturwüchsige Ausschließlichkeit einzelner Nationen" (ebd.) vernichtet, insofern sie die individuelle Bedürfnisbefriedigung der Individuen „von der ganzen Welt abhängig" macht. Zudem „subsumierte (sie) die Naturwissenschaft unter das Kapital und nahm der Teilung der Arbeit den letzten Schein der Naturwüchsigkeit". (Ebd.)

Arbeit und Eigentum sind also die Grundlagen der bürgerlichen Gesellschaft. Diese kann nur verstanden werden, wenn man sie von ihren ökonomischen Grundlagen, dem wirtschaftlichen Reproduktionsprozeß her versteht. Von daher ist es nur konsequent, wenn auch der moderne Staat von der Ökonomie her erklärt wird. Dem „durch die große Industrie und universelle Konkurrenz bedingten Kapital, dem reinen Privateigentum, das allen Schein des Gemeinwesens abgestreift und alle Einwirkung des Staats auf die Entwicklung des Eigentums ausgeschlossen hat", „entspricht der moderne Staat, der ... zu einer besonderen Existenz neben und außer der bürgerlichen Gesellschaft geworden" ist. (62) Über ihn behauptet die *DI* dennoch: „er ist aber weiter Nichts als die Form der Organisation, welche sich die Bourgeois sowohl nach Außen als nach innen hin zur gegenseitigen Garantie ihres Eigentums und ihrer Interessen notwendig geben." (Ebd.) Der Staat ist hier demnach nicht die logische Voraussetzung von Familie und bürgerlicher Gesellschaft, sondern deren ureigenstes Erzeugnis. Er steht nicht als ein Allgemeines über der zerrissenen bürgerlichen Gesellschaft, sondern ist gerade der manifeste Ausdruck jener Zerrissenheit, insofern er beständig ein beschränktes und somit partikulares Interesse, nämlich das der Bourgeoisie, als ein allgemeines auszuweisen sucht, oder wie Marx und Engels sagen: „Da der Staat die Form ist, in welcher die Individuen einer herrschenden Klasse ihre gemeinsamen Interessen geltend machen und die ganze bürgerliche Gesellschaft einer Epoche sich zusammenfaßt, so folgt, daß alle gemeinsamen Institutionen durch den Staat vermittelt werden, eine politische Form erhalten. Daher die Illusion, als ob das Gesetz auf dem Willen, und zwar auf dem von seiner realen

Basis losgerissenen, dem *freien* Willen beruhe. Ebenso wird das Recht dann wieder auf das Gesetz reduziert." (62)

Tatsächlich ist also nicht die Vernunft oder der Geist, sondern die große Industrie der eigentliche Akteur auf der Bühne der Weltgeschichte, die in der *DI* dann auch keine Staatengeschichte mehr ist. Denn der Staat, den Hegel als „die Wirklichkeit der sittlichen Idee"[3] bestimmte, der die bürgerliche Gesellschaft aus sich entläßt, ist Marx und Engels zufolge nichts weiter als der Überbau der bürgerlichen Gesellschaft, wobei in „der großen Industrie und Konkurrenz ... sämtlichen Existenzbedingungen, Bedingtheiten, Einseitigkeiten der Individuen ... in die beiden einfachsten Formen (zusammengeschmolzen sind): Privateigentum und Arbeit". (66)

Der Ausdruck „bürgerliche Gesellschaft" wird in diesem Zusammenhang zur Bezeichnung der jeweiligen ökonomischen Basis verwendet, „wie sie für den Nationalökonomen erscheint". (*ÖPM* 557) Sie ist „der wahre Herd und Schauplatz aller Geschichte". (36) Denn mit ihr tritt nicht nur die Bourgeoisie als Klasse auf, sondern auch die Klasse, die als der erste wirklich *„weltgeschichtliche"* Akteur die „ganze alte Scheiße" und damit auch die „Fremdheit" (35), die in der kapitalistischen Produktions- und Aneignungsweise liegt, aufzuheben in der Lage ist: das Proletariat. Im Unterschied zu Feuerbach meint Gesellschaft hier also nicht mehr einfach nur Sozialität des Menschen. Die Gesellschaft, von der die *DI* fortan in kritischer Perspektive spricht, ist die bürgerliche Gesellschaft, und zwar in dem allgemeinen Sinne der Produktionssphäre, weshalb man hier auch von einer Soziologisierung der Feuerbachschen Anthropologie sprechen kann. Die Gesellschaft ist keine Naturtatsache. Sie gehört nicht zum Menschen wie andere Naturtatsachen. Die Gesellschaft ist als eine menschliche Gesellschaft eine Fortsetzung der natürlichen Existenz des Menschen mit nicht-natürlichen Mitteln.

Diese Soziologisierung oder auch Versozialwissenschaftlichung der Sozialphilosophie hatte Hegel in der Rechtphilosophie vorbereitet, insofern er konsequent zwischen Staat und bürgerlicher Gesellschaft unterschied – etwa im Unterschied zu Aristoteles, der die societa civilis als Ort des guten Lebens einer Gemeinschaft von Bürgern versteht, die ihrerseits auf selbständigen Hauswirtschaften mit der Bestimmung eines autarken Lebens beruhen[4], und auch noch im Unterschied zu den naturrechtlichen

---

3 Hegel 1980, § 257; vgl. dazu Kantner/Tietz 2005.

4 Aristoteles: *Politik* 1280 b 33–35. Aristoteles versteht unter κοινωνία „sowohl die verschiedenen Vereinigungen, auf Vertrag beruhende Formen menschlicher Vereinigungen wie naturwüchsige Grundformen des Zusammenlebens in Haus- und Stammverband". (vgl. Riedel 1965, 296)

Theorien der Neuzeit von Hobbes, Locke bis hin zu Kant, die bei allen Differenzen im Detail gerade in der Nicht-Unterscheidung von Staat und bürgerlicher Gesellschaft übereinstimmten, weshalb noch Kant in der *Rechtslehre* die Idee der ursprünglichen Vertragsgesellschaft als societa civitas mit dem Staat gleichsetzte. (vgl. Kant 1977, § 45)

Während also noch im modernen Naturrecht der Staat als bürgerliche Gesellschaft bezeichnet wird, weil diese an sich selbst schon politisch verfaßt ist, unterscheidet Hegel die politische Sphäre des Staates von dem nunmehr „bürgerlich" bestimmten Bereich der Gesellschaft, wobei das Adjektiv „bürgerlich" entgegen seiner ursprünglichen Bedeutung nur noch die privatrechtliche Stellung des zum *bourgeois* gewordenen Bürgers bezeichnet. Der moderne Begriff der bürgerlichen Gesellschaft ist somit ein genuines Produkt des 19. Jahrhunderts (vgl. Riedel 1974, 471). Die Wende von der alten zur modernen bürgerlichen Gesellschaft, wie sie in der „Dèclaration des droits de l'homme et du citoyen" aus dem Jahre 1789 geschichtlich dokumentiert ist, ist mit Hegel philosophisch auf den Begriff gebracht – wobei von nun an die bürgerliche Gesellschaft auch mit sozialwissenschaftlichen Mitteln untersucht wird.[5]

Hier knüpfen Marx und Engels an. Die bürgerliche Gesellschaft ist keine *communio*, keine Gemeinschaft im engeren Sinn mit starken normativen Bindungen, sondern ein *commercium*, ein Verkehrszusammenhang, der ohne Beziehungen dieser Art besteht (vgl. Tietz 2002a, Kap. II). Wie bereits bemerkt: Die Gesellschaft, von der die *DI* nun spricht, ist die bürgerliche Gesellschaft. Und zwar in dem allgemeinen Sinne der Produktionssphäre, deren Substrat die Wirtschaft und das aus allen feudalen Bindungen freigesetzte Individuum sind, dessen Menschenrecht immer auch das Recht zu Freiheit, Eigentum und Sicherheit einschließt. Anders gesagt: Der Gesellschaftsbegriff in der *DI* ist im Rahmen von Staat, Gemeinschaft und Individualität angesiedelt, und erst vor diesem Hintergrund werden dann auch die Ausführungen über Arbeit und Eigentum verständlich. Welchen Status eine künftige, nicht-bürgerliche Gesellschaft hat, wird in der Regel negatorisch bestimmt.

Marx und Engels knüpfen also einerseits an Hegel an, der als erster systematisch mit der Einführung der bürgerlichen Gesellschaft als einer Ebene zwischen Familie und Staat der Entstehung der neuzeitlichen Wirtschafts-

---

5 Einschlägig sind in diesem Zusammenhang die Arbeiten von Lorenz von Stein, Heinrich von Treitschke und Wilhelm Heinrich Riehl, die jedoch zumeist nur von „der" Gesellschaft sprechen. Marx wird später im Rahmen einer „Kritik der politischen Ökonomie" den Begriff der bürgerlichen Gesellschaft mit sozialwissenschaftlichen Mitteln weiter konkretisieren.

und Tauschgesellschaft Rechnung getragen hatte. Andererseits wird von ihnen das Hegelsche Ableitungsverhältnis von Staat und bürgerlicher Gesellschaft bestritten. Denn bei Hegel, so die These, stehe das wirkliche Ableitungsverhältnis geradewegs auf dem Kopf.

Seit seiner Kritik an der Hegelschen Rechtsphilosophie aus dem Jahre 1841/42 war Marx der Überzeugung, daß nicht der Staat die Basis der bürgerlichen Gesellschaft sei, sondern daß umgekehrt diese die Grundlage von jenem ist – was ihn dazu bringt, eine generelle Abhängigkeit des Politischen vom Ökonomischen ins Auge zu fassen (die Behauptung, „daß das Recht ebensowenig eine eigene Geschichte hat wie die Religion" (63) ist dann der konsequente Ausdruck dieser These). Marx erhebt quasi Hegels bürgerliche Gesellschaft zum Leitmodell des historischen Materialismus, wobei die ökonomische Präzisierung und Historisierung des Gesellschaftsbegriffs dann auch die Differenz zwischen dem Gesellschaftsbegriff der *DI* und Feuerbach ausmacht (vgl. Schnädelbach 1997, 37).

Die große Industrie und die Teilung der Arbeit führen insgesamt dazu, daß sämtliche Existenzbedingungen der bürgerlichen Gesellschaft auf ihre beiden einfachsten Formen „Privateigentum und Arbeit" reduziert werden. Dies ist freilich nur die eine Seite der Medaille. Die andere Seite ist, daß die große Industrie auch eine Klasse erzeugt, „die bei allen Nationen dasselbe Interesse hat und bei der die Nationalität schon vernichtet ist, eine Klasse, die wirklich die ganze alte Welt los ist und zugleich ihr gegenübersteht". (60) Kurz: Die große Industrie und die Teilung der Arbeit erzeugen auch das Subjekt, durch das die Aufhebung des Privateigentums historisch möglich wird (vgl. 66). Dieses Subjekt ist das moderne Proletariat. Wie die große Industrie ist es das Produkt des „Widerspruch(s) zwischen dem Produktionsinstrument und Privateigentum" (ebd.).

Mit der vollständigen Subsumierung der „Individuen ... unter die Teilung der Arbeit" (ebd.) hat die Arbeit „allen Schein der Selbstbetätigung verloren und erhält ihr Leben nur, indem sie es verkümmert". (67) Daraus folgt: Die unter die Teilung der Arbeit subsumierten Individuen müssen sich die gesamte Totalität der Produktivkräfte aneignen, nicht nur um zu ihrer Selbstbetätigung zu kommen, sondern bereits um ihre Existenz sicherzustellen. Und da dies nur möglich ist „innerhalb eines universellen Verkehrs existierende(r) Produktivkräfte", muß auch die Aneignung selbst „einen den Produktivkräften und dem Verkehr entsprechenden universellen Charakter haben." (Beide 67)

Theoretisch wird diese These und damit auch der Kommunismus als praktisches Resultat der Aufhebung des Privateigentums durch die Kritik der Nationalökonomie begründet (vgl. *ÖPM*). Die Nationalökonomie, die ja ebenfalls „Privateigentum und Arbeit" als die beiden Elementarformen der bürgerlichen Gesellschaft auffaßt, wird hier als eine „komplette Bereicherungswissenschaft" vorgestellt, die als „eine natürliche Folge der Ausdehnung des Handels (entstand), und mit ihr trat an die Stelle des einfachen, unwissenschaftlichen Schachers ein ausgebildetes System des erlaubten Betrugs" (Engels 1977, 499) – eine Intuition, die in ähnlichen Formen nicht nur unter Globalisierungsgegnern auch heute noch vertreten wird. „Die Nationalökonomie", so Marx, „faßt das *Gemeinwesen* des *Menschen*, oder ihr sich betätigendes *Menschenwesen*, ihre wechselseitige Ergänzung zum Gattungsleben, zum wahrhaft menschlichen Leben unter der Form des *Austausches* und des *Handels* auf. Die *Gesellschaft*, sagt Destutt de Tracy, ist eine *Reihe von wechselseitigen échanges*. Sie ist eben diese Bewegung der wechselseitigen Integration. Die *Gesellschaft*, sagt Adam Smith, ist eine *handelstreibende Gesellschaft*. Jedes ihrer Mitglieder ist ein *Kaufmann*. Man sieht, wie die Nationalökonomie die *entfremdete* Form des geselligen Verkehrs als die *wesentliche* und *ursprüngliche* und der menschlichen Bestimmung entsprechende *fixiert*." (*AJM* 451)

Für Marx und alle, die dem entfremdungstheoretischen Ansatz folgten, gilt, daß die ökonomische Bestimmung der bürgerlichen Gesellschaft als der durch den Austausch begründeten Verbindung zwischen Menschen die „*entfremdete* Form des geselligen Verkehrs" ist und daß diese deshalb auch nur die „Karikatur seines *wirklichen Gemeinwesens*, seines wahren Gattungslebens" (ebd.) sein kann. Dabei wird die Auffassung, den Handel und damit dann auch den Markt als *den* Ort der gesellschaftlichen Entfremdung zu denken, wie folgt begründet: „Die Nationalökonomie ... geht aus von dem *Verhältnis des Menschen zum Menschen*, als dem des *Privateigentümers zum Privateigentümer*. Wenn der Mensch als *Privateigentümer* vorausgesetzt wird, ... so ist der *Verlust* oder das *Aufgeben* des Privateigentums eine *Entäußerung des Menschen*, wie des *Privateigentums* selbst. ... Den Fall der *Gewalt* ausgenommen – wie komme ich ... dazu, an einen andern Menschen *mein* Privateigentum zu entäußern? Die Nationalökonomie antwortet richtig: Aus *Not*, aus *Bedürfnis*. ... Beide Eigentümer werden also getrieben, ihr Privateigentum aufzugeben ... Jeder entäußert ... einen Teil seines Privateigentums an den anderen. Die *gesellschaftliche* Beziehung ... ist also die *Wechselseitigkeit* der *Entäußrung*. ... Der *Tausch* oder der *Tauschhandel* ist also ... der *entäußerte* Gattungsakt. Eben darum erscheint er als *Tauschhandel*. Es ist darum ebenso das Gegenteil des *gesellschaftlichen* Verhältnisses." (*AJM* 452 f.) Noch im *Kapital* wird Marx an dieser These festhalten (vgl. *MEW* 23, 180 ff., 455 und 596).

Das Modell der Entäußerung und Aneignung von „Wesenskräften", das sich einerseits der Dynamisierung des Aristotelischen Formbegriffs und andererseits der reflexionsphilosophischen Vermittlung des Aristotelischen mit dem ästhetischen Formbegriff verdankt (der Mensch entfaltet seine „Wesenskräfte" durch die produktive Tätigkeit, wobei die Objektivationen Ausdruck eines bewußten Schöpfungsaktes in der materiellen Produktion und eines unbewußten Bildungsprozesses in der gesellschaftlichen Reproduktion sind), konzipiert den gesellschaftlichen Austausch als *die paradigmatische Form der menschlichen Selbstentfremdung*, weil der Mensch in der Sphäre des Austausches seine eigenen Produkte und Leistungen als eine fremde Faktizität erlebt, als ein opus alienum, über das er keine Kontrolle mehr hat.

Marx erkennt in der durch den Tausch zustande gebrachten Form von Gesellschaftlichkeit eine entfremdete Sozialität, weil sich ja jeder Privateigentümer im Verkauf entäußert, wobei er in diesem Zusammenhang ganz offensichtlich übersieht, daß jeder Verkauf immer auch ein Ankauf ist, so daß er den gesellschaftlichen Tausch eigentlich als *Einheit von Entäußerung und Aneignung* hätte beschreiben müssen, weshalb die *wechselseitige Entäußerung* auch eine *wechselseitige Aneignung* darstellt. So aber kommt er zu dem Resultat, daß die durch den gesellschaftlichen Tausch zustande gebrachte Beziehung „ein bloßer *Schein*" und damit „Nichts" ist. Denn die „Absicht der *Plünderung*, des *Betrugs* liegt notwendig im Hinterhalt", weil „unser Austausch ein eigennütziger ist", so daß „wir uns notwendig zu betrügen" suchen (alle *AJM*, 460). Knapp gefaßt heißt das: Unter den Bedingungen des Privateigentums ist der Austausch nichts anderes als ein aufgehobener Raub, aufgehoben unter der Voraussetzung, daß das „Reich der physischen Kraft gebrochen" ist (ebd.), und daher eine permanente Übervorteilung wenigstens der persönlichen Intentionen der Tauschenden. Sie sind eigennützig und egoistisch, weshalb die im Tausch präsentierte Sozialität reiner Schein, die Einheit des Gebens und Nehmens bloßes Theater und die Entäußerung und Übervorteilung der eigentliche Kern der Sache ist.

Wenn man diese Prämisse aus den Manuskripten von 1844, die auch später noch unterstellt ist, als gültig akzeptiert, wenn also die durch den ökonomischen Verkehr realisierte Gesellschaft tatsächlich die Entfremdung vom „wirklichen Gemeinwesen" darstellt, dann ist es auch zunächst nicht unplausibel, die Negation der Entfremdung durch den Ausschluß des ökonomischen Austauschs, des Markts und des Privateigentums herbeizuführen – weshalb dann die marxistische Antwort auf die gesellschaftlichen Widersprüche und allen sich daraus ergebenden Folgen von einer so faszinierenden Einfachheit ist: Wenn diese Widersprüche durch die Vermögens- und Eigentumslosigkeit der Proletarier verursacht sind, dann ist die Wiederherstellung des Gemeineigentums am Produktivvermögen die strikte und ein für allemal gültige Lösung des Problems. Daher sagen dann auch Marx und Engels im *Kommunistischen Manifest*: Die Kommunisten können „ihre Theorie in dem einen Ausdruck: Aufhebung des Privateigentums, zusammenfassen" (*MKP* 475) – und genau dies hat dann die Oktoberrevolution unter der Führung von Lenin und Trotzki vollzogen, nämlich die Lösung des sozialen Problems durch die Liquidierung der Gesellschaftlichkeit und der Freiheit der Person (vgl. Ruben 1998).

Der Entfremdungsbegriff, den Marx im Umfeld der Kritik der Nationalökonomie in ein Instrument der Analyse und Kritik der bestehenden sozialökonomischen Struktur der bürgerlichen Gesellschaft verwandelt hatte und mit dessen Hilfe er seine Theorie der entfremdeten Arbeit begründet, büßt in der *Deutschen Ideologie* gegenüber dem Begriff der Arbeit zwar seine prominente Stellung ein. Der Sache nach bleibt das Entfremdungsmodell jedoch weiter in Geltung – was analog auch auf die These von der Aufhebung der Entfremdung zutrifft (vgl. 70). Hier wie dort spiegelt sich im Begriff der Entfremdung der normative Gehalt des Produktionsparadigmas: Was nicht mehr als das eigene Produkt zu Bewußtsein kommt und angeeignet werden kann, schränkt die Souveränität des handelnden Subjekts ein und hemmt seine Autonomie und Selbstverwirklichung – mit dem Resultat, das es sich von sich selbst und von der Welt entfremdet.

Diese Entfremdung, die den Produzenten ihre entäußerten „Wesenskräfte" als etwas Fremdes und seiner Kontrolle Entzogenes vorenthält (was freilich unterstellt, daß sich diese „Wesenskräfte" überhaupt irgendwo dingfest machen lassen, woran durchaus Zweifel erlaubt sind), ist bedingt durch die materielle Ausbeutung der Produzenten in Gestalt des Proletariats. Sie ist aber nicht nur durch die materielle Ausbeutung des Proletariats bedingt. Denn das Proletariat gilt zugleich als jene Klasse innerhalb der bürgerlichen Gesellschaft, die imstande ist, deren Widersprüche aufzuheben. „Nur die von aller Selbstbetätigung vollständig ausgeschlossenen Proletarier der Gegenwart sind imstande, ihre vollständige, nicht mehr borniere Selbstbetätigung ... durchzusetzen. Alle früheren revolutionären Aneignungen waren borniert ... Bei allen bisherigen Aneignungen blieb eine Masse von Individuen unter ein einziges Produktionsinstrument subsumiert; bei der Aneignung der Proletarier müssen eine Masse von Produktionsinstrumenten unter jedes Individuum und das Eigentum unter Alle subsumiert werden. Der moderne universelle Verkehr kann nicht anders unter die Individuen subsumiert werden, als dadurch, daß er unter Alle subsumiert wird." (68)

Diese Aneignung der Produktivkräfte kann nur vollzogen werden durch eine „Vereinigung" mit universellem Zuschnitt und durch eine „Revolution", die die ganze bisherige Produktions- und Verkehrsweise aufhebt. Erst auf der kommunistischen, nicht-bornierten Stufe der Aneignung der *universell* gewordenen Produktivkräfte und Verkehrsformen „fällt die Selbstbetätigung mit dem materiellen Leben zusammen, was der Entwicklung der Individuen zu totalen Individuen und der Abstreifung aller Naturwüchsigkeit entspricht; und dann entspricht sich die Verwandlung der Arbeit in Selbstbetätigung und die Verwandlung des bisherigen bedingten Verkehrs in den Verkehr der Individuen als solcher. Mit der Aneignung der totalen Produktivkräfte durch die vereinigten Individuen hört das Privateigentum auf. Während in der bisherigen Geschichte immer eine besondere Bedingung als zufällig erschien, ist jetzt die Absonderung der Individuen selbst, der besondre Privaterwerb eines Jeden selbst zufällig geworden." (Ebd.) Das Proletariat ist danach der wirkliche Repräsentant des Allgemeinen. Als der empirisch-faktische Ausdruck eines nicht mehr partikularen Interesses ist das Proletariat damit das gesellschaftliche Gesamtsubjekt, das von nun an den Stoffwechselprozeß zwischen Mensch und Natur unter seine Regie und rationelle Kontrolle nimmt.

4.3 Schlußfolgerungen

Die Hegelsche Grundstruktur von Statik und Dynamik, wonach die Statik immer die Dynamik hervorbringt, wie umgekehrt diese immer in jene übergeht, wird – insgesamt gesehen – in der *DI* beibehalten. Sie wird aber materialistisch in ein Verhältnis von Produktivkräften und Produktionsverhältnissen übersetzt, dessen Dialektik dann die Geschichte als Abfolge von Gesellschaftsformationen deuten läßt. Was Hegel als den Grund und die Ursache für die Dialektik der bürgerlichen Gesellschaft ansah, nämlich das „Herabsinken einer großen Masse unter das Maß einer gewissen Subsistenzweise" (Hegel 1980, § 245), wodurch diese „über sich hinausgetrieben" wird (a. a. O., § 246), wenden Marx und Engels konsequent ins Revolutionäre. So folgen sie einerseits Hegel in der Einschätzung, daß „bei dem *Übermaße des Reichtums* die bürgerliche Gesellschaft *nicht reich genug* ist, d. h. an dem ihr eigentümlichen Vermögen nicht genug besitzt, dem Übermaße der Armut und der Erzeugung des Pöbels zu steuern" (a. a. O., § 245). Sie deuten jedoch dessen Dialektik der bürgerlichen Gesellschaft anders, nämlich im Sinne einer *Dialektik der Revolution*. Der Kerngedanke der Theorie der bürgerlichen Gesellschaft ist demnach ein geschichtsphilosophischer – in der

Formulierung des *Kommunistischen Manifestes*: „Die Geschichte aller bisherigen Gesellschaft ist die Geschichte von Klassenkämpfen" (*MKP* 462).

Eine Pazifizierung der immanenten Widersprüche der bürgerlichen Gesellschaft durch Kolonisierung nach außen und durch eine vernünftige Organisation der Arbeit und durch die Teilhabe an einem durch Arbeit erzeugten „allgemeine(n), bleibende(n) Vermögen" nach innen, bleibt damit ausgeschlossen. Die Widersprüche der bürgerlichen Gesellschaft sind nicht durch Reformen aus der Welt zu bringen, etwa durch eine Lösung der „sozialen Frage", in der Marx nichts anderes als „eine Zeitungsschreiberphrase" (*MEW* 19, 26) sehen mochte, sondern allein auf einem revolutionären Weg, durch die Revolutionierung aller Verhältnisse, „in denen der Mensch ein erniedrigtes, ein geknechtetes, ein verlassenes, ein verächtliches Wesen ist" (*KHRE*, 385) – und das Wort „aller" ist in diesem Zusammenhang wörtlich zu nehmen! (vgl. Tietz 2002b) Hierfür gibt es einen einfachen Grund: Weil das moderne Proletariat weder bürgerliche noch politische Rechte hat, steht es per Definition außerhalb der bürgerlichen Gesellschaft, die sich nun auch begrifflich auf die „Bourgeoisgesellschaft" (*MEW* 17, 343) verengt.

Revolutionen avancieren in diesem Zusammenhang dann zu „*Lokomotiven der Geschichte*" (*MEW* 7, 85), die den historischen Wandel als einen naturgeschichtlichen Prozeß erscheinen lassen. Dabei folgt diese quasilogische Revolutionssystematik, die nicht die „Kritik, sondern die Revolution" als „die treibende Kraft der Geschichte" (38) ansieht, einem Fortschrittsglauben, der Krisen zu „Knotenpunkten" der gesellschaftlichen Höherentwicklung mit einer eingebauten Nichtverschlechterungsgarantie macht – weshalb man hier auch von einer *post-theistischen Theodizee mit futurisiertem Überoptimismus* sprechen kann, die die Gegenwart zur finalen Entscheidungsgrenzsituation zwischen Allem oder Nichts zuspitzt und die auf der systematischen Ebene dann all jene gesellschaftlichen Krisen und gescheiterten Revolutionen aus der Betrachtung ausblenden muß, die nur sehr künstlich in jene Systematik eingeordnet werden können (vgl. Burckhart 1955, 177 ff.).

Die Resultate der materialistischen Geschichts- und Gesellschaftsauffassung werden, ohne Thematisierung der Spannungen zwischen striktem Determinismus und aktivistischer Gesellschaftsauffassung, von Marx und Engels in vier Punkten zusammengefaßt, bei denen eine strukturelle Umkehrlogik und eine revolutionäre Selbstveränderung mit absoluter Zielgewißheit verknüpft werden.

Der erste Punkt betont die strukturelle Seite, nämlich daß in „der Entwicklung der Produktivkräfte ... eine Stufe ein(tritt), auf welcher

Produktionskräfte und Verkehrsmittel hervorgerufen werden, welche unter
den bestehenden Verhältnissen nur Unheil anrichten, welche keine Produktionskräfte mehr sind, sondern Destruktionskräfte", wobei interessant ist,
daß „Maschinerie und Geld" in diesem Zusammenhang als Destruktionskräfte benannt werden. Dies führt dazu, daß eine Klasse entsteht, „welche
alle Lasten der Gesellschaft zu tragen hat, ohne ihre Vorteile zu genie-
ßen, welche aus der Gesellschaft herausgedrängt, in den entschiedensten
Gegensatz zu allen andern Klassen forciert wird". Diese „Klasse, die die
Majorität aller Gesellschaftsmitglieder" unter sich faßt, ist Träger des
revolutionären „Bewußtsein(s) über die Notwendigkeit einer gründlichen
Revolution", eines Bewußtseins, das in diesem Zusammenhang auch als
„kommunistische(s) Bewußtsein" (alle 69) bezeichnet wird.

Der zweite Punkt bringt gesellschaftliche Strukturen und kollektive
Akteure noch enger zusammen, insofern „die Bedingungen, innerhalb
deren bestimmte Produktionskräfte angewandt werden können", immer
auch „die Bedingungen der Herrschaft einer bestimmten Klasse der
Gesellschaft sind, deren soziale, aus ihrem Besitz hervorgehende Macht in
der jedesmaligen Staatsform ihren *praktisch*-idealistischen Ausdruck hat",
was dann auch der Grund dafür ist, daß sich „deshalb jeder revolutionäre
Kampf gegen eine Klasse, die bisher geherrscht hat, ... richtet" (alle ebd.).

Der dritte Punkt bezieht sich auf die Spezifik der kommenden Umwälzung, die darin bestehen soll, daß „die kommunistische Revolution sich
gegen die bisherige *Art* der Tätigkeit richtet, die *Arbeit* beseitigt und die
Herrschaft aller Klassen mit den Klassen selbst aufhebt" (69 f.) – im Unterschied zu „allen bisherigen Revolutionen", in denen „die Art der Tätigkeit stets unangetastet blieb und es sich nur um eine andre Distribution
dieser Tätigkeit, um eine neue Verteilung der Arbeit an andre Personen
handelte". (69) Der Grund hierfür ist der, daß die auf der Tagesordnung
stehende proletarische Revolution von einer „Klasse bewirkt wird, die in
der Gesellschaft für keine Klasse mehr gilt, nicht als Klasse anerkannt
wird" und so bereits im Rahmen der bürgerlichen Gesellschaft der empirische „Ausdruck der Auflösung aller Klassen, Nationalitäten etc. innerhalb
der jetzigen Gesellschaft ist". (70)

Die aktivistische Konsequenz lautet dann viertens, „daß sowohl zur
massenhaften Erzeugung dieses kommunistischen Bewußtseins wie
zur Durchsetzung der Sache selbst eine massenhafte Veränderung der
Menschen nötig ist, die nur in einer praktischen Bewegung, in einer *Revolution* vor sich gehen kann; daß also die Revolution nicht nur nötig ist, weil
die *herrschende* Klasse auf keine andre Weise gestürzt werden kann, sondern
auch, weil die *stürzende* Klasse nur in einer Revolution dahin kommen

kann, sich den ganzen alten Dreck vom Halse zu schaffen und zu einer neuen Begründung der Gesellschaft befähigt zu werden." (ebd.)

Nimmt man die vier Punkte zusammen, so wird klar: Es geht ums Ganze, und zwar zum letzten Mal. Was Sklaven, Plebejern und Leibeigenen versagt blieb – die Demütigung und Unterdrückung geistig und materiell nach vorn zu durchbrechen –, würde den Proletariern gelingen. Nur wer nichts ist, kein Band und keine Würde in der Gesellschaft hat, kann die Gefolgschaft aufkündigen und alles gewinnen. Indem die Proletarier unter Führung ihrer revolutionären Avantgardepartei das letzte Gefecht der Klassengesellschaft ruhmreich bestehen, rächen sie ihre weniger glücklichen Vorläufer und berichtigen zugleich die gesamte menschliche Vorgeschichte. Die Bourgeoisie, die alle gesellschaftlichen Verhältnisse revolutionierte, verliert den letzten Kampf für alle Herrscherklassen, und das Proletariat siegt für alle Beherrschten. Von nun an, so der hypothetische Befund, ist nicht nur die Vorgeschichte als eine Geschichte von Klassenkämpfen beendet, von nun an werden auch die Springquellen des gesellschaftlichen Reichtums fließen und jeder wird nach seinen Bedürfnissen leben können.

Hervor tritt nun aber auch, daß die Dechiffrierung des Hegelschen Geistes als Arbeit die spekulative Grundfigur der Hegelschen Gesellschaftstheorie und die teleologische Perspektive der idealistischen Geschichtsphilosophie im Kern bewahrt. Zwar gilt jetzt die Gesellschaft nicht mehr als Entfremdungsstufe des Staates, sondern umgekehrt der Staat als Entfremdungsstufe der Gesellschaft, weshalb der subjektive Geist, d. h. das Bewußtsein und das Wesen des Menschen nunmehr vom objektiven Geist, d. h. vom Ensemble der gesellschaftlichen Verhältnisse her interpretiert wird – aber eben in der Perspektive des Kommunismus und damit der geschichtlich aus der Entfremdung auferstandenen Menschennatur, so daß hier dem Kommunismus genau das Pathos zuwächst, das Hegel einmal mit dem absoluten Geist verbunden hatte.

Marx und Engels werfen quasi dem Proletariat den weiten Mantel des Hegelschen Weltgeistes um, das nun das Vernünftige denken und realisieren muß. Gerade hierin erweist sich Marx als treuer Schüler Hegels. Seine Kritik an ihm geschieht im Namen von dessen eigenem Prinzip, insofern es Marx analog zu Hegel um eine Versöhnung von Begriff und Wirklichkeit geht. Die späteren ökonomischen Arbeiten liefern gewissermaßen nur noch die nachträgliche Begründung einer grundsätzlichen Annahme, die von Anfang an auf Punkt und Komma feststand: daß sich der geschichtliche Gang in der kommunistischen Gesellschaft vollenden wird. Der Blick des Ökonomen Marx war geschärft und begrenzt durch Hegels Idee von der dialektischen Selbstbewegung des Menschen durch und vermittels Arbeit, weshalb im Marxismus dann auch die Herstellung des „Reich(s) der Freiheit" (*MEW* 20, 264 u. ö.) allein nach dem Muster des instrumentellen Handelns gedacht wurde – was eine der geistesgeschichtlichen Wurzeln für die technokratische Erstarrung des Staatssozialismus gewesen sein dürfte.

Das Verkommen des Marxismus zu einer dogmatischen Metaphysik wäre danach kein bloßer Betriebsunfall der Geschichte, der sich aus dem Scheitern des sozialistischen Experiments allein erklären ließe, sondern resultiert unmittelbar aus der praxisphilosophischen Deutung des Geschichtsprozesses. Es ist die heilsgeschichtliche Überhöhung des Proletariats durch dessen geschichtsphilosophische Logifizierung, die die proletarische Revolution schlicht und ergreifend als den letzten Akt des zu sich kommenden Geistes erscheinen läßt, eben weil Marx und Engels die christliche Eschatologie nur mit halbem Herzen über Hegel hinaus säkularisieren, so daß unter der elenden Gestalt des Proletariats beständig die Vollmacht Gottes hervorschielt, die das Heil verkündet (vgl. Löwith 1983, Kap. II).

Literatur

Adler, Max (1936): Das Rätsel der Gesellschaft, Wien.

Burckhart, Jacob (1955): Weltgeschichtliche Betrachtungen, hrsg. von R. Marx, Stuttgart.

Freyer, Hans (1948): Weltgeschichte Europas, Wiesbaden.

Gehlen, Arnold (1969): Moral und Hypermoral, Frankfurt/M.

Hegel, Georg Wilhelm Friedrich (1980): Grundlinien der Philosophie des Rechts oder Naturrecht und Staatswissenschaft im Grundrisse. (Werke Bd. 7), Frankfurt/M.

Kant, Immanuel (1977): Metaphysik der Sitten, hrsg. von W. Weischedel, Werkausgabe Bd. VIII, Frankfurt/M.

Kantner, Cathleen/Tietz, Udo (2005): Comunità, identità e istituzioni: Hegel sull' integrazione normativa delle società moderne (Gemeinschaft, Identität und Institutionen: Hegel über die normative Integration von modernen Gesellschaften), in: Hegel and social science, Quaderni di Teoria Sociale, hrsg. von A. Bellan, Rom, 340–375.

Lehrke, Wilfried (1994): Der neukantianische Sozialapriorismus Max Adlers, in: Neukantianismus. Perspektiven und Probleme, hrsg. von H. Holzhey und W. Orth, Würzburg.

Löwith, Karl (1983): Weltgeschichte und Heilsgeschehen, in: ders., Sämtliche Schriften. Bd. 2, Stuttgart.

Márkus, György (1980): Die Welt menschlicher Objekte. Zum Problem der Konstitution im Marxismus, in: Arbeit, Handlung, Normativität. Theorien des Historischen Materialismus 2, hrsg. von A. Honneth und U. Jaeggi, Frankfurt/M., 12–136

Marquard, Odo (1973): Schwierigkeiten mit der Geschichtsphilosophie, Frankfurt/M.

Riedel, Manfred (1965): Zur Topologie des klassisch-politischen und des modern-naturrechtlichen Gesellschaftsbegriffs, in: Archiv für Rechts- und Sozialphilosophie, 51 (1965), 291–318.

Riedel, Manfred (1974): Bürgerliche Gesellschaft, in: Historisches Wörterbuch der Philosophie, hrsg. von J. Ritter, Basel/Stuttgart, 719–800.

Rorty, Richard (1998): Das Kommunistische Manifest 150 Jahre danach. Gescheiterte Prophezeiungen, glorreiche Hoffnungen, Frankfurt/M.

Ruben, Peter (1998): Die soziale Frage einst und jetzt, in: Berliner Debatte INITIAL Heft 1 (1998), 5–18.

Schnädelbach, Herbert (1997): Natur, Kultur und Gesellschaft, in: INITIAL, Heft 1/2 (1997), 34–44.

Seidel, Helmut (1967): Praxis und marxistische Philosophie, in: Deutsche Zeitschrift für Philosophie, Heft 12 (1967), 1470–1485.

Tietz, Udo (2002a): Die Grenzen des Wir. Eine Theorie der Gemeinschaft, Frankfurt/M.

Tietz, Udo (2002b): Marxismus und Pragmatismus und die Hoffnung auf soziale Gerechtigkeit, in: INITIAL. Zeitschrift für sozialwissenschaftlichen Diskurs, Heft 3 (2002), 78–83.

Tietz, Udo (2004): Die Entfaltung des Produktionsparadigmas. Ein blinder Fleck in der Feuerbachkritik von Marx, in: ders.: Vernunft und Verstehen. Perspektiven einer integrativen Hermeneutik, Berlin, 17–46.

Wellmer, Alfred (1969): Kritische Gesellschaftstheorie und Positivismus, Frankfurt/M.

5

Michael Quante

Geschichtsbegriff und Geschichtsphilosophie
Ein analytischer Kommentar (S. 28–36)

Der Argumentationsgang der *Deutschen Ideologie* erschließt sich nur, wenn man sie als Beitrag von Engels und Marx zur damaligen Diskussion zwischen Bruno Bauer, Ludwig Feuerbach, Moses Hess und Max Stirner begreift. Dies gilt auch für den Geschichtsbegriff und die neue Konzeption einer Geschichtsphilosophie, die in dieser Schrift entwickelt werden. Um den philosophischen Gehalt der hier analysierten Passagen (28–36) bestimmen zu können, ist es hilfreich, mit zwei Rückblenden zu beginnen (Abschnitt 1); anschließend wird die Grundstruktur der Geschichtskonzeption, wie sie in der *Deutschen Ideologie* skizziert ist, expliziert (Abschnitt 2). Abschließend gehe ich kurz darauf ein, ob diese Konzeption eine philosophisch befriedigende Lösung der systematischen Probleme darstellt, vor die Engels und Marx sich gestellt sahen (Abschnitt 3).

5.1 Zwei Rückblenden

Die erste Rückblende bezieht sich auf die 1844 von Marx entworfene Entfremdungskonzeption, die zweite auf die im gleichen Jahr von Max Stirner publizierte Schrift *Der Einzige und sein Eigentum*.

(1.) Das offene Ende der Entfremdungstheorie: In den *Ökonomisch-philosophischen Manuskripten* erhebt Marx gegenüber der bürgerlichen Nationalökonomie den Vorwurf, nicht zu erklären, „inwiefern diese äußeren, scheinbar zufälligen Umstände nur der Ausdruck einer notwendigen Entwicklung sind" (*ÖPM*, 510). Seine hier entwickelte Entfremdungstheorie beansprucht, dies zu leisten. An der Stelle jedoch, wo der Text des ersten, unvollendet gebliebenen Teils der *Manuskripte* abbricht, stellt Marx folgende Frage:

„Wie, fragen wir nun, kömmt der *Mensch* dazu, seine *Arbeit zu entäußern*, zu entfremden? Wie ist diese Entfremdung im Wesen der menschlichen Entwicklung begründet?" (*ÖPM*, 521)

Könnte man die erste der Marxschen Fragen noch im Sinne einer historisch-genetischen Erklärungsabsicht verstehen, macht die zweite Formulierung deutlich, daß Marx eine fundamentalere Antwort sucht, die Entfremdung als notwendigen Entwicklungsschritt aus dem Wesen des Menschen ableitet. Marx bestimmt den Menschen als gegenständliches Gattungswesen, das sein Wesen in produktiver Tätigkeit realisiert, wozu auch die bewußte Tätigkeit im Sinne der gewußten Aneignung der vergegenständlichten Gattungseigenschaften gehört (vgl. Quante 2009). Als Gattungswesen ist der Mensch auf der einen Seite in der Lage, sein eigenes Wesen im universalen Medium des Denkens zu erkennen, kann auf der anderen Seite dieses Wesen aber auch nur in der Gesamtheit der Gattung und nicht als einzelnes Individuum realisieren. Eine Vorbedingung für diese sozial vermittelte Realisierung und bewußte Aneignung des eigenen Gattungswesens besteht – hier ist die Marxsche Konstruktion den idealistischen Selbstbewußtseinstheorien von Fichte und Hegel verpflichtet – darin, daß der Mensch seine Wesenseigenschaften in einem Entfremdungsprozeß entäußert. Nur so kann er sie zum Objekt seiner Erkenntnis und zum Ziel seiner bewußten Aneignung machen. Unter Voraussetzung der Prämisse, daß auch die Selbsterkenntnis dem allgemeinen Schema der Objekterkenntnis unterliegt, läßt sich die Notwendigkeit von Entfremdung als Moment des Selbstrealisierungs- und Selbsterkenntnisprozesses philosophisch erklären. Eine über diese bewußtseinstheoretische Begründung hinausgehende, empirisch fundierte Antwort auf die Frage nach dem historischen Ursprung der faktisch zu konstatierenden Entfremdung findet sich in den Manuskripten dagegen nicht.

(2.) Stirners Kritik: Mit *Der Einzige und sein Eigentum* greift Stirner Ende 1844 in die damalige philosophische Diskussion ein (vgl. Quante 2010). Auf der Grundlage eines radikalen Nominalismus und Individualismus kritisiert Stirner alle Versuche, mit Hilfe einer philosophischen Anthropologie, einer philosophischen Ethik oder einer Geschichtsphilosophie die Emanzipation des Menschen und eine Kritik der politischen Verhältnisse durchzuführen. Stirners radikaler Angriff gegen anthropologischen Essentialismus und teleologische Konzeptionen der Geschichte treffen auch den Nerv der Metaphysik des Gattungswesens, die Marx gerade entworfen, aber nicht veröffentlicht hatte. Stirners argumentative Grundfigur besteht aus zwei Elementen: Zum einen kritisiert er essentialistische Annahmen der philosophischen Anthropologie als unzulässige Instrumente philosophischer Fremdbestimmung der autonomen Individuen; zum anderen weist er teleologische Interpretationen historischer Prozesse als idealistische Konstrukte zurück, die ebenfalls zu paternalistischer Bevormundung führen müssen. Alle diese philosophischen Modelle, die Stirner z. B. bei Feuerbach oder Hess findet, werden von ihm als letzte Form der Theologie bezeichnet, weil in ihnen Werte oder Normen mit absoluter Verbindlichkeit postuliert werden, mit Hilfe derer man die individuelle Autonomie überstimmen und die Freiheit der Individuen einschränken kann.

5.2 Geschichtsbegriff und Geschichtsphilosophie in der *Deutschen Ideologie*

Der in diesem Beitrag im Zentrum stehende Abschnitt soll in zwei Schritten analysiert werden: Zuerst wird die Grundstruktur der von Engels und Marx entwickelten Geschichtskonzeption entfaltet (5.2.1), anschließend dann der von beiden verwendete Geschichtsbegriff expliziert (5.2.2).

5.2.1 Die Geschichtsphilosophie der *Deutschen Ideologie*

In dem von den Herausgebern mit „[1.] Geschichte" überschriebenen Abschnitt finden sich die zentralen Elemente der Geschichtskonzeption von Engels und Marx. An der Stelle im Text, wo das Bewußtsein des Menschen als eine für die Geschichtstheorie relevante Größe eingeführt wird, streichen sie heraus, es sei erst als fünfter Faktor einzuführen (dies ist ein Versuch, sich von den idealistischen Geschichtsphilosophien abzugrenzen, die von beiden durchgehend als Kontrastfolie zur Bestimmung des eigenen Entwurfs herangezogen werden):

> „Jetzt erst, nachdem wir bereits vier Momente, vier Seiten der ursprünglichen, geschichtlichen Verhältnisse betrachtet haben, finden wir, daß der Mensch auch ‚Bewußtsein' hat." (30)

Welches sind die vier Momente, die Engels und Marx bis zu dieser Stelle ihrer Argumentation eingeführt haben? Die ersten drei lassen sich klar identifizieren – sie sind jeweils einem Abschnitt des Textes zugeordnet:

> A „Die erste geschichtliche Tat ist also die Erzeugung der Mittel zur Befriedigung dieser Bedürfnisse, die Produktion des materiellen Lebens

selbst, und zwar ist dies eine geschichtliche Tat, eine Grundbedingung aller Geschichte, die noch heute, wie vor Jahrtausenden, täglich und stündlich erfüllt werden muß, um die Menschen nur am Leben zu erhalten." (28)

B „Das Zweite ist, daß das befriedigte erste Bedürfnis selbst, die Aktion der Befriedigung und das schon erworbene Instrument der Befriedigung zu neuen Bedürfnissen führt – und diese Erzeugung neuer Bedürfnisse ist die erste geschichtliche Tat." (Ebd.)

C „Das dritte Verhältnis, was hier gleich von vornherein in die geschicht-liche Entwicklung eintritt, ist das, daß die Menschen, die ihr eignes Leben täglich neu machen, anfangen, andre Menschen zu machen, sich fortzupflanzen – das Verhältnis zwischen Mann und Weib, Eltern und Kindern, die Familie." (29)

Im nächsten Abschnitt findet sich zwar kein expliziter Ausweis eines vierten Moments, aber es gibt nur eine einzige Aussage, die sinnvoller Weise als das gesuchte vierte Moment aufgefaßt werden kann:

D „Hieraus geht hervor, daß eine bestimmte Produktionsweise oder industrielle Stufe stets mit einer bestimmten Weise des Zusammen-wirkens oder gesellschaftlichen Stufe vereinigt ist, und diese Weise des Zusammenwirkens ist selbst eine ‚Produktivkraft'." (30)

Im Gegensatz zu den ersten drei Momenten weist dieses vierte Moment eine äußerst komplexe Struktur auf, die wir im folgenden aufklären werden. Im Kontext der Erläuterung der dritten Seite wird, unter Anspielung auf die philosophische Terminologie Hegels, der Sinn des Terminus „Seite" geklärt:

„Übrigens sind diese drei Seiten der sozialen Tätigkeit nicht als drei verschiedene Stufen zu fassen, sondern eben nur als drei Seiten, oder um für die Deutschen klar zu schreiben, drei ‚Momente', die vom Anbeginn der Geschichte an und seit den ersten Menschen zugleich existiert haben und sich noch heute in der Geschichte geltend machen." (29)

Engels und Marx legen mit ihrer Rede vom „sozialen Verhältnis" und der „sozialen Tätigkeit" (ebd.) großen Wert darauf, daß die Geschichtstheorie immer von kooperierenden Menschen und sozialer Interaktion ausgehen muß, also keine Robinsonaden der Vertragstheorie zu erfinden hat. Wich-tig ist, diese drei Momente, die als Konstanten zumindest der bisherigen geschichtlichen Entwicklung identifiziert werden, nicht falsch zu verstehen: Es ist weder ausgeschlossen, daß diese drei Seiten kontingent und damit möglicherweise eliminierbar sind (es handelt sich nicht zwangsläufig um ahistorische Grundverfaßtheiten des Menschen), noch ist damit gesagt, daß diese drei Momente nicht im Laufe der Geschichte in ganz unterschiedlicher Form auftreten können. Es ist vielmehr gerade die Veränderung der vier Momente, die in dieser Konzeption als Geschichte aufgefaßt wird (siehe unten 2.2). Dies wird z. B. durch das zweite Moment belegt, in dem es nicht darum geht, daß nach der Befriedigung eines Bedürfnisses X dieses selbe Bedürfnis X wieder entsteht (Durst und Hunger stellen sich wieder ein). Mit „neuen" Bedürfnissen sind solche gemeint, für die Menschen erst empfänglich oder offen sind, wenn andere, z. B. basalere Bedürfnisse befriedigt sind.

Wir müssen uns jetzt das vierte Moment, dessen Identifizierung uns durch Engels und Marx schwerer gemacht worden ist als die Identifizierung der ersten drei Momente, genauer anschauen. Hierzu ist es sinnvoll, einen kleinen Umweg einzuschlagen und eine Textpassage näher zu betrachten, in der wir eine zweite Liste präsentiert bekommen:

> „Übrigens ist es ganz einerlei, was das Bewußtsein alleene anfängt, wir erhalten aus diesem ganzen Dreck nur das eine Resultat, daß diese *drei Momente*, die Produktivkraft, der gesellschaftliche Zustand und das Bewußtsein, in Widerspruch untereinander geraten können und müssen, weil mit der Teilung der Arbeit die Möglichkeit, ja die Wirklichkeit gegeben ist, daß die geistige und materielle Tätigkeit – daß der Genuß und die Arbeit, Produktion und Konsumtion, verschiedenen Individuen zufallen, und die Möglichkeit, daß sie nicht in Widerspruch geraten, nur darin liegt, daß die Teilung der Arbeit wieder aufgehoben wird." (32, Hervorhebung M. Q.)

Diese Aussage ist verwirrend, weil hier von den „drei Momenten"

E   Produktivkraft,

F   gesellschaftlicher Zustand und

G   Bewußtsein

die Rede ist, was sich nicht mit den zuvor genannten vier Momenten (A bis D) deckt. Wir benötigen daher eine Interpretation des Textes, die diese Stelle mit den obigen vier Momenten konsistent zusammenbringt. Schauen wir uns dazu die Formulierung, die wir als Kennzeichnung des vierten Moments identifiziert haben, näher an:

D „Hieraus geht hervor, daß eine bestimmte Produktionsweise oder industrielle Stufe stets mit einer bestimmten Weise des Zusammenwirkens oder gesellschaftlichen Stufe vereinigt ist, und diese Weise des Zusammenwirkens ist selbst eine ‚Produktivkraft‘." (30)

Bevor wir uns fragen können, wie D sich zu A, B und C verhält und wie die beiden Listen zueinander passen, müssen wir die Kennzeichnung D verstehen. Die Rede von einer „Weise des Zusammenwirkens", die als eine Produktivkraft verstanden wird, drückt aus, daß ein X in unterschiedlichen Weisen vorkommen kann. Dies paßt gut zu unserer Beobachtung, daß die vier Momente der ersten Liste zwar Momente aller bisherigen Geschichte sind, jedoch in ihrer Form oder Weise variieren können. Damit können wir festhalten: Die spezifische Weise W des fraglichen Zusammenwirkens Z ist die Produktivkraft eines bestimmten gesellschaftlichen Zustands, in dem sie vorkommt (dies sei schematisch durch W(Z) ausgedrückt).

In D geht es um „das Zusammenwirken" zweier Faktoren F1 und F2, die jeweils mit zwei Kennzeichnungen charakterisiert werden: die bestimmte Produktionsweise bzw. industrielle Stufe (F1) und die bestimmte Weise des Zusammenwirkens bzw. gesellschaftliche Stufe (F2). Als Grundstruktur von D erhalten wir damit W(Z) (F1, F2).

In der Kennzeichnung von F2 wird ein weiteres Zusammenwirken erwähnt. Wir müssen also die Struktur von D noch detaillierter bestimmen und festlegen, was in F2 zusammenwirkt, bevor wir F1 und F2 in Verbindung bringen können mit A, B und C.

Unmittelbar im Kontext der Charakterisierung von D führen Engels und Marx aus, daß in ihrer Theorie unter „gesellschaftlich ... das Zusammenwirken mehrerer Individuen, gleichviel unter welchen Bedingungen, auf welche Weise und zu welchem Zweck, verstanden wird" (30). Damit können wir F2 aufschlüsseln als Zusammenwirken menschlicher Individuen, wobei wir die Redeweise von „Weise des Zusammenwirkens" analog zum ersten Vorkommnis von „Zusammenwirken" analysieren als $W^*(Z^*)$.

Auch die Kennzeichnung von F1 enthält ein modifizierendes Element, da von der „Stufe" der industriellen Entwicklung und entsprechend einer „bestimmten" Produktionsweise gesprochen wird. Kürzen wir „historische Stufe" mit HS ab und lassen den Terminus „Produktionsweise" unanalysiert stehen, dann erhalten wir folgendes Ergebnis:

F1 = HS(Produktionsweise)

F2 = $W^*(Z^*)$ (mehrere menschliche Individuen)

Aus der Grundstruktur von D, die bisher bestimmt war als W(Z) (F1, F2) erhalten wir dann durch Einsetzung die folgende Struktur:

D = W(Z) (HS(Produktionsweise) , W*(Z*) (mehrere Individuen))

Jede Gesellschaft zeichnet sich zu einem gegebenen historischen Zeitpunkt ihrer Entwicklung dadurch aus, daß in ihr die ersten drei Grundmomente A, B und C in einer spezifischen historischen Entwicklungsform vorliegen. Die bürgerliche Gesellschaft, als Bereich der Produktion verstanden, ist durch einen bestimmten Stand der Entwicklung der Produktionsweise charakterisiert (= F1). Zugleich zeichnet sich jede historische Gesellschaft zu jedem Zeitpunkt durch eine spezifische gesellschaftliche Selbstinterpretation und -organisation in rechtlichen, moralischen, politischen oder religiösen, d. h. ideologischen Institutionen aus (= F2).

Da D im Text durch eine Unterscheidung zweier Aspekte eingeführt wird, entsteht an dieser Stelle eine Deutungslücke. Engels und Marx schreiben mit Bezug auf A, B und C:

„Die Produktion des Lebens, sowohl des eignen in der Arbeit wie des fremden in der Zeugung, erscheint nun schon sogleich als ein doppeltes Verhältnis – einerseits als natürliches, andrerseits als gesellschaftliches Verhältnis" (29).

Wir wissen, daß A, B und C als Momente des geschichtlich-sozialen Lebens der Menschen begriffen werden. Unter der bisher nicht eingeführten Zusatzbedingung der Arbeitsteilung ist die Selbsterhaltung der Individuen durch Arbeit genauso ein soziales Verhältnis wie die Reproduktion der Gattung. Engels und Marx beziehen sich also hier auf A, B und C und nennen das Zusammenspiel dieser drei Momente, da es sich um eine soziale Beziehung handelt, „Verhältnis". „Doppelt" ist es, weil diese Gesamtkonstellation immer zwei Aspekte zugleich aufweist: den der Natürlichkeit und den der Gesellschaftlichkeit. Die Unterscheidung von „natürlich" und „gesellschaftlich" fällt nicht mit der von F1 als bestimmte Produktionsweise (bzw. industrielle Stufe) und F2 als bestimmte Weise des Zusammenwirkens (bzw. gesellschaftliche Stufe) zusammen, auch wenn beide vermutlich sachlich zusammenhängen (vgl. Cohen 1980).

Um die hier klaffende Interpretationslücke zu schließen, müssen wir der Grundstruktur die Momente E, F und G der zweiten Liste hinzufügen. Es fällt auf, daß E und F den beiden Faktoren des Zusammenwirkens F1 und F2 entsprechen, auf die wir bei unserem Versuch, die Struktur von D zu explizieren, gestoßen sind. Neu hinzu tritt das Bewußtsein als drittes Moment, das Engels und Marx als fünftes Element ihrer Geschichtskonzeption unmittelbar nach Einführung des vierten Moments und vor Aufstellung der zweiten Liste thematisieren. Im zweiten der beiden Abschnitte, die zwischen der Einführung von D und der Einführung der drei Momente E, F und G stehen, wird das Prinzip der „Teilung der Arbeit" im Kontext der zweiten Liste als entscheidende Randbedingung genannt:

> „Übrigens ist es ganz einerlei, was das Bewußtsein alleene anfängt, wir erhalten aus diesem ganzen Dreck nur das eine Resultat, daß diese drei Momente, die Produktivkraft, der gesellschaftliche Zustand und das Bewußtsein, in Widerspruch untereinander geraten können und müssen, weil mit der *Teilung der Arbeit* die Möglichkeit, ja die Wirklichkeit gegeben ist, daß die geistige und materielle Tätigkeit – daß der Genuß und die Arbeit, Produktion und Konsumtion, verschiedenen Individuen zufallen, und die Möglichkeit, daß sie nicht in Widerspruch geraten, nur darin liegt, daß die Teilung der Arbeit wieder aufgehoben wird." (32, Hervorhebung M. Q.)

Schauen wir also, ob uns die Ausführungen zum Bewußtsein und zur Teilung der Arbeit helfen, das Verhältnis von D zu A, B und C sowie zur zweiten Liste zu klären.

(1.) Auch wenn sich die Geschichtskonzeption der *Deutschen Ideologie* von der idealistischen Geschichtsphilosophie dadurch unterscheidet, daß das Bewußtsein des Menschen weder der erste, noch der primäre, noch ein von den anderen Faktoren unabhängiger Faktor ist, so ist es doch auch im Geschichtsmodell des historischen Materialismus eine relevante Größe und taucht als drittes Moment der zweiten Liste auf. Daß das Bewußtsein des Menschen keine autarke Größe darstellt, wird damit belegt, daß es ein materielles, von der physischen Beschaffenheit des Menschen und seiner Umwelt geprägtes sowie ein sozial vermitteltes Phänomen ist:

> „Das Bewußtsein ist also von vornherein schon ein gesellschaftliches Produkt und bleibt es, solange überhaupt Menschen existieren." (30 f.)

Zu Beginn wird das Bewußtsein des Menschen geprägt durch die „nächste sinnliche Umgebung" und ist

> „Bewußtsein des bornierten Zusammenhanges mit andern Personen und Dingen außer dem sich bewußt werdenden Individuum; es ist zu gleicher Zeit Bewußtsein der Natur, die den Menschen anfangs als eine durchaus fremde, allmächtige und unangreifbare Macht

gegenübertritt, zu der sich die Menschen rein tierisch verhalten, von der sie sich imponieren lassen wie das Vieh" (31).

Dieses zuerst noch ganz tierische Bewußtsein weist beim Menschen das spezifische Merkmal auf, daß „sein Bewußtsein ihm die Stelle des Instinkts vertritt, oder daß sein Instinkt ein bewußter ist." (Ebd.)

Um verständlich zu machen, weshalb dieses Bewußtsein in der Marxschen Geschichtskonzeption zu einem der drei Momente des Motors für die geschichtliche Veränderung werden kann, muß „die Teilung der Arbeit" (31) als Element der Theorie hinzugezogen werden.

(2.) Die arbeitsteilige Verfaßtheit der bürgerlichen Gesellschaft ist für Engels und Marx nicht nur ein Faktum ihrer Zeit, sondern in Verbindung mit dem Privateigentum auch einer der wichtigsten Faktoren zur Erklärung der Entfremdung des Menschen. So gesehen ist sie in den Momenten E und F de facto bereits impliziert. Die Relevanz dieses Faktums für die weitere Entwicklung des Bewußtseins liegt darin begründet, daß das

„Hammel- oder Stammbewußtsein … seine weitere Entwicklung und Ausbildung durch die gesteigerte Produktivität, die Vermehrung der Bedürfnisse und die Beiden zum Grunde liegende Vermehrung der Bevölkerung" (ebd.)

erfährt. Die zunächst biologische Arbeitsteilung in der geschlechtlichen Reproduktion, die damit einhergehende Aufteilung von Funktionen und die zufälligen Unterschiede der einzelnen Exemplare der Gattung setzen einen Prozeß der Ausdifferenzierung in Gang:

„Damit entwickelt sich die Teilung der Arbeit, die ursprünglich nichts war als die Teilung der Arbeit im Geschlechtsakt, dann Teilung der Arbeit, die sich vermöge der natürlichen Anlage (z. B. Körperkraft), Bedürfnisse, Zufälle etc. etc. von selbst oder ‚naturwüchsig' macht." (31)

Engels und Marx verorten in der Trennung von der „materiellen und geistigen Arbeit" eine qualitative Differenz im geschichtlichen Prozeß, weil darin die „Teilung der Arbeit … erst *wirklich* Teilung" wird (ebd.). Denn jetzt kann sich das Bewußtsein fälschlicher Weise für autark halten und zum dritten Kausalfaktor der geschichtlichen Veränderung werden (deshalb wird die Arbeitsteilung auch an diesem Punkt „wirklich"). Ist dieser historische Ausdifferenzierungsprozeß vollzogen, dann muß das sich so verselbständigende Bewußtsein als dritte Größe zur Erklärung der geschichtlichen Veränderungen von der Geschichtskonzeption mit in

Betracht gezogen werden. Eine materialistische Theorie kann die ideologische Unterstellung der Autarkie des Bewußtseins nicht akzeptieren. Vielmehr muß das Auftauchen dieser Ideologie im Rahmen einer materialistischen Geschichtskonzeption erklärt werden:

> „Wenn diese Theorie, Theologie, Philosophie, Moral etc. in Widerspruch mit den bestehenden Verhältnissen treten, so kann dies nur dadurch geschehen, daß die bestehenden gesellschaftlichen Verhältnisse mit der bestehenden Produktionskraft in Widerspruch getreten sind." (Ebd.)

Dem historischen Materialismus zufolge kann das Bewußtsein nicht vollkommen unabhängig sein vom historischen Zustand der Gesellschaft. Deshalb muß es aber kein bloßes Epiphänomen sein; Engels und Marx waren auch nicht dieser Meinung, denn sonst gäbe es keinen Grund, das Bewußtsein als drittes Moment auf die zweite Liste zu setzen. Es kommt auf die spezifische Konstellation von Produktionskraft (= E) und gesellschaftlichem Zustand (= F) an, welche kausale Rolle das Bewußtsein im Lauf der Geschichte einnehmen kann. Dies bedeutet nicht, daß eine spezifische Konstellation von E und F die Rolle des Bewußtseins determiniert, wohl aber, daß seine kausale Rolle und Wirkungsweise von beiden geprägt ist (vgl. Wood 1981).

Die naturwüchsig angelegte und aus der biologischen Verfaßtheit des Menschen genetisch erklärbare Teilung der Arbeit macht verständlich, weshalb das Bewußtsein die Möglichkeit hat, sich für eine autarke Größe zu halten. Das spezifische Maß dieser ideologischen Annahme und die spezifische kausale Rolle, die das Bewußtsein auf dieser Grundlage im Rahmen geschichtlicher Veränderungen einnehmen kann, hängen dann von der spezifischen Konstellation der anderen beiden Momente E und F ab.

Damit können wir das Verhältnis der beiden Merkmalslisten und den Zusammenhang von D mit der zweiten Liste plausibel rekonstruieren. Rekapitulieren wir: D ist die spezifische Weise des Zusammenwirkens einer bestimmten Produktionsweise mit einem bestimmten gesellschaftlichen Zusammenwirken (F1 und F2 sind, wenn man die terminologische Ungenauigkeit von „Produktionsweise" und „Produktivkraft" ignoriert, mit E und F identisch). D ist, so hat sich jetzt ergeben, nichts anderes als das Bewußtsein in der jeweils spezifischen Form, die durch den geschichtlichen Stand der anderen beiden Momente bedingt ist, darin aber selbst eine spezifische kausale Größe darstellt (dies wird durch die Charakterisierung von D gestützt, in der Engels und Marx die spezifische Konstellation von F1 und F2 als eigenständige Produktivkraft bezeichnen).

Nun haben wir nicht nur die beiden Listen plausibel aufeinander bezogen, sondern auch eine Interpretation der Grundstruktur erarbeitet, die dem Bewußtsein eine kausale Rolle zuerkennt, die Teilung der Arbeit in den ersten drei Momenten (der ersten Liste) verankert und damit zugleich die Ursprünge der Entfremdung in kontingenten und empirischen Fakten verortet.

5.2.2 Der Geschichtsbegriff in der *Deutschen Ideologie*

Nach der Klärung der Grundstruktur müssen wir nun den Geschichtsbegriff von Engels und Marx explizieren, um ihre Gesamtkonzeption verstehen zu können. Da es nicht selbstverständlich ist, welche Arten von Vorgängen als geschichtliche zu zählen sind, muß eine Geschichtskonzeption hierüber Auskunft geben, weil es mehr als eine plausible Option gibt. Von dieser Festlegung hängt nicht nur ab, welche Ereignisse und Sachverhalte überhaupt als relevante Daten angesehen werden, sondern auch, welche Methoden der Datenerhebung und Erklärungsarten die Geschichtskonzeption in Anspruch nehmen muß oder kann. Engels und Marx bestimmen ihren Begriff so:

> „Die Geschichte ist nichts als die Aufeinanderfolge der einzelnen Generationen, von denen Jede die ihr von allen vorhergegangenen übermachten Materiale, Kapitalien, Produktivkräfte exploitiert, daher also einerseits unter ganz veränderten Umständen die überkommene Tätigkeit fortsetzt und andrerseits mit einer ganz veränderten Tätigkeit die alten Umstände modifiziert" (45).

Engels und Marx verfolgen in der *Deutschen Ideologie* die Strategie, ihre eigene Konzeption durch den Kontrast zur idealistischen Geschichtsphilosophie zu bestimmen. Das erklärte Ziel beider ist es, „der Geschichtsschreibung eine materialistische Basis zu geben" (28), was sie durch die Grundstruktur ihrer Konzeption, in der die bürgerliche Gesellschaft als Motor der geschichtlichen Entwicklung angesehen wird, erreichen wollen. Den Begriff „geschichtlich" definieren sie zwar nicht explizit, aber es finden sich einige Bemerkungen, aus denen man eine solche Definition rekonstruieren kann.

(1.) Erste Konturen gewinnt der Geschichtsbegriff von Engels und Marx durch ihre Abgrenzung von der idealistischen Geschichtsphilosophie: Sie werfen der „große[n] historische[n] Weisheit der Deutschen" (ebd.) vor, in das Apriorische und Spekulative zu flüchten, „weil sie da sicher zu

sein glaubt vor den Eingriffen des ‚rohen Faktums‘". (29) Unter Voraussetzung des historischen Materialismus ist dies sachlich ein Irrglaube, da
menschliches Bewußtsein immer abhängig ist von empirischen Bedingungen. Zugleich ist damit der Kardinalfehler aller idealistischen Philosophie und der Linkshegelianer im Besonderen umschrieben. Mit „idealistische Geschichtsphilosophie" attackieren Engels und Marx die Prämisse
solcher Geschichtskonzeptionen, die im Selbstbewußtsein, in der Vernunft
oder den Ideen eine autarke Kraft in der Geschichte sehen. Gegen diese
„bisherige Geschichtsauffassung" (36), deren „reinsten Ausdruck" (39)
die „Hegelsche Geschichtsphilosophie" (ebd.) darstellt, grenzen sie ihre
neue Konzeption durch den Hinweis auf die Abhängigkeit des Bewußtseins und der Gesellschaftsformation von den Produktionsverhältnissen ab.
Ihren Ursprung hat die idealistische Form der Geschichtsphilosophie in
der Trennung von geistiger und körperlicher Arbeit, die eine Voraussetzung dafür ist, daß das Bewußtsein von sich glauben kann, ein autarker
Faktor zu sein. Damit wird das Produkt der Entfremdung, die Illusion
des Bewußtseins, autark zu sein, innerhalb der Ideologie zum Motor der
geschichtlichen Entwicklung erklärt, was zur Verschleierung der wahren
Triebfedern der geschichtlichen Entwicklung und damit zur Stabilisierung
der Entfremdung beiträgt. Aus diesem Grunde ist idealistische Geschichtsphilosophie auch Ideologie im funktionalen Sinne der Stabilisierung von
Entfremdung. Engels und Marx behaupten, daß „der Gegensatz von Natur
und Geschichte erzeugt wird" (ebd.), weil und indem diese ideologische
Interpretation der Geschichte entwickelt wird. Darin werden die ersten
drei Momente der geschichtlichen Tat ausgeblendet und die eigentlichen
Motoren der Geschichte verborgen. Dabei verhält sich diese Geschichtsphilosophie völlig unkritisch gegenüber den Selbstinterpretationen gesellschaftlicher Epochen: „Sie glaubt jeder Epoche aufs Wort, was sie von sich
selbst sagt und sich einbildet" (49), wodurch der Blick auf die materielle
Basis der Geschichte verstellt ist. Als weitere entfremdungsstabilisierende
Konsequenz der idealistischen Geschichtsauffassung ergibt sich – so die
gegen Bruno Bauer gerichtete Kritik – eine Theorie historischer Veränderung durch ideologische Aufklärung allein, die nur eine Reproduktion der
bestehenden Entfremdung sein kann (47). Insgesamt, so der Vorwurf von
Engels und Marx, hat die idealistische Geschichtsphilosophie „sämtliche
materialistischen Elemente aus der Geschichte beseitigt" (49), wodurch
sich ihre spezifische ideologische Funktion erklärt.

(2.) Positiv bestimmen Engels und Marx ihren Geschichtsbegriff mittels
dreier Merkmale: Charakteristisch für einen Prozeß als „geschichtlich" ist
erstens, daß er menschliches Handeln darstellt – Engels und Marx sprechen

durchgehend von der geschichtlichen Tat. *Zweitens* muß es eine Handlung sein, die eine Veränderung bzw. etwas „Neues" hervorbringt: „Erzeugung neuer Bedürfnisse ist die erste geschichtliche Tat" (28); dies sind die Ereignisse, aus denen die „geschichtliche Entwicklung" (29) besteht. Daß Engels und Marx die durch menschliches Tun hervorgebrachte Entwicklung als Geschichte begreifen, kann man – sowohl ex negativo, als auch explizit – folgender Aussage entnehmen: Bezogen auf den Stillstand im Deutschland ihrer Zeit heißt es, daß „man jenseits des Rheins über diese Dinge keine Erfahrungen machen kann, weil dort keine Geschichte mehr vorgeht" (30), und dann weiter:

> „Es zeigt sich also schon von vornherein ein materialistischer Zusammenhang der Menschen untereinander, der durch die Bedürfnisse und die Weise der Produktion bedingt und so alt ist wie die Menschen selbst – ein Zusammenhang, der stets *neue Formen* annimmt und *also* eine ‚Geschichte' darbietet." (Ebd., Hervorhebung M. Q.)

Die materialistische Grundstruktur wird auch in den folgenden beiden Textstellen deutlich, die das *dritte* Merkmal des Geschichtsbegriffs von Engels und Marx zum Ausdruck bringen:

> „Sie (d. i. diese Geschichtsauffassung; M. Q.) zeigt, daß die Geschichte ... auf jeder Stufe ein materielles Resultat, eine Summe von Produktionskräften, ein historisch geschaffnes Verhältnis zur Natur und der Individuen zueinander sich vorfindet, die jeder Generation von ihrer Vorgängerin überliefert wird, eine Masse von Produktivkräften, Kapitalien und Umständen, die zwar einerseits von der neuen Generation modifiziert wird, ihr aber auch andererseits ihre eignen Lebensbedingungen vorschreibt und ihr eine bestimmte Entwicklung, einen speziellen Charakter gibt – daß also die Umstände ebenso sehr die Menschen, wie die Menschen die Umstände machen." (38)

Etwas später wird „geschichtliches Produkt" explizit definiert als

> „das Resultat der Tätigkeit einer ganzen Reihe von Generationen, deren Jede auf den Schultern der vorhergehenden stand, ihre Industrie und ihren Verkehr weiter ausbildete, ihre soziale Ordnung nach den veränderten Bedürfnissen modifizierte." (43)

Insgesamt sind geschichtliche Ereignisse also Handlungen von Menschen, die Neues im Sinne der Veränderung der Gesamtkonstellation der bürgerlichen Gesellschaft über den Generationenwechsel hinweg hervorbringen, Veränderungen, die man im Rahmen der Grundstruktur des historischen Materialismus durch das Zusammenspiel der vier Momente der ersten Liste charakterisieren bzw. deren Zustandekommen man durch die drei Momente der zweiten Liste erklären kann.

5.3 Eine Geschichtskonzeption jenseits der Philosophie?

Haben Engels und Marx mit ihrer neuen Konzeption den Bereich der Geschichtsphilosophie generell verlassen? Oder ist ihre Kritik nur gegen die idealistische Variante gerichtet? Obwohl sich im späteren Werk von Engels und Marx der antiphilosophische und szientistische Zug ihres Denkens zunehmend bemerkbar macht, spricht vieles für die schwächere Lesart (vgl. Brudney 1998). Ihre Kritik an der teleologischen Geschichtsbetrachtung, daß sich der reale historische Prozeß „spekulativ so *verdrehen* läßt, daß die spätere Geschichte zum Zweck der früheren gemacht wird" (45, Hervorhebung M. Q.), ist jedenfalls mit einer teleologischen, auf Weiterentwicklung und Fortschritt ausgerichteten Interpretation der Geschichte verträglich. Zwar lehnen Engels und Marx es ab, die treibenden materiellen Kräfte der Geschichte durch den Fortschritt auf der Ebene politischer Ordnungen zu erklären, weil dies der Grundstruktur ihrer Konzeption nach Finalursache und Wirkung umkehrt. Doch damit ist – sofern man nicht die irrige Prämisse akzeptiert, daß eine im engeren oder modernen Sinne verstandene Kausalerklärung mit anderen Kausalerklärungen (im weiteren aristotelischen Sinne) unverträglich sein muß – nicht zwangsläufig jede Form von funktionaler oder Zweckerklärung ausgeschlossen (vgl. Iorio 2003). Da die Marxsche Metaphysik des Gattungswesens eine teleologische Struktur besitzt und im *Kapital* funktionale Erklärungen eine zentrale Rolle spielen, ist eine solche szientistische Verengung nicht ratsam. Auch die Behauptung von Engels und Marx, daß ohne zureichende Entwicklung der Produktivkräfte und eine weltgeschichtlich universale Revolution eine Umwälzung der gesellschaftlichen Verhältnisse nicht gelingen kann, weil „mit der Notdurft auch der Streit um das Notwendige wieder beginnen und die ganze alte Scheiße sich herstellen müsste" (34 f.), ist mit Finalerklärungen und einer teleologischen Erklärung der Geschichte vereinbar. Denn hiermit ist nur gesagt, daß die Aufhebung der Entfremdung, um die es an dieser Stelle geht, materielle Vorbedingungen hat und für sie keine philosophische Erfolgsgarantie gegeben werden kann: Scheitert die Revolution und die Aufhebung der Entfremdung, dann stellen sich die Entfremdungsphänomene wieder ein.

Die These, daß bei Engels und Marx mehr im Spiel ist als eine rein empirische und ‚naturwissenschaftliche' Erklärung historischer Ereignisse, wird durch das folgende erneut herangezogene, aber anders akzentuierte Zitat eindeutig belegt:

> „Übrigens ist es ganz einerlei, was das Bewußtsein alleene anfängt, wir erhalten aus diesem ganzen Dreck nur das eine Resultat, daß diese drei Momente, die Produktivkraft, der gesellschaftliche Zustand und das Bewußtsein, in Widerspruch untereinander geraten *können und müssen*, weil mit der Teilung der Arbeit die *Möglichkeit*, ja die *Wirklichkeit* gegeben ist, daß die geistige und materielle Tätigkeit – daß der Genuß und die Arbeit, Produktion und Konsumtion, verschiedenen Individuen zufallen, und die *Möglichkeit*, daß sie nicht in *Widerspruch* geraten, nur darin liegt, daß die Teilung der Arbeit wieder aufgehoben wird." (32; Hervorhebung M. Q.)

Die hier zu beobachtende Häufung modaler Ausdrücke ließe sich vielleicht auch im Rahmen einer auf Kausalerklärungen im engeren Sinne beschränkten Theorie rekonstruieren, verweist in unserem Kontext jedoch auf die essentialistische Metaphysik des Gattungswesens. Es sind vor allem die Kategorie des Widerspruchs und die – im nächsten Zitat verwendete – Kategorie der Totalität, die nahe legen, daß hier ein Beweisziel im Spiel ist, das kategorial außerhalb der Reichweite rein empirisch ausgerichteter Theorien liegt:

> „Diese Geschichtsauffassung beruht also darauf, den wirklichen Produktionsprozeß, und zwar von der materiellen Produktion des unmittelbaren Lebens ausgehend, zu entwickeln und die mit dieser Produktionsweise zusammenhängende und von ihr erzeugte Verkehrsform, also die bürgerliche Gesellschaft in ihren verschiedenen Stufen, als Grundlage der ganzen Geschichte aufzufassen und sie sowohl in ihrer Aktion als Staat darzustellen, wie die sämtlichen verschiedenen theoretischen Erzeugnisse und Formen des Bewußtseins, Religion, Philosophie, Moral etc. etc., aus ihr zu erklären und ihren Entstehungsprozeß aus ihnen zu verfolgen, wo dann natürlich auch die Sache *in ihrer Totalität* (und darum auch die Wechselwirkung dieser verschiednen Seiten aufeinander) dargestellt werden kann." (37 f., Hervorhebung M. Q.)

Die von Engels und Marx vorgelegte Geschichtskonzeption sollte deshalb als eine empirisch informierte, an historischen und naturwissenschaftlich feststellbaren Tatsachen ausgerichtete Geschichtsphilosophie verstanden werden, die im Sinne der hier explizierten Grundstruktur „materialistisch" genannt werden kann. So gelesen ist der historische Materialismus von Engels und Marx mit der Marxschen Metaphysik des Gattungswesens vereinbar. Darüber hinaus läßt sich diese neue Konzeption als Teilantwort auf die in den *Ökonomisch-philosophischen Manuskripten* offen gebliebene Frage nach Ursprung und Notwendigkeit der Entfremdung verstehen. Engels und Marx verfolgen in der *Deutschen Ideologie* die Strategie, den Ursprung der Entfremdung in der biologischen Verfaßtheit des Menschen sowie in zufälligen Faktoren zu verorten. Ist diese Entfremdung kontingenter Weise einmal entstanden, entfaltet sie sich in den sozialen Institutionen der Arbeitsteilung und des Privateigentums bis zu dem Entwicklungsstadium, in dem die Voraussetzungen einer universalen Aufhebung der Entfremdung gegeben sind. Somit bleibt festzuhalten, daß die empirische Dimension der neuen Theorie in eine geschichtsphilosophische Konzeption integriert ist, die an zentralen Stellen auf Voraussetzungen angewiesen bleibt, die dem hegelschen und nachhegelschen Theoriebestand entstammen (vgl. dazu Hartmann 1970, Lange 1980 und Quante 2008).

Für diese Diagnose spricht auch, daß Engels und Marx die Fundamentalkritik von Stirner an philosophischer Anthropologie und Geschichtsphilosophie nicht generell akzeptieren können, sondern in einer ausführlichen Antikritik zurückweisen müssen. Dies geschieht letztlich durch den Nachweis, daß der Kritik Stirners eine philosophische Konstruktion zugrunde liegt, die nicht nur empirisch unplausibel ist, sondern ihrerseits paternalistische Effekte erzeugt (vgl. Quante 2010). Das emphatische Plädoyer für eine empirisch informierte Anthropologie und Geschichtskonzeption beantwortet die Frage, wie man die empirisch-kontingenten und die metaphysisch-essentialistischen Elemente in eine einheitliche Theorie integrieren kann, aber nicht. Subjektiv haben Engels und Marx 1845/46 den Eindruck, eine befriedigende Selbstverständigung und Abrechnung mit ihrem philosophischen Gewissen herbeigeführt und Lücken in ihrer Gesamttheorie geschlossen zu haben (vgl. Thomson 2004). Methodologisch jedoch führt ihr Versuch einer Überwindung der deutschen Ideologie, wie auch der spätere Marxsche Entwurf einer Kritik der politischen Ökonomie zeigt, auf ein Problem zurück, das der junge Marx 1843/44 zum Ausgangspunkt seiner entschiedenen Hegelkritik gemacht hatte: das Verhältnis von Empirie und Metaphysik.

Literatur

Brudney, Daniel (1998): Marx's Attempt to Leave Philosophy, Cambridge.

Cohen, Gerald A. (1980): Karl Marx's Theory of History, Princeton.

Hartman, Klaus (1970): Die Marxsche Theorie, Berlin.

Iorio, Marco (2003): Karl Marx – Geschichte, Gesellschaft, Politik, Berlin.

Lange, Ernst M. (1980): Das Prinzip Arbeit, Frankfurt/M.

Quante, Michael (2008): Karl Marx (1818–1883), in: Höffe, Otfried (Hrsg.): Klassiker der Philosophie (Band 2), München, 129–142.

Quante, Michael (2009): Kommentar, in: K. Marx, Ökonomisch Philosophische Manuskripte, herausgegeben von M. Quante, Frankfurt/M., 209–411.

Quante, Michael (2010): Nach Hegel: Die Verwirklichung der Philosophie in der Tat, in: Moyar, Dean (Hrsg.): Routledge Companion to 19th Century Philosophy, London, im Druck.

Thomson, Ernie (2004): The Discovery of the Materialist Conception of History in the Writings of the Young Marx, Lewiston.

Wood, Allen (1981): Karl Marx, London.

Klaus Roth

Kommunismus und revolutionäre Selbstveränderung

(S. 70–77)

6.1 Die Idee des Kommunismus und ihre Rezeption durch den frühen Marx

Die Idee des Kommunismus – als spezifische Ausprägung der Idee des Sozialismus – hat eine lange Geschichte. Dabei lassen sich zwei Formen unterscheiden: einerseits der Rückzug aus der Gesellschaft und die Erprobung alternativer Muster des Zusammenlebens auf der Basis gemeinschaftlichen Eigentums; andererseits die Revolutionierung der Gesamtgesellschaft und der Griff nach der politischen Macht. Vorläufer der ersten Form waren die christliche Urgemeinde, die Armutsbewegungen des Mittelalters, die Täuferbewegung der Frühen Neuzeit, die Levellers und Diggers sowie die Frühsozialisten Saint-Simon, Fourier und Owen und der religiöse Kommunismus der Ikarier. Ausläufer bildeten die Kommunebewegungen der 1970er Jahre und die israelitischen Kibbuzim. Die zweite Form, der revolutionäre Kommunismus, wurde begründet von Gracchus Babeuf. Während der Französischen Revolution propagierte er als erster radikale Demokratie und soziale Gleichheit, attackierte die Halbherzigkeit und Inkonsequenz der Jakobiner und organisierte 1796 die „Verschwörung der Gleichen" (vgl. Babeuf 1797/1988). Der Aufstand scheiterte zwar und Babeuf wurde 1796 hingerichtet. Seine Initiative wurde aber zum Orientierungsmuster für die späteren Babouvisten, die sich im Gefolge der Julirevolution von 1830 in Geheimgesellschaften zusammenschlossen. Babeufs Schüler Filippo Buonarroti verfaßte 1828 die Geschichte des Aufstandes und gab damit den Babouvisten den Leitfaden für ihre politische Arbeit an die Hand (vgl. Buonarroti 1828/1957). Die babeufsche Verschwörung erlangte so paradigmatische Bedeutung. Die eigentliche Geburtsstunde des revolutionären Kommunismus ist aber die Julirevolution von 1830. Erst in ihrem Gefolge formierte sich die Arbeiterbewegung als Massenbewegung in spezifischen Organisationen. Von den Babouvisten und Blanquisten übernahmen Marx und Engels die Idee der Diktatur des Proletariats, die sie allerdings – im Gegensatz zu Louis Auguste Blanqui (vgl. Deppe 1970) – nicht im Sinne eines Putsches durch eine Gruppe von Berufsrevolutionären und einer Erziehungsdiktatur interpretierten, sondern als revolutionäre Massendemokratie (vgl. *MKP*, 481).

Bei allen Differenzen zwischen den unterschiedlichen sozialistischen und kommunistischen Bewegungen des 19. Jahrhunderts kann man für beide Strömungen einige zentrale Gemeinsamkeiten festhalten: Es ging um die Bewältigung der Folgeprobleme der Industriellen und der Französischen Revolution. Das Ziel war die Fortführung der Revolution, die nun nicht mehr bloß das politische System weiter demokratisieren, sondern die Gesamtgesellschaft ergreifen und umgestalten sollte. Es ging um die Lösung der sog. „sozialen Frage", d. h. um die Überwindung von Ausbeutung und Verelendung. Das uneingelöste Revolutionspostulat Freiheit, Gleichheit und Solidarität *(fraternité)* bildete den Anknüpfungspunkt. Man kann den Kommunismus begreifen als jene Bewegung, die das große Versprechen der Französischen Revolution für alle Menschen zu realisieren suchte. Die Freiheit sollte nicht nur einem kleinen Teil der Bevölkerung, den Kapitaleignern und Grundbesitzern, sondern allen zugute kommen. Sie sollte nicht nur negative (Freiheit von staatlicher Gängelung), sondern positive Freiheit sein (Freiheit zu …, Partizipation). Die Gleichheit sollte nicht beschränkt bleiben auf ihren legalen Aspekt, auf die Gleichheit vor dem Gesetz, sondern als „wirkliche", d. h. soziale Gleichheit realisiert werden. Schließlich sollte der bürgerliche Egoismus ersetzt werden durch solidarische Verhältnisse. Den Angelpunkt bildete die Frage nach dem Privateigentum, das schon Jean-Jacques Rousseau im 18. Jahrhundert für den Sittenverfall und die Malaise des gesellschaftlichen Lebens verantwortlich gemacht hatte (vgl. Rousseau 1775/1978). Sozialismus und Kommunismus waren Bewegungen, die das Privateigentum an Produktionsmitteln aufheben und durch gemeinschaftliche oder genossenschaftliche Formen ersetzen wollten.

Marx wurde durch Lorenz von Stein (1842) und Moses Heß (1843/1980) mit dem Kommunismus bekannt gemacht. Er hatte zunächst ein distanziertes Verhältnis zu ihm. In seiner ersten programmatischen Äußerung, einem Brief an Arnold Ruge vom September 1843, begriff er ihn noch als „eine dogmatische Abstraktion" *(MEW* 1, 344). Der Kommunismus, wie ihn Cabet, Dézamy, Weitling u. a. lehren, sei:

„[...] selbst nur eine aparte, von seinem Gegensatz, dem Privatwesen, infizierte Erscheinung des humanistischen Prinzips. Aufhebung des Privateigentums und Kommunismus sind daher keineswegs identisch, und der Kommunismus hat andre sozialistische Lehren, wie die von Fourier, Proudhon etc., nicht zufällig, sondern notwendig sich gegenüber entstehn sehn, weil er selbst nur eine besondre, einseitige Verwirklichung des sozialistischen Prinzips ist. Und das ganze sozialistische Prinzip ist wieder nur die eine Seite, welche die *Realität* des wahren menschlichen Wesens betrifft. Wir haben uns ebensowohl um die andre Seite, um die theoretische Existenz des Menschen zu kümmern, also Religion, Wissenschaft etc. zum Gegenstande unserer Kritik zu machen." (*MEW* 1, 344)

Wie Marx in „Zur Kritik der Hegelschen Rechtsphilosophie. Einleitung" betont, dürfe man namentlich die Philosophie nicht ignorieren, sondern müsse sie „aufheben" und „verwirklichen" (*KHRE*, 384). Die Philosophie finde im Proletariat ihre materiellen, das Proletariat in der Philosophie seine geistigen Waffen. Aufhebung des Proletariats und Verwirklichung der Philosophie seien dasselbe (vgl. ebd., 391).

Diese Auffassung wird 1844 nachdrücklich unterstrichen (vgl. *ÖPM*, 534). Marx begreift den Kommunismus erneut als Vorstufe des Sozialismus:

„(als) das *wirkliche*, für die nächste geschichtliche Entwicklung notwendige Moment der menschlichen Emanzipation und Wiedergewinnung. Der *Kommunismus* ist die notwendige Gestalt und das energische Prinzip der nächsten Zukunft, aber der Kommunismus ist nicht als solcher das Ziel der menschlichen Entwicklung – die Gestalt der menschlichen Gesellschaft" (ebd., 546; vgl. zudem 553).

Er habe die Voraussetzungen einer befreiten Gesellschaft zu schaffen, indem er das Privateigentum abschafft und die Arbeitsteilung überwindet. Vor allem die Trennung von körperlicher und geistiger Arbeit sei zu beseitigen. Keiner dürfe mehr auf Dauer zu stumpfsinnigen Tätigkeiten gezwungen werden. Jeder Mensch müsse in den Stand versetzt werden, nicht nur einzelne und beschränkte, sondern *alle* in der Gattung enthaltenen Anlagen und Fertigkeiten vollständig zu entfalten und sich im Zusammenwirken mit den anderen als *Gattungswesen* zu verwirklichen. Nur so könne die allgemeine „Entfremdung" von diesem Wesen überwunden werden.

6.2 Der Kommunismusbegriff in der *Deutschen Ideologie*

Der Kommunismus ist für den frühen Marx demnach nur ein Durchgangs-
stadium zur emanzipierten *menschlichen Gesellschaft*. Seine Aufgabe ist die
Negation der *bürgerlichen Gesellschaft* und die Freisetzung der menschlichen Wesenskräfte aus den Klammern der mit ihr etablierten Produk-
tions- und Eigentumsverhältnisse. Diese Auffassung ließ Spielraum für die
unterschiedlichsten Konkretisierungen. Um ihre eigenen Vorstellungen zu
klären, unterzogen Marx und Engels die zirkulierenden kommunistischen
und sozialistischen Lehren einer einschneidenden Kritik. Sie rezipierten
Proudhon, Louis Blanc, Etienne Cabet, Dézamy u. a. und attackierten
namentlich den „deutschen Sozialismus in seinen verschiedenen Propheten" (439 ff.). In diesem Kontext wurde vor allem Max Stirner zum großen
Kontrahenten, hatte dieser doch – von ähnlichen Intentionen getrieben
wie der junge Marx – eine ganz andere Emanzipationsperspektive begründet, die den Vorstellungen Marxens zuwiderlief (vgl. Stirner 1845/1981).
Die Stirner-Lektüre veranlaßte Marx, seine eigene Position zu präzisie-
ren, sie zum Teil zu revidieren und dogmatisch zu fixieren. Er verzichtete
auf anthropologisch-psychologische Spekulationen, wandte sich – angeregt durch Friedrich Engels – der politischen Ökonomie und der Realge-
schichte zu, überführte den bislang von ihm vertretenen Humanismus in
den von ihm gemeinsam mit Engels begründeten „historischen Materialismus" und sprach künftig nicht mehr vom Menschen, sondern von Klassen und Klassenkämpfen und von der Dialektik von Produktivkräften und
Produktionsverhältnissen (vgl. bes. *ZKPÖ*, 8 f.).

Die *DI* erscheint vor diesem Hintergrund als ein Werk des Übergangs.
In der 6. Feuerbachthese faßt Marx – nicht nur gegen Feuerbach und Stirner, sondern auch gegen seine eigenen Ausführungen in den Pariser Manuskripten gerichtet – als Ergebnis seiner neuen Einsichten zusammen, das
„menschliche Wesen" sei „kein dem einzelnen Individuum inwohnendes
Abstraktum. In seiner Wirklichkeit ist es das ensemble der gesellschaftlichen Verhältnisse" (6). Da die Menschen immer schon in konkreten
Gemeinwesen leben und von diesen geprägt werden, müsse zuallererst der
Charakter der in ihnen etablierten Produktions- und Lebensverhältnisse
analysiert werden, bevor über Deformationen und Beschädigungen sowie
über Emanzipationsperspektiven geredet werden kann. Um den Selbst-
bewußtwerdungsprozeß der Arbeiterbewegung, die Bildung des proletarischen Klassenbewußtseins anzuleiten, unternahmen Marx und Engels
soziologische und geschichtsphilosophische Reflexionen und suchten die
revolutionären Bestrebungen der 1840er Jahre in einen allgemeinen histo-

rischen Erklärungsrahmen zu integrieren, der durch die These vorgegeben war, die bisherige Geschichte sei eine Geschichte von Klassenkämpfen, die durch die Dialektik von Produktivkräften und Produktionsverhältnissen vorangetrieben werde (vgl. 37 ff., 69; *MKP*, 462 ff.).

Die *Thesen über Feuerbach* – „jene grellen Blitze, die die Nacht der philosophischen Anthropologie zerreißen und für einen flüchtigen Moment den Blick freigeben auf eine andere, durch das Netzhaut-Bild der ersteren hindurch wahrgenommene Welt" (Althusser 1968b, 36) – und die zur gleichen Zeit verfaßte *DI* markieren folglich einen epistemologischen Einschnitt und eine politische Zäsur in der Entwicklung des Marxschen Denkens. Marx entdeckt der Wissenschaft den „Kontinent Geschichte" (Althusser 1968a, 12 f., ff., 176 ff., 207 ff.) und ersetzt die bisherigen „Geschichten großer Männer" durch Sozialgeschichte. Dennoch bleibt seine ursprüngliche Konzeption im Großen und Ganzen erhalten. Der Kommunismus gilt als jene Bewegung, die „alle naturwüchsigen Voraussetzungen zum ersten Mal mit Bewußtsein als Geschöpfe der bisherigen Menschen behandelt, ihrer Naturwüchsigkeit entkleidet und der Macht der vereinigten Individuen unterwirft" (70). Um ihre Existenz zu sichern und „persönlich zur Geltung zu kommen", müssen die Proletarier – Marx und Engels zufolge – „ihre eigne bisherige Existenzbedingung, die zugleich die der ganzen Gesellschaft ist, die Arbeit, aufheben" (77).

Das entscheidende Merkmal der bürgerlichen Welt sah Marx zeitlebens darin, daß sich in ihr die Zweck-Mittel-Relation *verkehrt* habe. Anstatt ihre Produktionsverhältnisse zu kontrollieren, seien die Menschen zusehends der Herrschaft ihrer eigenen Produkte unterworfen worden, die sich in Form von Waren, Geld und den Zwangsgesetzen der kapitalistischen Ökonomie gegen sie verselbständigen. Eines der Hauptmerkmale der bisherigen geschichtlichen Entwicklung, heißt es in der *DI*, sei das „Sichfestsetzen der sozialen Tätigkeit, diese Konsolidation unsres eignen Produkts zu einer sachlichen Gewalt über uns, die unsrer Kontrolle entwächst, unsre Erwartungen durchkreuzt, unsre Berechnungen zunichte macht" (33). Demzufolge kristallisiere das gesellschaftliche Leben und gerinne zu einem Räderwerk, dem sich die einzelnen zu fügen haben. Ursächlich dafür sei das Privateigentum und die Teilung der Arbeit – für Marx und Engels „identische Ausdrücke" (32). Noch im *Kapital* begreift Marx diese „Verkehrung von Subjekt und Objekt" als Grundmerkmal der kapitalistischen Produktionsweise. Sie sei charakterisiert durch die „Verdinglichung der gesellschaftlichen Produktionsbestimmungen und die Versubjektivierung der materiellen Grundlagen der Produktion" (*MEW 25*, 887). Diese Verkehrung wieder umzukehren, ist laut Marx die historische Mission des Proletariats. Ihm falle die Aufgabe zu, die Arbeitsteilung und das Privateigentum abzuschaffen und eine Gesellschaftsordnung zu errichten, in der „[...] Jeder nicht einen ausschließlichen Kreis der Tätigkeit hat, sondern sich in jedem beliebigen Zweige ausbilden kann [...]" (33). Im Kommunismus würden die Individuen die verselbständigten „sachlichen Mächte wieder unter sich subsumieren und die Teilung der Arbeit aufheben" (74). Es gibt folglich keine festen Berufe mehr, vielmehr soll jedem – so Marx und Engels in ironischer Zuspitzung – die Möglichkeit gegeben werden,

> „[...] heute dies, morgen jenes zu tun, morgens zu jagen, nachmit-
> tags zu fischen, abends Viehzucht zu treiben, nach dem Essen zu
> kritisieren, wie ich gerade Lust habe, ohne je Jäger, Fischer, Hirt
> oder Kritiker zu werden" (33).

Marx und Engels gingen in der Mitte der 1840er Jahre davon aus, daß in den fortgeschrittenen kapitalistischen Gesellschaften (England, Nieder-lande) die wichtigsten Produktivkräfte bereits geschaffen waren (Dampf-maschine, mechanischer Webstuhl usw.), daß nun nicht mehr allzu viele Innovationen, sondern allenfalls Verfeinerungen und die weitere Verbrei-tung in den nachhinkenden Ländern wie Deutschland zu erwarten seien. Die zyklischen Handels- und Überproduktionskrisen würden zeigen, daß der Kapitalismus bereits zur Fessel der vorhandenen Produktivkräfte geworden sei. Die Bourgeoisie habe die Instrumente und Waffen geschaf-fen, die ihr den Tod bringen werden. Erforderlich und möglich sei deshalb die Besitzergreifung der Produktionsinstrumente durch die vereinigten Proletarier, die durch die Zwangsgesetze des Kapitals in einen massen-haften Prozeß der Verelendung getrieben würden, der ihnen, sofern sie überleben wollen, gar keine andere Möglichkeit lasse, als zum revolutio-nären Subjekt zu werden:

> „Es ist also jetzt so weit gekommen, daß die Individuen sich die
> vorhandene Totalität von Produktivkräften aneignen müssen, nicht
> nur um zu ihrer Selbstbetätigung zu kommen, sondern schon über-
> haupt um ihre Existenz sicherzustellen" (67).

Obgleich gelegentlich objektivistische Formulierungen aufscheinen, begriffen Marx und Engels – im Gegensatz zu den früheren Kommu-nisten und auch den späteren Marxisten-Leninisten – den Kommunismus nicht als eine konkrete Organisationsform des gesellschaftlichen Lebens, sondern als eine *Bewegung*, deren Ziel die Negation der kapitalistischen Produktionsverhältnisse ist:

„Der Kommunismus ist für uns nicht ein *Zustand*, der hergestellt werden soll, ein *Ideal*, wonach die Wirklichkeit sich zu richten haben [wird]. Wir nennen Kommunismus die *wirkliche* Bewegung, welche den jetzigen Zustand aufhebt. Die Bedingungen dieser Bewegung ergeben sich aus der jetzt bestehenden Voraussetzung" (35).

Wie die Umgestaltung konkret aussehen würde, blieb deshalb offen. Marx und Engels wollten keine Utopie entwickeln, sondern Wissenschaft betreiben. Für die massenhafte Erzeugung des erforderlichen kommunistischen Bewußtseins sei „eine massenhafte Veränderung der Menschen" nötig, „die nur in einer praktischen Bewegung, in einer *Revolution* vor sich gehen kann" (70). Im Zusammenwirken mit den anderen, in der Kommunikation und Kooperation mit ihresgleichen, bilden die Revolutionäre ihr Selbstbewußtsein und erlernen die erforderlichen neuen Verhaltensweisen.

Sowohl im Großen – in der politischen Machtergreifung – als auch im Kleinen – in der kommunalen Selbstverwaltung – entwickeln sich neue Fertigkeiten, die für die Entstehung und Entwicklung der neuen Produktionsweise nötig sind. Marx und Engels können deshalb konstatieren: „In der revolutionären Tätigkeit fällt das Sich-Verändern mit dem Verändern der Umstände zusammen" (195; vgl. 3. Feuerbachthese). Die vereinigten Individuen müssen die konkreten Formen ihres Zusammenlebens selbst hervorbringen und unter ihrer Kontrolle halten. Dabei ist klar, daß jede Emanzipation ein riskantes Unternehmen ist. Bekanntlich mußte schon das israelitisch-jüdische Volk der Antike erfahren, daß nach dem Auszug aus Ägypten nicht gleich Milch und Honig flossen, daß vielmehr große Mühsal und schwere Plagen zu erdulden waren, die bei vielen die Sehnsucht nach Rückkehr in den knechtenden, aber zugleich schützenden Herrschaftsbereich der Pharaonen provozierte. Ähnlich unsicher wäre die Situation des revolutionären Proletariats. Ohne genau zu wissen, was kommen wird, soll es die gegebenen Verhältnisse ändern und dabei erst die Fähigkeiten zur Neugestaltung des gesellschaftlichen Lebens erlernen. Diese Ungewißheit müsse in Kauf genommen werden, da die Proletarier nichts zu verlieren hätten „als ihre Ketten" (*MKP*, 493).

Auch im *Kommunistischen Manifest* von 1848 blieb die Zukunftsvorstellung entsprechend vage: „An die Stelle der alten bürgerlichen Gesellschaft mit ihren Klassen und Klassengegensätzen tritt eine Assoziation, worin die freie Entwicklung eines jeden die Bedingung für die freie Entwicklung aller ist" (*MKP*, 482). Marx und Engels setzten, trotz der Betonung von Individualität ihre Hoffnung dabei auf den *Staat*. Schon in der *DI* hatte es geheißen,

„[...] daß jede nach der Herrschaft strebende Klasse, wenn ihre Herrschaft auch, wie dies beim Proletariat der Fall ist, die Aufhebung der ganzen alten Gesellschaftsform und der Herrschaft überhaupt bedingt, sich zuerst die politische Macht erobern muß, um ihr Interesse wieder als das Allgemeine, wozu sie im ersten Augenblick gezwungen ist, darzustellen" (34).

Alle Kämpfe innerhalb des Staates, der Kampf zwischen Demokratie, Aristokratie und Monarchie, der Kampf um das Wahlrecht etc., seien „nichts als die illusorischen Formen [...], in denen die wirklichen Kämpfe der verschiedenen Klassen untereinander geführt werden" (33). Aber diese Kämpfe seien nichtsdestotrotz notwendig. Die Demokratie gilt als die Form, in der die revolutionäre Umgestaltung erfolgen werde. Das Proletariat, heißt es im *MKP*, werde die Demokratie erkämpfen und

„seine politische Herrschaft dazu benutzen, der Bourgeoisie nach und nach alles Kapital zu entreißen, alle Produktionsinstrumente in den Händen des Staats, d. h. des als herrschende Klasse organisierten Proletariats zu zentralisieren und die Masse der Produktionskräfte möglichst rasch zu vermehren" (*MKP*, 481).

Die Diktatur des Proletariats ist demnach die Voraussetzung der Selbstaufhebung des Proletariats. Nicht der Mangel, sondern der Reichtum soll verallgemeinert werden. Der Staat erscheint als probates Mittel der Transformation, die ihn allmählich selbst überflüssig machen wird, so daß er – wie Engels formuliert – „absterben" und der Selbstverwaltung der freien Assoziationen weichen wird (*MEW* 19, 224).

6.3 Kommunismus und der Staat

Marxens Stellung zum Staat ist schwankend und nicht eindeutig. Einerseits erscheint der Staat als Herrschaftsapparat, als Instrument in den Händen der Bourgeoisie zur Niederhaltung und Unterdrückung der ausgebeuteten Klassen (62; vgl. *MKP*, 464). Andererseits soll er dem Proletariat zur revolutionären Umgestaltung dienen. An anderer Stelle gilt er als bloßer Schein einer Einheit, als „illusorische Gemeinschaftlichkeit" (33, 74, passim), als Pendant der Religion, als ideologischer Apparat, d. h. als Ersatzlösung und Verschleierung der wirklichen Nöte und Probleme (vgl. *MEW* 1, 350 ff.). Er könne die faktischen Unterschiede der Geburt, des Standes, der Bildung und der Beschäftigung nicht aufheben, weil er von ihnen abstrahiere und „nur unter ihrer Voraussetzung" existiere (ebd., 354). Ihm wird die „wirkliche Gemeinschaft" entgegengehalten, in der „die Individuen in und durch ihre Assoziation zugleich ihre Freiheit" erlangen (74). Diese Freiheit und Individualität kann wiederum nur abstrakt und formal gefaßt werden, weil es im Ermessen der assoziierten Produzenten liegt, wie sie sich vergesellschaften und sich dabei selbst verwirklichen. Obgleich der Staat somit als Gegner des revolutionären Proletariats identifiziert wird, soll dieses das staatliche Gewaltmonopol für seine Zwecke nutzen. Diese Auffassung – von Michail Bakunin als doktrinärer oder autoritärer Staatskommunismus bezeichnet (vgl. Bakunin 1871/1972a; 1873/1972b, 439 f., 564 ff.) – hat Marx im *Bürgerkrieg in Frankreich* (1871) revidiert. Dort entwickelte er die These, die Arbeiterklasse könne die fertige Staatsmaschinerie nicht einfach in Besitz nehmen und sie für ihre eigenen Zwecke in Bewegung setzen (*MEW* 17, 336; cf. ebd., 591, 592, 607). Sie müsse vielmehr – nach dem Vorbild der Pariser Commune – eine Gegenmacht zum Staat entwickeln, um diesen zu bekämpfen und schließlich zu beseitigen.

Bereits die *DI* betont, die Proletarier stünden im Gegensatz zum Staat und müßten diesen „stürzen, um ihre Persönlichkeit durchzusetzen" (77). Nach dem Scheitern der Pariser Commune richtete sich die Hoffnung dann jedoch erneut auf den Staat. Wie Friedrich Engels in *Die Entwicklung des Sozialismus von der Utopie zur Wissenschaft* (1880) bemerkt, ist und bleibt der moderne Staat, was auch immer seine Form sein mag, „eine wesentlich kapitalistische Maschine, Staat der Kapitalisten, der ideelle Gesamtkapitalist" (*MEW* 19, 222). Dennoch soll das Proletariat die Staatsgewalt ergreifen und die Produktionsmittel zunächst in Staatseigentum verwandeln (223). Indem es so die Klassenspaltung überwinde, schaffe es die Voraussetzungen, um den Staat überflüssig zu machen:

> „Der erste Akt, worin der Staat wirklich als Repräsentant der ganzen Gesellschaft auftritt – die Besitzergreifung der Produktionsmittel im Namen der Gesellschaft –, ist zugleich sein letzter selbständiger Akt als Staat. Das Eingreifen einer Staatsgewalt in gesellschaftliche Verhältnisse wird auf einem Gebiete nach dem andern überflüssig und schläft dann von selbst ein" (224).

Die Unklarheit und Widersprüchlichkeit im Hinblick auf den Staat und seine Rolle beim Umbau der Gesellschaft führte in der Entwicklung der sozialistischen und kommunistischen Bewegung zu Spaltungen und Verwerfungen. In der *DI* heißt es, der Kommunismus sei „empirisch nur als die Tat der herrschenden Völker ‚auf einmal' und gleichzeitig möglich, was die universelle Entwicklung der Produktivkraft und den mit ihm [sic!] zusammenhängenden Weltverkehr voraussetzt" (35). Die „[...] *wirkliche*

Bewegung, welche den jetzigen Zustand aufhebt" (ebd.), soll also nur im internationalen Maßstab möglich sein. Sie setzt die Überwindung nationaler Schranken voraus. Dieser Auffassung war später lange Zeit auch Lenin gewesen, der noch Anfang 1919 erwartete, die Russische Oktoberrevolution von 1917 werde zum Fanal der Weltrevolution, die sich wie ein Flächenbrand über ganz Europa verbreiten werde. Er mußte aber bald zur Kenntnis nehmen, daß die kommunistische Revolution im Westen ausgeblieben war. Danach begann unter Lenin und Stalin jene verhängnisvolle Entwicklung des „Sozialismus in einem Land" von der Marx und Engels wohl schon 1845 ahnten, daß sie zum Scheitern verurteilt ist. „Das Proletariat", schreiben sie, „kann also nur *weltgeschichtlich* existieren, wie der Kommunismus, seine Aktion, nur als ‚weltgeschichtliche' Existenz überhaupt vorhanden sein kann" (36). Voraussetzung sei ferner die vollständige Entfaltung der Produktivkräfte, deren Aneignung durch die vereinigten Individuen das Privateigentum beseitige (vgl. 68). Daß die Zeit dafür in den fortgeschrittenen Ländern reif sei und daß in den nachhinkenden – wie Deutschland – die bürgerliche gleich in eine kommunistische Revolution übergehen werde, davon waren beide überzeugt.

Ihre Hoffnungen und Erwartungen wurden jedoch jäh enttäuscht. Die nächste wichtige Zäsur in der Entwicklung des Marxschen Denkens markiert die 1848er Revolution, deren Scheitern ihn aus der Bahn geworfen hat. In seinen späteren Schriften – sowohl in den Frankreichschriften als auch in der „Kritik der politischen Ökonomie" – ging er den Gründen und Ursachen dieses Scheiterns nach. Zwar suchte er die Kontinuität seiner Überzeugungen zu beweisen, doch läßt sich das Spannungsverhältnis zwischen früher Revolutionstheorie und späterer Kapitalanalyse kaum übersehen. Im *Kapital* wird kein revolutionäres Subjekt mehr sichtbar. Die Erwartung richtet sich nun auf die Zwangsgesetze des Kapitalismus, die durch fortschreitende Konzentration und Zentralisation des Kapitals in immer weniger Händen und durch die Entwicklung von Übergangsformen (Aktiengesellschaften etc.) die Voraussetzungen für eine sozialistische Gesellschaft schaffen sollen. Damit näherte sich Marx dem von ihm früher kritisierten Louis Blanc, der die Auffassung vertreten hatte, das Kapital selber werde durch Konzentration in immer weniger Händen die Konkurrenz als Quelle des sozialen Elends bezwingen, bis dann der Staat – als größter Kapitalist – zum alleinigen Herrscher über die Produktion würde (vgl. Blanc 1841/1899). Sei dies erreicht, dann gelte es, die gesamte Staatsmaschine zu demokratisieren, um jedem die Partizipation am gesellschaftlichen Reichtum zu ermöglichen. Zwar hatte Marx zeitlebens ein ambivalentes Verhältnis zum Staat, doch weisen seine ökonomischen Analysen in eine ähnliche Richtung. Bakunin kam deshalb zu dem Schluß, Marx sei „in politischer Hinsicht Schüler von Louis Blanc" (1873, 571).

In deutlichem Gegensatz zu dem von Blanc begründeten Staatssozialismus stand Pierre Joseph Proudhon. Der Repräsentant des anarchischen Sozialismus hat die Differenz zwischen beiden Richtungen in seinen *Bekenntnissen eines Revolutionärs* von 1849 wie folgt charakterisiert: „Louis Blanc vertritt den Regierungssozialismus, die Revolution von der Macht aus; ich vertrete den demokratischen Sozialismus, die Revolution durch das Volk" (zit. nach Sotelo 1987, 443). Damit war zum ersten Mal ein weiterer Gegensatz – neben jenem zwischen Kommunebewegung und revolutionärem Kommunismus – innerhalb der sozialistischen Bewegung formuliert, der für die weitere Entwicklung der Arbeiterbewegung entscheidend werden sollte. Den „autoritären Sozialismus" verfocht später Lenin (1902, 1920) in seiner Parteitheorie, eingebettet in ein blanquistisches, d. h. putschistisches Revolutionsverständnis. Kritik daran wurde nicht nur von Seiten der Sozialdemokratie geübt, sondern auch von nicht-leninistischen Kommunisten (vgl. z. B. Gorter 1920; Gruppe internationaler Kommunisten Hollands 1934). Von Marx und Engels wurde dieser Widerspruch noch nicht artikuliert. Vielmehr finden sich Formulierungen, die beide Konkretisierungsformen zu stützen vermögen. Während der frühe Marx Radikaldemokrat war und diese Position auch noch im *MKP* aufscheinen ließ, verleitete ihn der Streit mit Bakunin zu autoritären Positionen und zur Hinausdrängung der Anarchisten aus der I. Internationale. Zeitlebens hielt er aber daran fest, daß die Aufhebung des Privateigentums an Produktionsmitteln die Voraussetzung der Arbeiteremanzipation ist.

6.4 Marx' Kritik an Hegel

Marx' Einschätzung des Staates – als spezifisch neuzeitlicher Form der politischen Vergemeinschaftung (*KHS*, 233) – ging hervor aus seiner kritischen Auseinandersetzung mit Hegels *Rechtsphilosophie* (1820/1969). Darin hatte Hegel den Staat zur „Wirklichkeit der sittlichen Idee" und „der konkreten Freiheit" erklärt (§§ 257, 260). Er bildet das Pendant zur bürgerlichen Gesellschaft als der Sphäre der persönlichen Freiheit und des Egoismus. Er garantiert die Menschen- und Freiheitsrechte und hat zugleich die Integration der auseinanderstrebenden sozialen Kräfte zu bewirken. Die Bürger sollen sich als Glieder ihres Staates oder Landes erkennen und für die Interessen des Allgemeinen engagieren, um so ein höheres Selbstbewußtsein und Selbstwertgefühl zu gewinnen. Indem sie sich für die Macht und den Glanz des Staates opfern und dadurch als Momente des politischen Ganzen begreifen, soll ihnen ein höherer Lebenssinn zuwachsen als er in ihrem gewöhnlichen und alltäglichen Leben möglich ist. Staat meinte bei Hegel nicht den bürokratischen Verwaltungsapparat, sondern den großen ideellen Lebens-, Sinn- und Handlungszusammenhang der Bürgerschaft, die in ihrer Selbstverwirklichung den göttlichen Heilsplan und eine Form der Rationalität realisiert, die den Sinnhorizont der einzelnen übersteigt und zugleich erweitert, sofern sie als Glieder des Volksganzen an seiner Göttlichkeit und Erhabenheit partizipieren. Hegel begriff den Staat als einen großen Brennspiegel, in dem jeder einzelne seine wesenhafte Verbundenheit mit allen anderen Volksgliedern erfahren sollte. Seine Aufgabe sollte es sein, den modernen Autonomie- mit dem antiken Gemeinschaftsgedanken zu versöhnen, d. h. kantischen Freiheitsgeist mit aristotelischer Politik zu synthetisieren, um so die zentrifugalen Kräfte der bürgerlichen Gesellschaft zu integrieren und das „Wimmeln von Willkür" (§ 189, Zus.) zu kontrollieren.

Marx aktualisierte die von Hegel formulierten Staatszweckbestimmungen und zeigte *en détail*, daß der Staat weit überfordert wäre, wollte er sie tatsächlich erfüllen (vgl. *KHS*). Sollte der Staat nach Hegel der prall erfüllte Lebens-, Sinn- und Handlungszusammenhang der freien Bürger sein, so war er in Marxens Augen zu einer blutleeren Hülse zusammengeschnurrt, die dem gesellschaftlichen Leben nicht als immanenter Zweck, sondern (in Gestalt von Bürokratie, Polizei, Heer) als feindliche Macht entgegentrat. Marx übernimmt – und radikalisiert – die grundlegende Kritik Hegels an der bürgerlichen Gesellschaft und geht mit ihm auf die Suche nach einer Form des menschlichen Zusammenlebens, in der die Mängel und der dilemmatische bzw. aporetische Charakter des bürgerlichen Lebens überwunden sind. Schon die Jakobiner seien mit dem Versuch gescheitert, auf der Basis der bürgerlichen Gesellschaft die antike Polis wiederherzustellen (vgl. *HF*, 129). Soll Hegels Zielsetzung tatsächlich erreicht werden, so müssen die gesellschaftlichen Verhältnisse revolutioniert und der Staat zum Verschwinden gebracht werden. Da Marx dem von Hegel überhöhten „sittlichen Staat" die synthetisierenden Potenzen abspricht, bleibt für ihn nur der „Not- und Verstandesstaat", den er als Klassenstaat begreift. Nicht *im*, sondern *vom* Staat soll sich die Menschheit folglich emanzipieren. Im Gegensatz zu Bakunin und den Anarchisten wollte Marx jedoch den Staat nicht zerschlagen, sondern erobern, um ihn – nach vollbrachter Tat – absterben zu lassen.

Marx entwickelte seine Kritik der Politik seinerzeit in Analogie zur junghegelianischen Religionskritik. Wie die Religion, zumal die christliche,

so sei auch der Staat der mißglückte Versuch, ein menschliches Gemein-
schaftsleben zu konstituieren und zu realisieren. Beide, Staat und Religion,
seien bloße Illusionen, die den Schein eines Gemeinschaftslebens vorspie-
geln, während das wirkliche gesellschaftliche Leben durch Widersprüche und Klassenspaltungen zerrissen, also nicht durch freundschaftliche
Beziehungen oder durch solidarische Bande, sondern durch Konkurrenz
und Feindschaft charakterisiert sei, durch Herrschaftsverhältnisse und
durch Ausbeutungsbeziehungen. Hatten Bruno Bauer und Ludwig Feuerbach die christliche Religion als projizierte menschliche Not begriffen, als
Ersatzbefriedigung weltlicher Bedürfnisse, so begreift Marx auch noch den
Staat als eine solche Ersatzbefriedigung, als einen mißglückten Versuch der
Kompensation der weltlichen Nöte. Anstatt nämlich die gesellschaftliche
Zerrissenheit zu überwinden, schreibe er sie gerade fest und betrachtet
sie als seine Voraussetzung. Der Staat wäre überflüssig und könnte einer
herrschaftsfreien Harmonie Platz machen, wären da nicht die Klassengegensätze. Diese zu beseitigen, sei die Aufgabe des Kommunismus. Um so
erstaunlicher ist es nun aber, daß sowohl in der *DI* als auch im *Manifest*
gerade der Staat als Medium und Vehikel der Revolution betrachtet wird.

Schon in *Zur Judenfrage* hatte Marx betont, daß auch der Repräsenta-
tivstaat zur Schaffung einer herrschaftsfreien/demokratischen Ordnung
ungeeignet sei, sofern er die Klassengegensätze unangetastet lasse. Der
Irrtum der französischen Revolutionäre sei gewesen, daß sie am 4. August
1789 und in den nachfolgenden Verfassungen die Staatsbürgerrechte
zusammen mit den Menschenrechten proklamiert hatten. Die Republik
sei dadurch auf der Basis der fortbestehenden Privateigentumsordnung
errichtet worden. Wie Marx hervorhebt, sind die von der französischen
Nationalversammlung beschlossenen Menschenrechte – im Gegensatz zu
den Staatsbürgerrechten – „nichts anderes [...] als die Rechte des Mitglieds
der bürgerlichen Gesellschaft, d. h. des egoistischen Menschen, des vom
Menschen und vom Gemeinwesen getrennten Menschen" (*MEW* 1, 364).
Die in Artikel 2 garantierte Freiheit sei „die Freiheit des Menschen als
isolierter auf sich zurückgezogener Monade". „Die praktische Nutzanwen-
dung des Menschenrechts der Freiheit ist das Menschenrecht des *Privateigentums*". Diese Freiheit „läßt jeden Menschen im anderen Menschen nicht
die *Verwirklichung*, sondern vielmehr die *Schranke* seiner Freiheit finden"
(ebd., 365).

In der emanzipierten Gesellschaft höre die Politik auf, ein selbständiges
Arbeitsgebiet zu sein, schreiben Marx und Engels. Aus der von ihnen an
Feuerbach geübten Kritik gehe hervor, „daß die kommunistische Revo-
lution, die die Teilung der Arbeit aufhebt, die politischen Einrichtungen

schließlich beseitigt [...]" (364). So gäbe es „[i]n einer kommunistischen
Gesellschaft [...] keine Maler, sondern höchstens Menschen, die unter
Anderem auch malen" (379). Es gibt auch keine Politiker mehr, sondern
Menschen, die in der Erledigung ihrer privaten die allgemeinen Angele-
genheiten mit erledigen. Der Prozeß der revolutionären Umgestaltung
hänge nicht vom Willen und Bewußtsein der Arbeiter ab, sondern erfolge
selbst aus der geschichtlichen Notwendigkeit heraus: „Es handelt sich nicht
darum, was dieser oder jener Proletarier oder selbst das Proletariat als Ziel
sich einstweilen vorstellt. Es handelt sich darum, was es ist und was es in
diesem Sinn geschichtlich zu tun gezwungen sein wird" (*HF*, 38). In der *DI*
kamen Marx und Engels zu dem Schluß, daß das Proletariat gezwungen ist,
das Privateigentum und die Arbeitsteilung und damit die Arbeit im bisherigen Sinne aufzuheben. Diesbezüglich wurde Marx schon bald ernüchtert.
Er mußte einsehen, daß die materielle Produktion auch der Persönlichkeit
im Kommunismus Hindernisse bei der totalen Ergreifung der Produktivkräfte in den Weg stellte und auch künftig stumpfsinnige Tätigkeiten
verrichtet werden müssen. Im *Kapital* heißt es daher lapidar:

> „Das Reich der Freiheit beginnt in der Tat erst da, wo das Arbeiten,
> das durch Not und äußere Zweckmäßigkeit bestimmt ist, aufhört; es
> liegt also der Natur der Sache nach jenseits der Sphäre der eigent-
> lichen materiellen Produktion. [...] Die Freiheit in diesem Gebiet
> kann nur darin bestehn, daß der vergesellschaftete Mensch, die asso-
> ziierten Produzenten, diesen ihren Stoffwechsel mit der Natur ratio-
> nell regeln, unter ihre gemeinschaftliche Kontrolle bringen, statt von
> ihm als von einer blinden Macht beherrscht zu werden; [...]. Aber es
> bleibt dies immer ein Reich der Notwendigkeit. Jenseits desselben
> beginnt die menschliche Kraftentwicklung, die sich als Selbstzweck
> gilt, das wahre Reich der Freiheit, das aber nur auf jenem Reich der
> Notwendigkeit als seiner Basis aufblühn kann. Die Verkürzung des
> Arbeitstags ist die Grundbedingung." (*MEW* 25, 828)

Auch diese Sicht hat ihre Tücken. Wollte die Menschheit einst mit Hilfe
von Technik die Mühsal der zur Reproduktion erforderlichen Arbeit redu-
zieren bzw. weitgehend überflüssig machen, so erweist sich der Erfolg
dieser Bemühungen heute nicht als Segen, sondern als Fluch. Allseits
wird die hohe Arbeitslosigkeit beklagt und nach Wegen gesucht, wie sie
bekämpft werden kann. Längst hat sich die Erwerbsarbeit zu einer Selbst-
verständlichkeit und zu einem kaum noch hinterfragten Ideal entwickelt.
Die Menschen gewinnen ihr Selbstbewußtsein und Selbstwertgefühl durch
ihre Arbeit. Deshalb muß es als verhängnisvoll erscheinen, wenn sie keiner

geregelten Arbeit nachgehen können. Da sich die moderne Gesellschaft primär als Arbeitsgesellschaft versteht und alle nichtprofitablen Tätigkeiten als „unproduktiv" apostrophiert, muß sich ihr Erwartungshorizont bedrohlich verdüstern, wenn ihr die Arbeit ausgeht. Diese Entwicklung hatte sich schon zu Beginn der 1960er Jahre abgezeichnet, und Hannah Arendt pointiert lakonisch: „Was uns bevorsteht, ist die Aussicht auf eine Arbeitsgesellschaft, der die Arbeit ausgegangen ist, also die einzige Tätigkeit, auf die sie sich noch versteht. Was könnte verhängnisvoller sein?" (Arendt 1960/1981, 11 f.) In diesem Kontext behalten die von Marx und Engels in der *DI* unternommenen Reflexionen eine aktuelle Relevanz. Zwar sind ihre Gedanken zum Privateigentum und zur Erwerbsarbeit und deren kommunistischer Aufhebung stark dem Deutungshorizont des 19. Jahrhunderts verhaftet, doch können sie uns auch heute noch helfen, eingelebte Selbstverständlichkeiten kritisch zu hinterfragen und die gesellschaftliche Definition von Arbeit und Nicht-Arbeit systematisch zu erkunden.

Literatur

Althusser, Louis (1968a): Für Marx, Frankfurt/M.

Althusser, Louis/Balibar, Etienne (1968b): Das Kapital lesen I, Reinbek.

Arendt, Hannah (1960/1981): Vita activa oder Vom tätigen Leben, München.

Babeuf, Gracchus (1797/1988): Die Verschwörung für die Gleichheit. Rede über die Legitimität des Widerstands. Hrsg. u. eingeleitet von John Anthony Scott. Mit Essays von Herbert Marcuse und Albert Soboul, Hamburg.

Bakunin, Michail (1871/1972a): Persönliche Beziehungen zu Marx, in: Ders.: Staatlichkeit und Anarchie und andere Schriften. Hrsg. v. Horst Stuke, Frankfurt/M., 395–410.

Bakunin, Michail (1873/1972b): Staatlichkeit und Anarchie, in: Ders.: Staatlichkeit und Anarchie und andere Schriften. Hrsg. v. Horst Stuke, Frankfurt/M., 417–658.

Blanc, Louis (1841/1899): Organisation der Arbeit, Berlin.

Buonarroti, Filippo (1828/1957): Conspiration pour l'égalité dite de Babeuf. Hrsg. v. Georges Lefebvre, Paris.

Deppe, Frank (1970): Verschwörung, Aufstand und Revolution. Blanqui und das Problem der sozialen Revolution im 19. Jahrhundert, Frankfurt/M.

Engels, Friedrich (1982): Die Entwicklung des Sozialismus von der Utopie zur Wissenschaft, in: *MEW*, Bd. 19, Berlin, 177–228.

Gorter, Hermann (1920/1974): Offener Brief an den Genossen Lenin. Eine Antwort auf Lenins Broschüre „Der Linke Radikalismus – die Kinderkrankheit im Kommunismus", Hamburg.

Gruppe Internationaler Kommunisten Hollands (1934/1991): Thesen über den Bolschewismus, in: A. Pannekoek, P. Mattick u. a.: Marxistischer Anti-Leninismus. Eingeleitet von Diethard Behrens, Freiburg i. Br., 19–43.

Hegel, G. W. F. (1820/1969): Grundlinien der Philosophie des Rechts oder Naturrecht und Staatswissenschaft im Grundrisse. Werke in 20 Bänden. Hrsg. v. E. Moldenhauer und K. M. Michel, Frankfurt/M., Bd. 7.

Heß, Moses (1843/1980): Socialismus und Communismus, in: Georg Herwegh (Hrsg.): Einundzwanzig Bogen aus der Schweiz. Erster Theil, Zürich und Winterthur, 74–91 (abgedruckt in: M. Heß: Philosophische und sozialistische Schriften 1837–1850, hrsg. v. W. Mönke, Vaduz/Liechtenstein, 197–209).

Lenin, Wladimir Iljitsch (1902/1959): Was tun? Brennende Fragen unserer Bewegung, in: Ders.: Werke, Bd. 5, Berlin, 355–549.

Lenin, Wladimir Iljitsch (1920/1959): Der „Linke Radikalismus", die Kinderkrankheit im Kommunismus, in: Ders.: Werke, Bd. 31, Berlin, 1–106.

Rousseau, Jean-Jacques (1775/1978³): Discours sur l'Origine de l'Inégalité parmi les Hommes, in: Ders.: Schriften zur Kulturkritik. Hrsg. v. Kurt Weigand, Hamburg, 61–269.

Sotelo, Ignacio (1987): Demokratischer Sozialismus, in: I. Fetscher/H. Münkler (Hrsg.): Pipers Handbuch der politischen Ideen, Bd. 5, München und Zürich, 437–454.

Stein, Lorenz von (1842): Der Sozialismus und Kommunismus des heutigen Frankreich, Leipzig.

Stirner, Max (1845/1981): Der Einzige und sein Eigentum, mit einem Nachwort hrsg. v. Ahlrich Meyer, Stuttgart.

7

Gunnar Hindrichs

Arbeitsteilung und Subjektivität (Kap. I)

Die Teilung der Arbeit dient in der *Deutschen Ideologie* (*DI*) als Schlüsselkategorie. Sie bewirkt die Vergesellschaftung der Individuen, sie begründet die Ordnung ihrer Vergesellschaftung – insbesondere die Ordnung in gesellschaftliche Klassen –, und sie trägt zur Entstehung der verschiedenen Formen des Bewußtseins bei. Hierdurch konstituiert die Teilung der Arbeit die konkrete Subjektivität der Individuen. Anders ausgedrückt: In der Klassengesellschaft begegnet Subjektivität von vornherein als Produkt der Arbeitsteilung. Für die Aufhebung der Klassengesellschaft wird dementsprechend die Aufhebung der Arbeitsteilung zu einem entscheidenden Erfordernis.

7.1 Arbeitsteilung in der Ideengeschichte

Daß Marx und Engels dem Problem der Arbeitsteilung eine solche Bedeutung verleihen, kommt nicht von ungefähr. In der Geschichte des politischen Denkens besitzt es eine lange Tradition. Um die Gedanken, die Marx und Engels entwickeln, verstehen zu können, sind vor allem drei Stationen dieser ideengeschichtlichen Tradition kurz in Erinnerung zu rufen. Die erste Station bildet das platonische Denken. In der *Politeia* entwirft Plato das Musterbild einer menschlichen Gemeinschaft, die den Namen der Gerechtigkeit verdient. Und um zu begreifen, was Gerechtigkeit sei, greift Plato auf ein Modell der Arbeitsteilung zurück. Nicht jeder – so lautet seine Überlegung – könne Beliebiges tun, vielmehr müsse jeder das seiner Seele Gemäße tun. Daher ist die Vielgeschäftigkeit, in der ein Einzelner sich für Mannigfaches zuständig hält, für Plato der Grund für gesellschaftliche

Fehlordnung. Gegen sie ist die Ordnung der Polis dadurch einzurichten, daß die Einzelnen arbeitsteilig die ihnen jeweils gemäßen Aufgaben erfüllen (vgl. Pol. 370 b 7–c 5). Für die Ordnung der Polis gilt dementsprechend das Prinzip, daß jeder das Seine tue. Es begründet eine organische Gliederung der Gesellschaft, in der unterschiedliche Aufgaben unterschiedliche Tätigkeiten und deren Hierarchie zur Folge haben. Durch diese Überlegung vermag Plato die auf die Einteilung der Seele zurückgeführte Arbeitsteilung als Schlüssel zur politischen Ordnung der Polis geltend zu machen. Die Polis kann somit von den natürlichen Unterschieden der Menschen und der daraus resultierenden Ausdifferenzierung verschiedener Tätigkeiten her verstanden werden, die ihre hierarchische Ordnung und damit auch die ihr entsprechende Form der Herrschaft begründen.

Platos Gedanke einer auf natürlichen Unterschieden beruhenden arbeitsteiligen Gemeinschaftsordnung wird in der Folgezeit in mannigfacher Weise fortentwickelt. Dabei erfährt er zu Beginn der Neuzeit eine radikale Inversion. Diese Inversion vollzieht sich an der zweiten Station, die für uns von Bedeutung ist: der klassischen Nationalökonomie. Das antike Denken hatte die ökonomischen Fragen der Wirtschaftseinheit des Hauses (*oikos*) überlassen, die dem politischen Zusammenleben der Bürger vorgeordnet war. Die Erwägungen Platos und seiner Nachfolger über die Arbeitsteilung waren daher letztlich weniger ökonomischer als vielmehr politischer Natur. Diese Sichtweise erfährt in der Neuzeit einen grundlegenden Wandel. In ihr wird das wirtschaftliche Denken aus dem Rahmen des Hauses gelöst und fortan auf die gesamte bürgerliche Gesellschaft ausgedehnt, die nunmehr als Ort des ökonomischen Wettstreits konkurrierender Marktteilnehmer erscheint (Riedel 1982, 145 ff.). Demgemäß nimmt auch die Theorie des Wirtschaftens einen anderen Charakter an – sie wird zur politischen Ökonomie, die das Wirtschaften unter den Bedingungen des bürgerlichen Zusammenlebens begreift. Das Verständnis der Arbeitsteilung erfährt hierdurch eine tiefgreifende Wendung. Das läßt sich am besten an Adam Smiths grundlegendem Werk über *The Wealth of Nations* ersehen, das mit den Sätzen anhebt: „The greatest improvement in the productive powers of labour ... seem to have been the effects of the division of labour" (Smith 1776/1976, 13). Die Arbeitsteilung, für Plato noch das Mittel zur Verwirklichung naturgemäßer Ordnung, erscheint bei Smith als Hauptkraft zur Produktion des nationalen Reichtums. Drei Sachverhalte dieser Produktionssteigerung durch Arbeitsteilung streicht Smith dabei besonders heraus: die Steigerung der Geschicklichkeit, die Einsparung von Arbeitszeit und die Erfindung von Maschinen. Smith bemerkt ebenfalls, daß die Arbeitsteilung die gegenseitige Abhängigkeit der Menschen ins

Unermeßliche verstärkt. Zudem betrachtet er die Arbeitsteilung nicht als das Ergebnis menschlicher Voraussicht, sondern als gleichsam naturwüchsiges Produkt gesellschaftlicher Entwicklung, das aus der Angewiesenheit des Menschen auf Hilfe von anderen resultiert. Diese Angewiesenheit ist es, aus der er die Neigung zu Handel und Austausch und also auch zum Austausch von Arbeit hervorgehen sieht (vgl. Smith 1776/1976, 25 f.). Er kann daher schließen, daß die Arbeitsteilung nur soweit reicht wie der Raum solchen Austauschs. Für Smith ist die Arbeitsteilung also deckungsgleich mit dem Bestehen des Marktes. Unter den veränderten Produktionsbedingungen der bürgerlichen Gesellschaft und der ihr zu Grunde liegenden nationalökonomischen Sichtweise bedeutet das Seine zu tun für den Einzelnen nun: sich als nützliches Rädchen ins Getriebe des gewaltigen Produktionsprozesses zur Steigerung des individuellen wie des nationalen Wohlstands einzufügen. Noch stärker als in der Polis läßt sich der soziale Zusammenhang in der bürgerlichen Gesellschaft somit von der Arbeitsteilung her erschließen, denn sowohl die wechselseitige Abhängigkeit der Menschen als auch ihre Tätigkeiten können als das Produkt des Austauschs von Arbeit begriffen werden. Freilich geht es dabei jetzt nicht mehr um die politische Ordnung, sondern um das Funktionieren des Marktes und der ökonomischen Produktion.

An dieser Stelle kreuzt der Weg die dritte Station der Ideengeschichte: Hegels Philosophie der bürgerlichen Gesellschaft. Das Ziel der Hegelschen Sozialphilosophie ist es, die Einsichten der Nationalökonomie auf ihren Begriff zu bringen. Zu diesem Zweck artikuliert Hegel zunächst die zwei Prinzipien der bürgerlichen Gesellschaft (vgl. Hegel 1821/1995, 165). Das erste Prinzip ist die besondere Person mit ihren besonderen Bedürfnissen. Sie bildet das eine Extrem der bürgerlichen Vergesellschaftung. Um ihre Anlagen entfalten und ihre Bedürfnisse befriedigen zu können, ist die besondere Person aber auf andere Personen angewiesen, schließlich könnte sie als vereinzelte Person nicht einmal sprechen. Die besondere Person steht also wesentlich in Beziehung zu anderen Personen. Dementsprechend ist das zweite Prinzip der bürgerlichen Gesellschaft das allgemeine Beziehungsgeflecht der Einzelnen. Zusammengefaßt heißt das: Die bürgerliche Gesellschaft ist durch die Besonderheit der Einzelnen einerseits und die Allgemeinheit ihres Zusammenhanges anderseits gekennzeichnet. Die Verbindung der beiden Prinzipien erfolgt indessen keineswegs konfliktfrei. Sie bezeugen vielmehr die wesentliche Entzweiung der bürgerlichen Gesellschaft. Denn da die Befriedigung des besonderen Bedürfnisses sich gegen den allgemeinen Zusammenhang durchsetzt, so weit sie kann, zerstört sie erstens ihre eigene Grundlage; und da sie von dem allgemeinen Beziehungsgeflecht der Einzelnen abhängt, dieses Geflecht dem Bedürftigen aber nicht nach Willen zu Gebot steht, bleibt sie zweitens zufällig. Hegel kommt daher zu dem wenig erbaulichen Schluß: „Die bürgerliche Gesellschaft bietet in diesen Gegensätzen und ihrer Verwicklung das Schauspiel ebenso der Ausschweifung, des Elends und des beiden gemeinschaftlichen physischen und sittlichen Verderbens dar" (a. a. O., 166). Doch das ist nicht das letzte Wort. Die Abhängigkeit der Einzelnen von Zusammenhang des Ganzen führt nämlich dazu, daß jeder Einzelne sich zu einem Moment dieses Zusammenhanges bilden muß. Sonst könnte er nicht an diesem Zusammenhang partizipieren und seine Bedürfnisse müßten unbefriedigt bleiben. Wenn der Einzelne diese Bildung indessen zu Ende führt, so sieht er von seinem besonderen Bedürfnis, das den Ausgang jener Bestimmung darstellte, ab, um den allgemeinen Zusammenhang selbst in den Blick zu nehmen. Er begreift sich als ein Glied dieses Zusammenhanges. Als Glied aber vermag er sich in dem Zusammenhang der Bürger wiederzuerkennen. Nun kann der Zusammenhang, in dem der Einzelne sich wiederzuerkennen vermag, zwar nicht mehr der Zusammenhang der bürgerlichen Gesellschaft sein, die ja durch die Entzweiung des Einzelnen und der Allgemeinheit gekennzeichnet ist. Gleichwohl vermag die Notwendigkeit, sich zu einem Glied des Beziehungsgeflechtes zu machen, im Einzelnen ein höheres Maß an Einsicht zu wecken und ihn dazu zu bringen, sich bewußt als ein Moment in der Einheit der Bürger zu begreifen. In dieser Einheit übersteigt dann der Einzelne die Entzweiungen der bürgerlichen Gesellschaft, um in ihr erst seine bürgerliche Selbstbestimmung zu erlangen. Hegels Titel für diese Einheit von Bürgern, die aus der Entzweiung der Bedürfnisbefriedigung erwächst und diese überwindet, lautet „Staat".

Worin besteht für Hegel nun die Aufgabe der Arbeitsteilung? Sie besteht darin, eine wesentliche Schubkraft zur Verflechtung der Einzelnen darzustellen. In dem Geflecht menschlicher Beziehungen verfeinern und besondern sich die Bedürfnisse der Einzelnen immer mehr und beeinflussen sich gegenseitig. Aus den natürlich gegebenen Bedürfnissen werden sozial erzeugte Bedürfnisse, bis schließlich das Bedürfnis selbst zu einem selbstgemachten Bedürfnis wird (vgl. a. a. O., 172). Die Arbeit wiederum ist für Hegel das besondere Mittel, die besonderen Bedürfnisse zu befriedigen. Sie spezifiziert das Material für die vielfältigen Zwecke. Mit der zunehmenden Besonderung der Bedürfnisse aber wird auch eine zunehmend besondere Arbeit benötigt. Diese zunehmende Besonderung der Arbeit beinhaltet deren Teilung. Nur die arbeitsteilige Steigerung der Produktion vermag mit der Steigerung der Bedürfnisse mitzuhalten. Das hat nach Hegel zwei Implikate: Zum einen verstärkt die Arbeitsteilung das Beziehungsgeflecht und die Abhängigkeit der Menschen; zum andern vereinfacht und standardisiert sie die Arbeitsabläufe. Die Arbeit wird zunehmend mechanisch, so daß sie von Maschinen erledigt werden kann (vgl. a. a. O., 174). Die Arbeitsteilung erfüllt somit für Hegel eine doppelte Aufgabe: Einerseits trägt sie zur Befriedigung der Bedürfnisse innerhalb der bürgerlichen Gesellschaft bei, anderseits treibt sie die Verflechtung ihrer Mitglieder sowie die hiermit einhergehende Bedürfnissteigerung voran. Auf diese Weise wirkt sie – gewissermaßen hinter dem Rücken der Akteure – als Sozialisationsagentur der bürgerlichen Gesellschaft. Sie sorgt dafür, daß die einzelnen Marktteilnehmer sich – vermittelt über die Notwendigkeit der Bedürfnisbefriedigung – in den Zusammenhang der bürgerlichen Gesellschaft hineinbilden, ihre individuelle Perspektive mit der der Allgemeinheit verschränken und sich bewußt in die Einheit des Staates einfügen. Anders ausgedrückt: Die Arbeitsteilung ist diejenige Stufe gesellschaftlicher Entwicklung, über die der Bürger aus dem Reich der ökonomischen Notwendigkeit herausgelangt und in das ständisch gegliederte Reich der politischen Freiheit des Staates eintritt.

So fallen in Hegels Konzeption Platos Gedanke einer arbeitsteilig organisierten politischen Ordnung und der nationalökonomische Ansatz der Produktionssteigerung zusammen. Begegnete die Arbeitsteilung bei Smith allein als Kraft zur Produktion individuellen und nationalen Wohlstands, so tritt sie bei Hegel in geläuterter Form, nämlich angereichert um das Moment staatsbürgerlicher Selbstbewußtseinsbildung, in Erscheinung. Dadurch übernimmt sie eine zivilisatorische Funktion innerhalb der Ordnung der bürgerlichen Gesellschaft, die über die ökonomische Sphäre hinausweist und bis in die politische Ordnung hineinwirkt. Das Seine zu tun bedeutet hiernach, sich freiwillig und bewußt in den Zusammenhang der Bedürfnisbefriedigung einzubinden und auf diesem Weg eine vernünftige Form politischer Subjektivität auszubilden.

7.2 Aspekte und Formen der Arbeitsteilung

Marx und Engels führen insbesondere die Verbindung von ökonomischen Verhältnissen und Subjektivität weiter (Hinweise auf diese Verbindung gibt Wildermuth 1970, 395 ff.). Hierdurch kann ihnen der Begriff der Arbeitsteilung zu jener Schlüsselkategorie der Vergesellschaftung werden, als die er vor allem in dem ersten Abschnitt der *DI* fungiert. Die Schlüsselfunktion der Arbeitsteilung läßt sich allerdings nur dann angemessen verstehen, wenn sie stets in ihrer jeweils konkreten geschichtlich und gesellschaftlich bestimmten Form verstanden wird. Nicht von ungefähr greift Marx die Verwandlung des Begriffes der Arbeitsteilung in eine „abstrakte Kategorie" bei späterer Gelegenheit direkt an: in seiner Polemik gegen Proudhon im *Elend der Philosophie* (*MEW* 4, 144). Statt sie in universale Dimensionen abzuschieben, so Marx, müsse die Arbeitsteilung in ihren historischen Physiognomien thematisiert werden. Diese Forderung läßt sich auch bereits für die Überlegungen in der *DI* als gültig erweisen. Deren Programm besteht darin, das Denken auf seinen Zusammenhang mit der konkreten Wirklichkeit hin zu befragen. An die Stelle der scheinbar voraussetzungslosen Theorie tritt so eine Reflexion auf Voraussetzungen der Theoriebildung, mittels derer Marx der Illusion entgegenarbeitet, daß die Voraussetzungen des Denkens sich am Ende vollständig durch Reflexion einholen ließen. Eben in diesem Zusammenhang kommt er auch auf die Arbeitsteilung zu sprechen, die von ihm als eine der uneinholbaren Voraussetzungen des theoretischen Denkens betrachtet wird. Sie kann daher nur in ihren bestimmten Gestalten bedeutsam werden: in den Gestalten, die zu den konkreten Voraussetzungen des konkreten Denkens gehören. Auch wenn die Arbeitsteilung uns einen Schlüssel zu Vergesellschaftung und Konstitution der Subjektivität bietet, darf dieser Schlüssel daher nie als Universalschlüssel eines übergeschichtlichen Zugriffes mißverstanden werden.

Ausgehend von diesem Vorverständnis suchen Marx und Engels nun, in einer Reihe geschichtlicher Skizzen die Physiognomik des Begriffes der Arbeitsteilung zu rekonstruieren. Den Anfang macht dabei die Form der naturwüchsigen Arbeitsteilung. Sie besteht in der ursprünglichen Arbeitsteilung im Geschlechtsakt und in der Teilung gemäß der natürlichen Anlagen, Bedürfnisse und Zufälle. Die naturwüchsige Arbeitsteilung führt zu der Zersplitterung der Arbeitsbedingungen, zu dem Austausch der Menschen untereinander und zu der Besonderung und Entfaltung der Bedürfnisse. Das hat zur Folge, daß die Naturwüchsigkeit der Anlagen und Zufälle mehr und mehr abgestreift wird (vgl. 65 f.). An die Stelle des Naturgegebenen tritt Menschengemachtes, bis in die Struktur der Bedürfnisse hinein. Die auf die erste Stufe der naturwüchsigen Arbeitsteilung folgenden Stufen sind daher Arbeitsteilungen, die nicht auf dem den Menschen Gegebenen, sondern auf dem von ihnen Gemachten aufbauen. In ihnen verhalten sich die Menschen sonach zu sich selbst und ihren Taten. Anders gesagt: Hier sprechen sich Selbstverhältnisse der Menschen aus. Diese nicht naturwüchsigen, sondern kulturwüchsigen Arbeitsteilungen betrachten Marx und Engels nun unter vier, jeweils historisch zu konkretisierenden Gesichtspunkten (vgl. 22 ff.). Der erste dieser Gesichtspunkte besteht in der Scheidung von Ackerbau auf der einen Seite sowie Industrie und Handel auf der andern Seite, die sich in der Folge zur Trennung von Stadt und Land verdichtet. Den zweiten Gesichtspunkt markiert die Trennung von industrieller und kommerzieller Arbeit, bei der Produktion und Handelsverkehr auseinandertreten. Den dritten Gesichtspunkt bildet die Ordnung der arbeitenden Individuen zu gesellschaftlichen Gruppierungen, die im Zusammenschluß der Einzelnen zu Ständen und Klassen ihren Ausdruck findet. Der vierte und letzte Gesichtspunkt schließlich besteht in der durch ungleiche Verteilung der Arbeit und ihrer Produkte bewirkten Ausprägung unterschiedlicher Eigentumsformen – vom Stammeseigentum bei geringer Arbeitsteilung bis zum Privateigentum, bei dem die Arbeit so geteilt ist, daß das gesellschaftliche Produkt sich privat aneignen läßt.

Die unter den vier Gesichtspunkten beschriebenen Formen der Arbeitsteilung stehen in einem komplexen Zusammenhang, der sich besonders gut an der Trennung von Stadt und Land veranschaulichen läßt. Die Trennung von Stadt und Land war in der politischen Philosophie des 19. Jahrhunderts ein vielbeachtetes Thema. Für Hegel etwa kam darin die Differenz des individuellen und des familiären Prinzips der Vergesellschaftung zum Ausdruck (vgl. Hegel 1821/1995, 207), während Wilhelm Heinrich Riehl sie einige Jahre später als Manifestation des Gegensatzes von „Bewegung" und „Beharrung" auffassen sollte (vgl. Riehl 1854, 61 ff.). Marx und Engels hingegen begreifen sie im Zusammenhang der Arbeitsteilung. Gemäß der geschichtlichen Natur dieses Zusammenhangs realisiert sich die Trennung von Stadt und Land in Altertum, Mittelalter und Neuzeit auf unterschiedliche Weise und mit unterschiedlicher Gewichtung. So ist im Mittelalter die Trennung von Stadt und Land unauflöslich mit der Scheidung des auf bürgerlicher Selbstverwaltung und Selbstschutz beruhenden politischen Gemeindewesens von der unpolitischen Gemeinschaft der unter feudalherrschaftlichem Schutz stehenden ackerbauenden Bevölkerung verbunden. Die Arbeitsteilung verdichtet sich in Stadt und Land also zu zwei unterschiedlichen Lebensformen. Zugleich setzt sich die Arbeitsteilung in veränderter Form auch innerhalb der Städte fort (vgl. 51 ff.). So schließen die Zünfte sich dort je nach Arbeitsgebiet zusammen, die Gemeinde grenzt sich insgesamt vom Pöbel ab und Produktion und Handel teilen sich – gemäß des oben genannten zweiten Gesichtspunkts – die Arbeit innerhalb des Stadtbürgertums bis schließlich aus der industriellen Arbeit die Manufakturen entstehen. Mit anderen Worten: Die von der Arbeitsteilung bestimmte Lebensform der Stadt differenziert sich ihrerseits in eine Vielfalt weiterer untergeordneter Lebensformen aus. Mit den Manufakturen wiederum tritt abermals eine neuartige Form der Arbeitsteilung in den Blick, nämlich jene schon von Adam Smith beobachtete Form, bei der die Arbeit nicht zwischen

verschiedenen Produktionszweigen, sondern innerhalb eines Produktionszweiges geteilt wird. Die Manufakturen sind der Ort, an dem das Prinzip,
die Arbeit zur Steigerung der Produktion in einfache Arbeitsgänge zu zerlegen, vervollkommnet wird. Hier nimmt die Zerstückelung der Arbeit in
einzelne Handgriffe bzw. Verrichtungen ihren Ausgang, die geradezu zum
Kennzeichen der industriellen Produktion werden wird. Auch dieser Prozeß
geht mit der Ausdifferenzierung neuer Lebensformen einher: Die Lebensform des Manufakturarbeiters scheidet sich von der Lebensform des Stadtbürgers, selbst wenn dieser ein abhängiger Handwerksgeselle sein sollte.
Zudem realisiert die Manufakturarbeit als die ins Kleinste fortgesetzte Form
der Arbeitsteilung am stärksten jene Möglichkeit, die dem Prinzip nach in
jeder Teilung der Arbeit beschlossen liegt: die Austauschbarkeit einzelner
Arbeiten. Die Konsequenz dieser Entwicklung zeigt sich in ihrer reinsten,
unverstellten Weise an dem Verhältnis von Lohnarbeiter und Kapitaleigner:
Die Arbeit selbst wird zur Ware.

Das Verhältnis von Lohnarbeit und Kapital entpuppt sich sonach also
als eine besondere Ausgestaltung der Arbeitsteilung zwischen Menschen.
Dieser Gedanke erfährt später, im ersten Band des *Kapital*, noch eine Präzisierung. Dort begreift Marx die gesellschaftliche Teilung der Arbeit als die
„allgemeine Grundlage der Warenproduktion" (*MEW* 23, 371). Nach dem
Gesagten ist das verständlich. Wenn die Ware etwas darstellt, das einen
Tauschwert besitzt, dann bedarf es der Notwendigkeit des Tausches. Die
Notwendigkeit des Tausches aber geht mit Arbeitsteilung einher: Wer
nur besondere Arbeit verrichtet, muß die Produkte seiner Arbeit gegen
andere Produkte tauschen, um seine Bedürfnisse befriedigen zu können.
In diesem Zusammenhang kann auch die Arbeitskraft selbst zur Ware
werden. Das Kapitalverhältnis besitzt also hier seine Wurzel. Und noch
eine zweite Präzisierung erfährt der Begriff der Arbeitsteilung in den
späteren Schriften: Die arbeitsteilige Ordnung der Gesellschaft wird von
der arbeitsteiligen Ordnung der Fabrik unterschieden. Denn während
erstere nicht aus planvoller Überlegung resultiert, sondern sich – wie schon
bei Smith – hinter dem Rücken der Einzelnen zur Geltung bringt, wird
die arbeitsteilige Organisation der Fabrik bewußt gestaltet. Im ersten Band
des *Kapital* beschreibt Marx diesen Unterschied zwischen gesellschaftlicher
und fabrikmäßiger Arbeitsteilung als den Unterschied zwischen einer
Arbeitsteilung ohne Autorität und einer Arbeitsteilung mit Autorität. In
jener produziert der Teilarbeiter Waren für den Austausch mit anderen, in
dieser produziert der Teilarbeiter keine Waren, sondern Elemente für das
Gesamtprodukt, das erst zur Ware dient. Engels schließlich bezeichnet den
Unterschied zwischen Fabrikorganisation und gesellschaftlicher Produkti

onsanarchie als den Unterschied zwischen „planmäßiger" und „planloser"
Arbeitsteilung (*MEW* 20, 251).

Die in solchen Physiognomien sichtbare Bedeutung der Arbeitsteilung
für die Formen der menschlichen Vergesellschaftung läßt sich folgender-
maßen zusammenfassen. Weil Menschen von etwas leben müssen und
zugleich der Zugang zu ihren Lebensmitteln solange von äußeren Gege-
benheiten abhängig bleibt, wie sie sie nicht selber erzeugen, produzieren
sie ihre Lebensmittel. Und weil Menschen nicht isoliert, sondern zusammen leben, erfolgt die Produktion der Lebensmittel in Gesellschaft. Die
vergesellschaftete Produktion gestaltet sich als Teilung der Arbeit. Die
Arbeitsteilung erhebt indessen die Form menschlicher Beziehungen mehr
und mehr aus der Naturwüchsigkeit, wie sie in der sexuellen Arbeitsteilung von Mann und Frau noch zutage tritt, und gestaltet sie zu kulturwüchsigen Differenzierungen. Solche Differenzierungen verdichten sich
zu Ständen und Klassen. Ja, selbst die Nationen sind für Marx und Engels
letztlich Erzeugnisse der Arbeitsteilung (vgl. 25). Mit ihnen differenziert
sich die Vergesellschaftung in Großabteilungen mit eigener Sprache und
Lebensweise. Durch all dies formt die Arbeitsteilung die menschliche
Gesellschaft. Sie verbindet die Menschen durch deren gegenseitige Abhängigkeit ebenso, wie sie sie durch Ausdifferenzierung voneinander trennt.
Geschlecht, Nation, Klasse sind nur verschiedene Titel für solche Tren-
nungen, in denen die vergesellschafteten Menschen sich befinden.

7.3 Arbeitsteilung und Philosophie

Marx und Engels interessieren sich allerdings fast nur für die arbeitsteilig bedingte Ordnung der Klassen. Das hat einen Grund. Denn in der
Ordnung der Klassen erfahren die Einzelnen ihre Lebensform so, daß sie in
einen Widerspruch zu der arbeitsteilig erzeugten Produktionsweise gerät.
Aus ihm soll am Ende die Notwendigkeit der Aufhebung des Kapitalismus
ersichtlich werden. Vor diesem Ziel muß die Untersuchung der anderen
arbeitsteilig bedingten sozialen Ordnungen zurücktreten. Die Analyse der
Arbeitsteilung, die Marx und Engels durchführen, erhält sonach ihren Sinn
zuletzt durch das Ziel der Revolution. Bevor der Übergang zur Theorie der
kommunistischen Revolution betrachtet werden kann, ist allerdings noch
eine weitere Gestalt der Arbeitsteilung zu bedenken. Obwohl von großer
Reichweite, wurde sie bislang ausgeklammert: Ich meine die Teilung in
materielle und geistige Arbeit.

Die Teilung in materielle und geistige Arbeit ist der Grund für die Entstehung der theoretischen Lebensform. So ist „die Produktion der Ideen, Vorstellungen, des Bewußtseins ... zunächst unmittelbar verflochten in die materielle Tätigkeit" (26). Doch die Ausdifferenzierung der Vergesellschaftung mittels der Arbeitsteilung beinhaltet auch den Vorgang, daß der Eigensinn des Denkens sich ausbildet. Entsprungen aus der arbeitsteilig bedingten Ordnung der Gesellschaft, grenzt sich das Denken innerhalb dieser Ordnung gegen die anderen Abteilungen menschlicher Arbeit ab. Und da alle anderen Abteilungen der menschlichen Arbeit in verschiedenen Tätigkeiten in der Welt bestehen, die geistige Arbeit aber nicht als Tätigkeit in der Welt, sondern als bloßes Denken über die Welt erscheint, kann die geistige Arbeit sich als allen anderen Abteilungen insgesamt gegenüberstellen. Sie beansprucht so eine Sondersphäre. Ihre Sondersphäre erscheint schließlich als eine Sphäre nicht innerhalb der arbeitsteiligen Ordnung, sondern außerhalb ihrer. Sie ist ja die Sphäre, in der das Denken sich den verschiedenen Tätigkeitsformen in der Welt gegenüberstellt. Dadurch kann das Denken über die Welt die Auffassung entwickeln, es sei von den Bedingungen der arbeitsteiligen Ordnung unabhängig. Sein Eigensinn erscheint als unbedingt von den Formen der menschlichen Vergesellschaftung. Dies aber ist – den Voraussetzungen zufolge – der notwendige Schein einer Ausdifferenzierung, die doch nur innerhalb der Vergesellschaftung stattfindet. Die theoretische Lebensform erweist sich somit als die Lebensform der arbeitsteiligen Gesellschaft, die sich von ihren gesellschaftlichen Bedingtheiten frei glaubt.

Aus diesem Sachverhalt folgt zweierlei. Einerseits, so Marx und Engels, „*kann* sich das Bewußtsein wirklich einbilden, etwas Andres als das Bewußtsein der bestehenden Praxis zu sein ... – von diesem Augenblicke an ist das Bewußtsein imstande, sich von der Welt zu emanzipieren und zur Bildung der ‚reinen' Theorie, Theologie, Philosophie, Moral etc. überzugehen". (31) Die Teilung in materielle und geistige Arbeit bedeutet demnach die Befreiung des Denkens von den Maßgaben der Welt. Anderseits beinhaltet die Befreiung des Denkens den angedeuteten notwendigen Schein, es entfalte sich gänzlich unabhängig von der menschlichen Vergesellschaftung. Das Denken übersieht daher, daß es sich in dem Beziehungsgefüge bewegt, das durch die Arbeitsteilung bestimmt wird. Weil indessen die arbeitsteilige Ordnung eine Ordnung in Geschlechter, Nationen und Klassen darstellt, wird das Denken durch solche Ordnungen auch da bestimmt, wo es sich selber frei von ihnen glaubt. Es ist ja nichts anderes als eine Sondersphäre, deren Stellung und Reichweite durch das Gefüge der Vergesellschaftung bestimmt wird. Das heißt, aus dem gesellschaftlichen

Sein des theoretischen Lebens entspringt notwendig der Schein seiner Übergesellschaftlichkeit.

Den notwendigen Schein des theoretischen Lebens zu durchdenken bedeutet zum einen, die konkreten Formen des Denkens auf konkrete Formen der Arbeitsteilungen zu beziehen. Dies ist der Ansatz zur Ideologiekritik, die die *DI* gleichermaßen an staatstragenden Theorien wie an ihrer junghegelianischen Kritik übt. Insbesondere die Teilung in Klassen dient Marx und Engels als Ankerpunkt der Ideologiekritik. „Die herrschenden Gedanken", so ihre These, „sind weiter Nichts als der ideelle Ausdruck der herrschenden materiellen Verhältnisse, die als Gedanken gefaßten herrschenden materiellen Verhältnisse; also der Verhältnisse, die eben die eine Klasse zur herrschenden machen, also die Gedanken ihrer Herrschaft." (46) Die These ergibt sich aus der Voraussetzung, daß die geistige Arbeit sich im Gefüge der Vergesellschaftung vollzieht. Die Ordnung dieses Gefüges ist jedoch eine Klassenordnung. Welche Erzeugnisse der geistigen Arbeit – „Gedanken" – deren Eigenbereich beherrschen, hängt daher auch davon ab, welche Klasse die Gesellschaft insgesamt beherrscht, innerhalb derer der Eigenbereich des Denkens seinen bestimmten Ort hat. Das bedeutet weder, daß der Eigensinn des Denkens bestritten, noch daß eine Kritik der Herrschaft unmöglich wäre. Weil der Eigensinn des Denkens sich nur als der Eigensinn einer Sphäre begreifen läßt, die insgesamt in der arbeitsteiligen Ordnung steht, ist er von Anfang an der Eigensinn einer unselbständigen Abteilung der Gesellschaft. Ihn auf die Ordnung der Gesellschaft zu beziehen heißt also nicht, sein Eigenes zu leugnen. Vielmehr heißt es, die Unbedingtheit seines Eigenen zu leugnen und dessen Bedingungen darzulegen. Aus demselben Grund ist auch eine geistige Kritik gesellschaftlicher Herrschaft möglich. Weil die Bedingungen des Denkens dessen Eigensinn nicht zunichte machen, kann es auch eine Kritik seiner Bedingungen leisten. In ihr werden dann die Bedingungen des Denkens zum Thema des von ihnen bedingten Denkens. Doch sowohl für den Eigensinn als auch für die Kritik gilt stets der Schluß: Weil die geistig Arbeitenden im Geflecht der menschlichen Arbeitsteilung stehen, wird ihre Arbeit von den Gedanken beherrscht, deren Geltung die größte Anerkennung in diesem Geflecht erhält. Der Eigensinn des Denkens erfährt – selbst in seiner kritischen Gestalt – eine Bestimmung dadurch, daß seine Anerkennung im Gesamtzusammenhang der menschlichen Gesellschaft erfolgt. Darum meinen Marx und Engels: „Die Gedanken der Herrschenden sind in jeder Epoche die herrschenden Gedanken" (46). Das eigensinnige Denken bleibt zuletzt unselbständig und daher abhängig von gesellschaftlicher Herrschaft. Unsere Gedanken können demgemäß dahingehend überprüft werden, welchen Klassen der Gesellschaft sie besonders zugute kommen. Durch diese Überprüfung wird der notwendige Schein ihrer gesellschaftlichen Selbständigkeit aufgelöst und ihre gesellschaftliche Wahrheit entdeckt.

Neben der Ideologiekritik läßt sich der notwendige Schein der Gedanken zum andern auch dahingehend durchdenken, daß eine Neukonzeption von Theorie notwendig wird. Diese Neukonzeption zeitigt Folgen insbesondere für die Philosophie. Die Philosophie ist eine Gestalt des Denkens, die den Schein ihrer gesellschaftlichen Selbständigkeit besonders ausgeprägt hat. Denn in der philosophischen Reflexion – so hatte es insbesondere die klassische deutsche Philosophie von Kant bis Hegel dargelegt – beansprucht das Denken, sich über seine eigenen Vollzüge Rechenschaft abzulegen. Es setzt sich hierdurch als den höchsten unabhängigen Gerichtshof der Vernunft, vor dem alles überprüft zu werden vermag. Diese Eigenart des philosophischen Denkens vermögen die Überlegungen der *DI* nicht zu teilen. Wenn die Philosophie ebenso der Arbeitsteilung entspringt wie alle andere geistige Arbeit, dann kann die philosophische Reflexion nicht den höchsten unabhängigen Gerichtshof der Vernunft bilden. Der Gerichtshof der Vernunft hat seinen Ort schließlich auch nur im Gefüge der Arbeitsteilung. Er bezieht seine Legitimation daher zuletzt aus diesem Gefüge. Und das heißt: Er bezieht seine Legitimation aus der Klassenordnung. Dann aber unterliegt der Gerichtshof der Vernunft einer höheren Instanz. Diese Instanz ist die Geschichte der Klassenauseinandersetzungen, die die Legitimation des Gerichtshofes – und seiner Gesetze – bestimmt. Das wird ausgesprochen in dem Satz: „Die Moral, Religion, Metaphysik und sonstige Ideologie ... behalten hiermit nicht länger den Schein der Selbständigkeit. Sie haben keine Geschichte, sie haben keine Entwicklung, sondern die ihre materielle Produktion und ihren materiellen Verkehr entwickelnden Menschen ändern mit dieser ihrer Wirklichkeit auch ihr Denken und die Produkte ihres Denkens." (26 f.) Damit ist gemeint: Die Veränderungen der gesellschaftlichen Wirklichkeit führen zu Veränderungen des Denkens. Welche Gedanken als gültig anerkannt werden, wandelt sich hiernach mit den Wandlungen der Gesellschaft. Die Wandlungen der Gesellschaft wiederum werden durch die Auseinandersetzungen der Klassen bewirkt. Es ist also letztlich die Klassenauseinandersetzung, die über den Ausgang der Verfahren vor dem Gerichtshof der Vernunft entscheidet. Daraus folgt der Schluß: Die Geltung der Gedanken wird zwar vor dem Gerichtshof der Vernunft überprüft. Aber der Gerichtshof der Vernunft unterliegt selber der Bestimmung durch die arbeitsteilige Ordnung der menschlichen Gesellschaft.

Hieraus ergibt sich eine weitreichende Folge für die Philosophie. Wenn die Philosophie die Form der Reflexion darstellt, in der das Denken sich über seine eigenen Vollzüge Rechenschaft abzulegen sucht, dann muß es sich auch über die gesellschaftliche Bedingtheit des Rechenschaftsablegens Rechenschaft ablegen. Und das bedeutet: Sie muß einsehen, daß sie nicht unabhängig ist. Die philosophische Reflexion verfehlt sich selbst, sofern sie an ihrer Unabhängigkeit festhält. Die Unabhängigkeit der Philosophie wiederum ist ein Ergebnis der Arbeitsteilung. Die Philosophie hält daher nur dann nicht an ihrer Unabhängigkeit fest, wenn sie die Teilung in geistige und materielle Arbeit überwindet. Das aber kann sie, die die Arbeitsteilung voraussetzt, nicht mehr als Philosophie. Vielmehr muß sie in eine Auseinandersetzung um die arbeitsteilige Ordnung übergehen, die selbst nicht mehr arbeitsteilig – mithin nicht mehr philosophisch – verfährt. Anders gesagt: Um ihre eigene Idee zu erfüllen, muß die Philosophie sich aufheben (dazu kritisch: Hartmann 1970; positiver: Hindrichs 2006). Marxens grundlegende Einsicht, die Philosophie könne nicht verwirklicht werden, ohne sie aufzuheben (*MEW* 1, 384), erfährt so durch den Begriff der Arbeitsteilung ihre weitere Artikulation.

7.4 Aufhebung der Arbeitsteilung

Die arbeitsteilige Ordnung der Gesellschaft verflechtet die Einzelnen miteinander. In ihrem Geflecht gliedern sie sich in Geschlechter, Klassen und Nationen. Auch ihr Denken, Fühlen und Erleben findet innerhalb dieses Geflechtes statt. So „[hängt] der wirkliche geistige Reichtum des Individuums von dem Reichtum seiner wirklichen Beziehungen [ab]" (37). Anders gesagt: Die Subjektivität der Einzelnen bildet sich in dem und durch das Beziehungsgeflecht der arbeitsteiligen Vergesellschaftung.

Hier aber entsteht eine Spannung, die die arbeitsteilige Gesellschaft über sich hinaustreibt. Im Kapitalismus erhält die Arbeitsteilung ihre vollendete Gestalt. Indem sie nicht nur die planlose Arbeitsteilung der Gesellschaft, sondern auch die planmäßige Arbeitsteilung der Fabrik – und ihrer Nachfolgeorganisationen – umfaßt, macht sie sich bis in die einzelnen Arbeitsvollzüge der Individuen hinein geltend. Dadurch wird sie aufsässig. Was in der Arbeitsteilung der Gesellschaft in unbestimmter Ferne liegen mag, rückt in der Arbeitsteilung des rationalen Wirtschaftens dicht an den Einzelnen heran: Jeder hat seinen Tätigkeitskreis, aus dem er nicht heraus kann und dessen Erfordernisse ein genau bestimmtes Tun erzwingen. So rückt die in den *Pariser Manuskripten* am Beispiel des Produktionsprozeß beschriebene Entfremdung des Arbeiters von seinem Arbeitserzeugnis, seiner Arbeit und sich selbst (*ÖPM*, 511 ff.) im Zuge der Arbeitsteilung erneut in den Blick. Der aus der Arbeitsteilung resultierende Sachzwang des eigenen Tuns wird zu einer unsichtbaren, aber spürbar unterjochenden Macht; der Zusammenhang, in dem es als funktionales Moment steht, ebenso. Das aber heißt, die Spaltung des Besonderen und des Allgemeinen, die Hegel als Kennzeichen der bürgerlichen Gesellschaft bestimmt hatte, wird in der Arbeitsteilung konkret erfahrbar. Sie zeigt sich einerseits darin, daß das besondere Individuum von dem allgemeinen Zusammenhang der Arbeitsteilung zu einer bestimmten Tätigkeit gezwungen wird, und andererseits darin, daß der allgemeine Zusammenhang, in dem das besondere Individuum funktioniert, von diesem nicht durchschaut zu werden vermag. „Dieses Sichfestsetzen der sozialen Tätigkeit, diese Konsolidation unsres eignen Produkts zu einer sachlichen Gewalt über uns, die unsrer Kontrolle entwächst, unsre Erwartungen durchkreuzt, unsre Berechnungen zunichte macht, ist eines der Hauptmomente in der bisherigen geschichtlichen Entwicklung" (33). Es bedeutet, daß die Bestimmung des Einzelnen durch den Zusammenhang seiner Vergesellschaftung sich als Fremdbestimmung vollzieht. Und da alle Bestimmung des Einzelnen – sein „geistiger Reichtum" – durch jenen Zusammenhang – den „Reichtum seiner Beziehungen" – erfolgt, vollzieht sich auch seine *Selbst*bestimmung als Fremdbestimmung. Im Selbstverhältnis des Einzelnen steckt demnach Zwang und Ausgeliefertsein. Die arbeitsteilige Subjektivität generiert Unfreiheit.

Die Unfreiheit der Einzelnen, die sich vor allem als proletarische Unfreiheit geltend macht (hierzu Cohen 1983), hängt demnach direkt mit der Arbeitsteilung zusammen. Die Aufhebung der Unfreiheit erfordert dementsprechend die Aufhebung der Arbeitsteilung. Die Arbeitsteilung aufzuheben bedeutet freilich nicht, aus ihr hinauszuspringen. Denn weil Subjektivität arbeitsteilig bestimmt ist, können wir an keine Selbstverhältnisse jenseits der Arbeitsteilung anknüpfen, von denen her ihre Aufhebung geschehen könnte. Die Aufhebung der Arbeitsteilung muß daher innerhalb der Arbeitsteilung angegangen werden. Wie ist das möglich? Marx' und Engels' Antwort lautet: indem die Widersprüche der Arbeitsteilung erfahren werden. Zur Erinnerung: Die Arbeitsteilung bewirkt erstens die Vergesellschaftung der Menschen in ausdifferenzierte Formen und macht die Subjekte zu gesellschaftlichen Knotenpunkten. Die Arbeitsteilung versetzt zweitens die Menschen in Unfreiheit und nötigt den Subjekten gewissermaßen ein fremdbestimmtes Selbstverhältnis auf. Diese beiden Seiten sprechen Marx und Engels komprimiert in den Sätzen aus: „Selbst das, was ein Individuum als solches vor dem andern voraus hat, ist heutzutage zugleich ein Produkt der Gesellschaft ... Das Individuum als solches, für sich selbst betrachtet, ist ferner unter die Teilung der Arbeit subsumiert, durch sie vereinseitigt, verkrüppelt, bestimmt." (422) Nimmt man aber die beiden Seiten zusammen, so zeigt sich: Das Selbstverhältnis der Subjekte birgt das Verhältnis zu der gesellschaftlichen Totalität in sich, durch die die Subjekte bestimmt sind. Das Verhältnis der Subjekte zu sich selbst ist ja das Verhältnis eines gesellschaftlichen Knotenpunktes zu sich selbst – und also, zu Ende gedacht, zu dem Geflecht der Fäden, die sich in ihm verknoten. Dann aber besteht die Möglichkeit, sich des Zwiespaltes zwischen Besonderem und Allgemeinem *in seinem eigenen Selbstverhältnis* bewußt zu werden. Die gesellschaftliche Totalität und das eigene Selbst prallen in diesem selbst aufeinander. Diese Möglichkeit wird insbesondere dort geschaffen, wo der Zwiespalt zwischen Besonderem und Allgemeinem bis ins Detail durchgeführt wird: in der rationalen Wirtschaftsform, in deren Zusammenhang der Lohnarbeiter sein Tun verrichtet. Denn dort, in der Lohnarbeit, wird die Subjektivität insgesamt von der Arbeitsteilung und ihrem Zwiespalt betroffen. Marx und Engels schließen deshalb: „... der Widerspruch zwischen der Persönlichkeit des einzelnen Proletariers und seiner ihm aufgedrängten Lebensbedingung, der Arbeit, tritt für ihn selbst hervor" (77).

Um diesen Widerspruch aufzuheben, hat allerdings das Bewußtsein sich in Tat umzusetzen. „Die Verwandlung der persönlichen Mächte (Verhältnisse) in sachliche durch die Teilung der Arbeit kann nicht dadurch wieder aufgehoben werden, daß man sich die allgemeine Vorstellung davon aus dem Kopfe schlägt, sondern nur dadurch, daß die Individuen diese sachlichen Mächte wieder unter sich subsumieren und die Teilung der Arbeit aufheben." (74) Der Titel für die Aufhebung der Arbeit lautet „Revolution"; der Titel für den dann erreichten Zustand lautet „Kommunismus". Auf die Umwälzung des Bestehenden zum Kommunismus laufen daher die Erwägungen zur Arbeitsteilung hinaus. Sie sind revolutionstheoretischer Natur. Über die Eigenarten von Revolution und Kommunismus erfahren wir indessen recht wenig. Klar ist, daß die Arbeitsteilung möglichst weitgehend durchgeführt sein muß, um eine Revolution durchführen zu können; denn nur dann kann der Widerspruch der arbeitsteiligen Gesellschaft in das Selbstverhältnis der Subjekte einwandern und diesen als solcher bewußt werden. Klar ist auch, daß die kommunistische Aufhebung der Arbeitsteilung eine neue Form der Subjektivität erzeugen würde; denn die arbeitsteilige Bildung der Subjektivität ist dann nicht mehr möglich. Indessen bleibt unklar, ob die Möglichkeit zur Aufhebung der Arbeitsteilung tatsächlich in dem Selbstverhältnis der Subjekte zutage treten kann. Denn zum einen scheint die Versachlichung, die sich in das Selbstverhältnis der Subjekte einschreibt, Momente ihrer eigenen Verklärung hervorzubringen. Die Analyse des Warenfetischismus im ersten Band des *Kapital* wird zeigen, daß die Beziehungen der Menschen als die Eigenschaften von Dingen erscheinen können (vgl. *MEW* 23, 85 ff.). Wenn das aber so ist, dann ist der Weg von der Erfahrung der Versachlichung zur Erfahrung der gesellschaftlichen Totalität als der Gesamtheit menschlicher Beziehungen weit. Der Widerspruch zwischen Allgemeinem und Besonderem bliebe dann verdeckt. Und zum andern ist es fraglich, ob das Bewußtsein der Individuen als einzelnes Bewußtsein ein Verhältnis zur gesellschaftlichen Totalität zu erlangen vermag. Georg Lukács wird daher später das Klassenbewußtsein und nicht das Bewußtsein der Individuen als die Größe bestimmen, die sich der gesellschaftlichen Totalität bewußt zu werden vermag (vgl. Lukács 1923/1968).

Was aber deutlich wird, ist der Sinn des Kommunismus. Er soll gegen die Vereinseitigungen und Fremdbestimmungen der Arbeitsteilung jene „allseitige[n] Entwicklung des Individuums" (*MEW* 4, 157) durchsetzen, als die das Selbstverhältnis der Einzelnen sich erst vollendete. Die arbeitsteilige Subjektivität würde so zugunsten des umfassenden Menschen aufgehoben. Hieraus gewinnt die Revolution der Gesellschaftsordnung ihren Gehalt. „In einer kommunistischen Gesellschaft gibt es keine Maler, sondern höchstens Menschen, die unter Anderm auch malen." (379)

Literatur

Cohen, Gerald E. A. (1983): The Structure of Proletarian Unfreedom, in: Philosophy and Public Affairs, 12. Jg., 3–33.

Hegel, Georg Wilhelm Friedrich (1821/1995): Grundlegung zur Philosophie des Rechts oder Naturrecht und Staatswissenschaft im Grundrisse, Hamburg.

Hartmann, Klaus (1970): Die Marxsche Theorie. Eine philosophische Untersuchung zu den Hauptschriften, Berlin.

Hindrichs, Gunnar (2006): Das Erbe des Marxismus, in: Deutsche Zeitschrift für Philosophie, 54. Jg., 709–729.

Lukács, Georg (1923/1968): Geschichte und Klassenbewußtsein. Studien über marxistische Dialektik, Neuwied.

Plato (1962): Politeia, ed. Ross, Oxford.

Riedel, Manfred (1982): Der Begriff der ‚Bürgerlichen Gesellschaft' und das Problem seines geschichtlichen Ursprungs, in: ders.: Zwischen Tradition und Revolution. Studien zu Hegels Rechtsphilosophie, Stuttgart, 139–169.

Riehl, Wilhelm Heinrich (1854): Die Naturgeschichte des Volkes als Grundlage einer deutschen Social-Politik. Erster Band: Land und Leute, Stuttgart/Tübingen.

Smith, Adam (1776/1976): An Inquiry into the Nature and Causes of the Wealth of Nations, Oxford.

Wildermuth, Armin (1970): Marx und die Verwirklichung der Philosophie, Den Haag.

Christine Weckwerth

Kritik an Feuerbach und Kritik der Feuerbach-Kritiker

8.1 Zum Kritikbegriff im nachhegelschen Diskurs

Im Vormärz besinnt sich die Philosophie verstärkt auf ihre kritische Funktion. Der Kritikbegriff erlebt nach Kant und Schlegel in der Hegelschule eine erneute Hochkonjunktur (vgl. Röttgers 1975, 165). In dieser Tendenz kann man den Ausdruck einer Identitätskrise der Philosophie nach dem klassischen Idealismus ausmachen (vgl. Schnädelbach 1994, bes. 11, 17, 264). Darin spiegeln sich weitergehend gesellschaftliche und politische Umbruchsprozesse, die auf ein neues soziokulturelles und theoretisches Selbstverständnis drängen. Einigkeit besteht unter den Junghegelianern zunächst in ihrer Ablehnung des absoluten Geistkonzepts Hegels. Sie richten ihre Kritik entsprechend gegen die Hegelsche Spekulation, im weiteren auch gegen die Althegelianer, Schelling und die Schellingianer im Allgemeinen, die historische Rechtsschule oder die romantische Philosophie. Die Auseinandersetzung verlagert sich bald jedoch auf den eigenen Kreis. Marx und Ruge kritisieren die Berliner Junghegelianer; Bruno Bauer kritisiert Feuerbach, Marx und Stirner; Heß kritisiert die „letzten Philosophen" in Gestalt von Bruno Bauer, Stirner und Feuerbach usw. Die Autoren der *Deutschen Ideologie*, Marx und Engels, haben diesen Diskussionsprozeß metaphernreich als „philosophische Marktschreierei" oder theologisches Konzil abgewertet (18, 78 ff.). Der Positionsstreit innerhalb der junghegelianischen Bewegung hat in seiner Dynamik (vgl. Eßbach 1988, 131–140) dennoch die Theoriebildung nach dem klassischen Idealismus wesentlich vorangetrieben.

Der Kritikbegriff tritt im nachhegelschen Diskurs in unterschiedlichen Bedeutungen auf. Eine radikale Interpretation findet sich bei Bruno Bauer,

der auf Basis seiner Selbstbewußtseinsphilosophie unter Kritik eine rein
destruktive Methode versteht. Kritik ist für ihn der letzte Schritt einer
Philosophie, die sich in Erhebung zur Allgemeinheit von jeder positiven
Bestimmtheit befreien muß (vgl. Bauer 1841, XXI). In dieser Ausrichtung
liegt für Bauer zugleich eine gesellschaftsverändernde Kraft. Die „Kritik
ist die Krisis", wie er formuliert, „welche das Delirium der Menschheit
bricht und den Menschen wieder sich selbst erkennen läßt" (Bauer 1968,
122). Neben der „reinen Kritik" bei Bauer stößt man im nachhegelschen
Diskurs auf einen immanenten Kritikbegriff, unter dem die soziokulturellen und theoretischen Phänomene in ihrer Eigenbestimmtheit zur
Sprache kommen, d. h. nicht bloß destruiert werden. Diese Methode ist
für Hegels „Phänomenologie des Geistes" bezogen auf ihre nicht-speku-
lative Wissensentwicklung auszeichnend. Die geschichtlich realisierten
Erscheinungen werden im Hinblick auf wesentliche und unwesentliche,
scheinhafte Momente geschieden, um auf diese Weise zu einem adäquaten
kategorialen Verständnis ihrer Bestimmtheit wie ihres Zusammenhanges
zu gelangen (vgl. Röttgers 1975, 227 f. und Weckwerth 2000). Der junge
Marx hat diese Methode in eine knappe Formel gebracht: „Wir entwickeln
der Welt aus den Prinzipien der Welt neue Prinzipien." (*MEW* 1, 345)

Ein immanenter Kritikbegriff findet sich in der *Deutschen Ideologie* sowie in
späteren ökonomischen Werken von Marx. In der *Deutschen Ideologie* setzen
sich Marx und sein Mitstreiter Engels kritisch mit der neuesten deutschen
Philosophie (Feuerbach, Bruno Bauer, Stirner, deutscher Sozialismus)
auseinander und entwickeln im gleichen Zuge kategoriale Grundbestim-
mungen ihrer neuen Gesellschafts- und Geschichtstheorie. Im Zentrum
ihrer Kritik steht die Auseinandersetzung mit dem philosophischen Ansatz,
Ideen als autonome, von der bestehenden Welt abgetrennte Entitäten und
zugleich fundamentale Prägeformen der soziokulturellen Welt zu begreifen
(14, 83, 113, 121 u. a.). Demgegenüber beabsichtigen Marx und Engels, die
„Ideenformationen aus der materiellen Praxis" zu erklären (26). Sie fassen
die deutsche Philosophie vor diesem Hintergrund als einen idealen Spiegel
der zurückgebliebenen „wirklichen deutschen Zustände" auf (13). Diese
ist demnach kein bloßes Blendwerk, sondern besitzt einen reellen Gehalt,
wenngleich in verstellter Form. Die Autoren der *Deutschen Ideologie* sehen
ihre kritische Aufgabe darin, diesen reellen Gehalt der vorgängigen Theorie freizulegen. Der Kritik kommt so eine wesentliche konstitutive Funktion zu.

Eine Spezifik ihrer materialistischen Programmschrift ist, daß den kritisierten Theoriekonzepten keine neue, adäquatere Philosophie mehr entge-
gengestellt wird. Philosophie soll vielmehr zugunsten „wirklicher, positiver

Wissenschaft" (27) überschritten werden. Der philosophischen Reflexion bleibt nach Marx und Engels lediglich eine das geschichtliche Material ordnende Funktion, ohne eigenes „Rezept oder Schema" (27). Als eigenständige kulturelle Sphäre wird diese Reflexionsform somit negiert, was einen Bruch mit der Philosophie von Kant bis Feuerbach bedeutet (vgl. Habermas 1982). Der Philosophie haftet nach Marx und Engels ein scheinhaftes Moment an – sie ist verkehrtes Bewußtsein oder auch Ideologie.

In den Kritikbegriff der *Deutschen Ideologie* fließen beide Optionen ein, die immanente Kritik einer bestimmten Philosophie sowie die Kritik an der Philosophie als solcher. Man stößt in diesem Werk zugleich auf die Tendenz, daß problemorientierte Kritik in reine Polemik umschlägt. Dem kritisierten Autor wird dabei von vornherein Sachlichkeit abgesprochen, seine Auffassungen werden allgemein der Unseriosität überführt. Eine solche Tendenz ist insbesondere für das Stirner-Kapitel wie die Kapitel zum wahren Sozialismus auszeichnend. Die *Deutsche Ideologie* nimmt hier den Charakter einer Streitschrift an und scheint Löwiths Urteil zu bestärken, wonach Hegels begriffliche Dialektik im junghegelschen Diskurs zu einem rhetorischen Stilmittel breitgetreten wird (Löwith 1988, 88). Die *Deutsche Ideologie* ist auf die polemische Tendenz allerdings nicht zu beschränken, was sich u. a. am Feuerbach-Kapitel zeigt.

Feuerbachs Philosophie wird ebenfalls im Spannungsfeld von immanenter Kritik und Kritik an der Philosophie als solcher reflektiert. Die Kritik nimmt auch hier mitunter rein polemische Züge an (vgl. bes. 541–543). Feuerbachs Philosophie wird in der *Deutschen Ideologie* zum einen als (unzulängliche) materialistische Theorie, zum anderen als Repräsentantin philosophischen Denkens schlechthin interpretiert und kritisiert. Diese Deutungsperspektive hat zur Folge, daß problemorientierte Einwände, polemische Spitzen sowie Kritik an der Philosophie insgesamt nahtlos ineinander übergehen. Das verleiht der Feuerbach-Kritik in diesem Werk eine komplexe Struktur wie zugleich Unschärfe. In den folgenden Betrachtungen sollen 1) zunächst die in der *Deutschen Ideologie* vorgebrachten Einwände gegen Feuerbach herausgearbeitet werden. 2) wird Marx' und Engels' kritische Reflexion der Feuerbach-Kritik bei Bruno Bauer und Max Stirner betrachtet, mit der Feuerbach indirekt verteidigt wird. Es soll 3) nach der Berechtigung der Einwände gegen Feuerbach gefragt werden.

8.2 Die grundlegenden Einwände gegen Feuerbach

Gegenüber den detaillierten Auseinandersetzungen mit Bruno Bauer und vor allem Max Stirner besitzen die expliziten Stellungnahmen zu Feuerbach in der *Deutschen Ideologie* eher den Charakter von Zwischenbetrachtungen. Einen Anstoß zur kritischen Beschäftigung mit Feuerbach hatte Bruno Bauer mit seinem Artikel *Charakteristik Ludwig Feuerbachs* gegeben, worin er Marx und Engels vorgeworfen hatte, Feuerbachs substanzphilosophischen Standpunkt lediglich fortzubilden (vgl. Bauer 1845, 138–143). Aus der Auseinandersetzung mit dem Bauerschen Artikel ging im weiteren das unvollendete Projekt der *Deutschen Ideologie* hervor. Die Kritik Feuerbachs war ursprünglich nur ein Nebenprodukt.[1] Einen Vorlauf zu dieser Kritik bilden die unter „ad Feuerbach" festgehaltenen Thesen von Marx, die er zwischen April und Juni 1845 entworfen hatte (vgl. *MEGA*[2] IV/3, 490). Bereits in diesen Thesen findet eine Umwertung der Feuerbachschen Philosophie statt. Diente diese in der *Heiligen Familie* noch als Anschlußpunkt im Sinne einer Vereinigung von Humanismus und Materialismus auf theoretischem Gebiet (*HF*, 132, 98) – Marx spricht später gar von einem „Feuerbachkultus" in dieser Schrift (*MEW* 31, 290) –, erscheint Feuerbach in der *Deutschen Ideologie* dagegen als Repräsentant der deutschen Philosophie, die es in ihrem ideologischen Gehalt generell zu überwinden gilt. Diese theoriegeschichtliche Kehre steht bei Marx und Engels in unmittelbarem Zusammenhang mit ihrem Übergang zu einer geschichtlich orientierten Gesellschaftstheorie als erster Wissenschaft.

Hält man sich an die Darbietung der *Deutschen Ideologie* in den *MEW*, entzündet sich die Kritik an Feuerbach im ersten Kapitel zunächst an dessen Selbstcharakteristik als Kommunist. Feuerbach hatte sich diese Bestimmung in seiner Replik auf Stirners Schrift *Der Einzige und sein Eigenthum* gegeben, und zwar in dem Sinn, daß er das Wesen des Menschen in die

---

1 Die geplante zweibändige Publikation *Deutsche Ideologie* ging aus einem Artikelentwurf hervor, der sich kritisch mit Bruno Bauers in *Wigand's Vierteljahrsschrift* erschienenem Beitrag *Charakteristik Ludwig Feuerbachs* befaßte (vgl. Bauer 1845). Es folgte eine Auseinandersetzung mit Max Stirners Werk *Der Einzige und sein Eigenthum* (vgl. Stirner 1845a) sowie mit dessen ebenfalls in *Wigand's Vierteljahrsschrift* erschienenem Artikel *Recensenten Stirners* (vgl. Stirner 1845b). Aus Teilen dieser Auseinandersetzungen wurde dann das Feuerbach-Kapitel konstituiert, das unvollendet blieb (vgl. Taubert 1990, Taubert 1997). Im Unterschied zu früheren Editionen der *Deutschen Ideologie* wird in der im *Marx-Engels-Jahrbuch 2003* erschienenen Vorabpublikation des Feuerbach-Kapitels (*MEJB* 2003, 1–117) der fragmentarische Charakter wesentlich beibehalten. Die Entwürfe, Notizen und Reinschriften-Fragmente werden darin als selbständige Textzeugen dargeboten und so ediert, wie sie von den Autoren hinterlassen wurden (vgl. ebd., 3*).

Gemeinschaft setzt (vgl. Feuerbach 1982c, 441). Marx und Engels sehen darin eine inadäquate Selbsteinschätzung, insofern Feuerbach unter dem Wort Kommunist – gemäß dem Duktus der deutschen Philosophie – nur eine philosophische Kategorie, nicht jedoch einen Anhänger einer bestimmten revolutionären Partei in der bestehenden Welt versteht (vgl. 41). Er „will also, wie die übrigen Theoretiker, nur ein richtiges Bewußtsein über ein *bestehendes* Faktum hervorbringen, während es dem wirklichen Kommunisten darauf ankommt, dies Bestehende umzustürzen". (42) Feuerbach geht hier soweit, „wie ein Theoretiker überhaupt gehen kann, ohne aufzuhören, Theoretiker und Philosoph zu sein". (42) In diesen Passagen klingt unüberhörbar die elfte *Feuerbach-These* durch, wonach die Philosophen die Welt nur verschieden interpretiert haben, und Marx dagegen setzt: „es kömmt drauf an, sie zu *verändern*." (*MEW* 3, 7) Kann man darin zunächst eine Verabschiedung von der Theorie und Aufforderung zu praktischer Aktion sehen, wie es beim Zeitgenossen Heß durchaus zu finden ist (vgl. Heß 1980b, bes. 384), so enthält diese These, im Kontext der damaligen Marxschen Auffassungen gesehen, eine immanente Kritik an der Theorie selbst. Sie richtet sich bezogen auf Feuerbach gegen eine „Anerkennung und zugleich Verkennung des Bestehenden" (42), mit der das gesellschaftliche Sein, so wie es ist, für den Status quo genommen wird. Ein solches Verbleiben in der Unmittelbarkeit birgt für Marx ein scheinhaftes, ideologisches Moment in sich. Geschuldet einem bloß theoretischen Standpunkt, nimmt Feuerbach so die schlechten Lebensverhältnisse von „Millionen von Proletariern" in Kauf und fragt nicht nach einer praktischen Überschreitung dieser Verhältnisse (vgl. 42). Gegenüber Ruge hatte Marx bereits 1843 darauf verwiesen, daß Feuerbach in seinen Aphorismen, gemeint sind die *Vorläufigen Thesen zur Reformation der Philosophie*, „zu sehr auf die Natur und zu wenig auf die Politik hinweist". (*MEW* 27, 417) Der Feuerbachsche Ansatz ist für Marx und Engels eine Philosophie der (bürgerlichen) Gegenwart, wie es Moses Heß ausgedrückt hatte (vgl. Heß, 1980b, 384), nicht etwa eine Theorie der proletarischen Emanzipation. Insofern Feuerbach eine einflußreiche Quelle für den ebenso kritisierten philosophischen Sozialismus in Deutschland bildete, galt es für Marx und Engels um so mehr, gegen seinen Ansatz zu polemisieren.

Hinter den politischen Diskrepanzen stehen in der *Deutschen Ideologie* grundlegende theoretische Differenzen zu Feuerbach, die aus einem modifizierten Subjekt- und Weltverständnis resultieren. Marx und Engels wenden gegen Feuerbach allgemein ein, die Auffassung der sinnlichen Welt „einerseits auf die bloße Anschauung derselben und andrerseits auf die bloße Empfindung" zu beschränken. Feuerbach „sagt ‚*den* Menschen' statt d[ie] ‚wirklichen historischen Menschen‘“. (42) Darin liegt zum einen der Einwand, wonach der Kritisierte das Subjekt nur in einem passiven erkenntnistheoretischen Bezug zur Welt faßt, zum anderen der Vorwurf, daß der Mensch nur als abstraktes Wesen begriffen wird, und zwar ohne Situierung im geschichtlich-soziokulturellen Prozeß.

In seiner Generalisierung des erkennenden, kontemplativen Subjekts erweist sich Feuerbach für Marx und Engels als ein typischer Repräsentant der Philosophie – er betrachte Sinnlichkeit nur „durch die ‚Brille‘ des *Philosophen*“ (43, Anm.). Dabei gestehen sie Feuerbach gleichwohl den Vorzug zu, daß er im Unterschied zu den „reinen“ Materialisten einsieht, „wie auch der Mensch ‚sinnlicher Gegenstand‘ ist“ (44). Feuerbach betrachtet nicht nur materielle Dinge, sondern ebenfalls Verhältnisse „des Menschen zum Menschen“ (44). In seinen *Ökonomisch-philosophischen Manuskripten* hatte Marx darin eine grundlegende Theorieleistung Feuerbachs gesehen (vgl. *ÖPM*, 570). In der *Deutschen Ideologie* wird in diesem Kontext dagegen kritisch angemerkt, daß Feuerbach nur soziale Verhältnisse in Form von idealisierter Liebe und Freundschaft reflektiert (vgl. 44). Er bleibt nach Marx und Engels auf einer unmittelbaren Bezugsebene stehen und faßt „die Menschen nicht in ihrem gegebenen gesellschaftlichen Zusammenhange“ (44).

Der abstrakten, ahistorischen Subjektkonzeption korrespondiert den Autoren der *Deutschen Ideologie* zufolge ein eingeschränkter Begriff der Welt. Feuerbach „sieht nicht, wie die ihn umgebende sinnliche Welt nicht ein unmittelbar von Ewigkeit her gegebenes, sich stets gleiches Ding ist, sondern das Produkt der Industrie und des Gesellschaftszustandes, und zwar in dem Sinne, daß sie ein geschichtliches Produkt ist, das Resultat der Tätigkeit einer ganzen Reihe von Generationen“ (43). Marx und Engels konstatieren bei Feuerbach in diesem Kontext einen statischen Wirklichkeitsbegriff, worin Sein dem Werden übergeordnet wird. Dazu berufen sie sich u. a. auf den Paragraphen 27 der *Grundsätze der Philosophie der Zukunft*, worin Feuerbach behauptet hatte, daß Sein und Wesen eines Dinges oder Menschen identisch sind (42; vgl. Feuerbach 1982b, 305–307). Nur in abnormen, unglücklichen Fällen sondert sich dem Bruckberger Philosophen zufolge das Sein vom Wesen ab, eine These, die schon angesichts des vorhandenen Elends in der Welt für die Gesellschaftskritiker Marx und Engels unhaltbar ist (vgl. 42). Um ihre Kritik an Feuerbachs statischem Seinsbegriff zu untermauern, verweisen sie auf die geschichtliche Bestimmtheit des Mensch-Natur-Verhältnisses, das ihrem geschichtsmaterialistischen Ansatz nach in fundamentaler Weise durch Industrie und kommerziellen Verkehr bestimmt wird. Auch die Natur unterliegt ihrer

Darstellung nach permanenten Veränderungen – selbst die Existenz des Kirschbaums in Feuerbachs Umgebung ist kein natürliches, sondern ein künstliches, dem Handel geschuldetes Produkt (vgl. 43).

Im praxisphilosophischen Vokabular seiner *Feuerbach-Thesen* hatte Marx als Hauptmangel des Materialismus, einschließlich des Feuerbachschen, bereits herausgestellt, „daß der Gegenstand, die Wirklichkeit, Sinnlichkeit nur unter der Form des *Objekts oder der Anschauung* gefaßt wird; nicht aber als *sinnlich menschliche Tätigkeit, Praxis*" (*MEW* 3, 5). Die tätige Seite wird nach ihm dagegen vom Idealismus reflektiert, allerdings ohne Rekurs auf die sinnliche, gegenständliche Tätigkeit (ebd.). Marx gelangt hier zu einer Kritik, die sich in bestimmter Hinsicht mit der Hegels gegen die Reflexionsphilosophie vergleichen läßt: Gemeint ist die Kritik an der Trennung von Subjektivität und Objektivität (vgl. Hegel 1968, bes. 13). Einer bloßen Innerlichkeit bzw. unmittelbaren Zweisamkeit stehe unvermittelt eine gegebene äußere Welt gegenüber. Aus seiner doppelten Kritik erwächst Marx perspektivisch die Aufgabe, einen dritten, vermittelnden Weg aufzuzeigen, bei dem die Einseitigkeiten des materialistischen und idealistischen Ansatzes vermieden werden. Feuerbach und die Junghegelianer gelangen nach ihm dagegen nur zu einer abstrakten, subjektiven Überbrückung dieser Kluft.

Der Bruckberger Philosoph greife zur Lösung dieses Problems auf eine ideale (pantheistische) Voraussetzung zurück, auf die „Harmonie aller Teile der sinnlichen Welt und namentlich des Menschen mit der Natur" (42 f.). Auf Grundlage dieser idealen Einheitsprämisse habe Feuerbach die religiöse Welt als Illusion der irdischen Welt aufgezeigt, wie es im Stirner-Kapitel heißt (vgl. 217). Marx und Engels sehen die umgekehrte Fragestellung dagegen für grundlegender an: „Wie kam es, daß die Menschen sich diese Illusionen ,in den Kopf setzten'?" (217) Feuerbach und die Junghegelianer bleiben nach ihnen darauf eine Antwort schuldig (vgl. die vierte These „ad Feuerbach"). Als treibende Kraft der Geschichte würden sie keine materielle Veränderungen, sondern letztlich nur abstrakte Vorstellungen bzw. Bewußtseinsveränderungen anerkennen (vgl. 113). Damit kann auch der Materialist Feuerbach für sie die geschichtliche Entwicklung der Menschheit nicht in angemessener Form begründen. Hatte bereits Bruno Bauer die Philosophie Feuerbachs als eine Melange bezeichnet, worin sich Materialismus und Humanismus gegenseitig aufheben (Bauer 1845, 123), ziehen Marx und Engels ein ähnliches Resümee: „Soweit Feuerbach Materialist ist, kommt die Geschichte bei ihm nicht vor, und soweit er die Geschichte in Betracht zieht, ist er kein Materialist." (45; vgl. auch *MEW* 21, 291)

Feuerbach erscheint in der *Deutschen Ideologie* insgesamt als ein Denker, der hinter den anstehenden Problemen zurückbleibt und das Bestehende allgemein verklärt. Diese Einschätzung kommt exemplarisch noch einmal in einer polemisch abgefaßten Beilage zum Ausdruck, auf die hier nicht eingegangen wird.[2] In seiner späteren Schrift *Ludwig Feuerbach und der Ausgang der klassischen deutschen Philosophie* hat Engels auf das kritische Feuerbach-Bild zurückgegriffen und ihm wirkungsgeschichtliche Relevanz verliehen. Vor diesem Hintergrund ist es bemerkenswert, wenn Feuerbach in der *Deutschen Ideologie* gegenüber anderen Kritikern nichtsdestotrotz verteidigt wird. Mit dieser Gegenkritik wird sich der folgende Abschnitt beschäftigen.

8.3 Die Kritik der Feuerbach-Kritik Bruno Bauers und Max Stirners

Marx und Engels fassen die nachhegelsche Philosophie nicht als eine homogene Bewegung auf, sondern erkennen durchaus Differenzen an. Ihre Kritik erweist sich als ein Kampf an mehreren Fronten. Dabei stößt man auf unterschiedliche Gewichtungen ihrer Gegner. Bezogen auf Bruno Bauer, Stirner und Feuerbach läßt sich die Parteinahme bereits an der Terminologie ablesen. Wenn Marx und Engels die Feuerbach-Kritiker Bruno Bauer und Max Stirner als Kirchenväter und Inquisitoren bezeichnen, Feuerbach dagegen als Häretiker und Ketzer (79), tritt unverkennbar zutage, welchem Kombattanten sie in dem philosophischen Streit ihre Sympathie geben. Eine Kritik der junghegelianischen Feuerbach-Kritik findet sich in der *Deutschen Ideologie* vor allem im Kapitel „II. Sankt Bruno". Die Gegenkritik von Marx und Engels gruppiert sich in diesem Kapitel um drei Themen:

---

2 Gemeint ist die in *MEW 3* auf den Seiten 541 bis 543 dargebotene Beilage *Feuerbach*, die dort Engels zugesprochen wird. In der bereits erwähnten Vorabpublikation des Feuerbach-Kapitels ist dieser Textzeuge in den Hauptteil „I. Feuerbach" aufgenommen, und zwar unter der Autorschaft von Marx und Engels (vgl. *MEJB* 2003, 101–103). Zum ersten Mal wurde dieses Fragment 1932 unter dem Titel „[Engels über Feuerbach] Feuerbach" im Anhang zum Band 5 der Ersten Abteilung von *MEGA¹* veröffentlicht (*MEGA¹* I/5, 538–540). Es handelt sich um eine kompilierte Darstellung von Aspekten der Feuerbachschen Philosophie, die sich auf seine *Grundsätze der Philosophie der Zukunft* stützt. Marx und Engels haben sich mit dieser Manifestschrift Feuerbachs höchstwahrscheinlich im Zuge einer Überarbeitung ihres ursprünglich aus der Bauerschen *Charakteristik* hervorgegangenen Entwurfs „Feuerbach und Geschichte" beschäftigt. Insofern in diesem Textfragment keine qualitativ neuen Einwände vorgebracht werden, die Kritik an Feuerbach hier allenfalls einen polemischeren Ton anschlägt, wird auf dieses Fragment hier nicht eingegangen.

um den Gattungsbegriff, die Wesensbestimmung des Menschen und den Sinnlichkeitsbegriff bei Feuerbach. Insofern sie in dem Bauerschen „Feldzug" gegen Feuerbach nur eine Wiederholung der Stirnerschen Kritik sehen, wie sie dieser in *Der Einzige und sein Eigenthum* entwickelt hat (vgl. 84), bezieht sich ihre Kritik auf beide Junghegelianer.

Im Kapitel „Sankt Bruno" verweisen Marx und Engels zunächst auf den grundlegenden Einwand bei Bauer und Stirner. Feuerbach habe den beiden letzten zufolge den Gattungsbegriff des Menschen lediglich an die Stelle Gottes bzw. des Hegelschen Geistes gesetzt, womit nunmehr „die Menschengattung das ‚Absolute' sei" (84; vgl. Bauer 1845, bes. 104 f. und Stirner 1845a, bes. 43 f., 76–78). Stirner konstatiert bei Feuerbach in dieser Hinsicht einen bloßen „Herrenwechsel", der durch eine Umkehr von Subjekt und Prädikat vollzogen wird (Stirner 1845a, 76). Die Herausstellung des Gattungswesens hat nach Stirner zur Folge, „daß Wir in ein wesentliches und ein unwesentliches Ich zerspalten werden" (Stirner 1845a, 43). Wesentlichkeit kommt bei Feuerbach nach Stirner allein der Gattungsseite zu. Sowohl letzterer als auch Bruno Bauer sehen darin eine Unterwerfung des Individuums unter die Gattung bzw. unter deren Prädikate. Die Dimension von Individualität und Einzigartigkeit wird in ihren Augen damit unzulässig ausgelöscht. „Feuerbach hat aus dem Individuum, aus dem entmenschten Menschen des Christenthums nicht den Menschen, den wahren, wirklichen, persönlichen Menschen, sondern den entmannten Menschen, den Sklaven geschaffen. Das Individuum muß sich der Gattung unterwerfen, ihr dienen. Dienen ist Sklaverei." (Bauer 1845, 105) Diese kritische Passage zitieren ebenfalls Marx und Engels (85). Das Feuerbachsche Gattungskonzept fungiert für Bauer und auch Stirner in dieser Ausrichtung als eine neue Religion bzw. Theologie, die nunmehr die Stelle des vormaligen Christentums besetzt (vgl. Bauer 1845, 99, 109 f. und Stirner 1845a, 77).

Die Autoren der *Deutschen Ideologie* weisen den Vorwurf einer Versklavung des Menschen bei Feuerbach als eine „Unverschämtheit" zurück (85). Bauer „ahnt nicht, in welchem Zusammenhang die Vorstellungen des Hegelschen ‚absoluten Geistes' und der Feuerbachschen ‚Gattung' zur existierenden Welt stehen". (85) Damit ist für sie die Auseinandersetzung mit Bauers substanzphilosophischer und theologischer Deutung des Feuerbachschen Gattungsbegriffs an dieser Stelle beendet. Dabei setzen sie in ihrer Kritik Argumente voraus, auf die sie in diesem Kontext nicht explizit eingehen. Feuerbachs eigene Entgegnung auf die Kritik seitens Stirners war ihnen bekannt. Gegenüber letzterem hatte Feuerbach darauf verwiesen, daß Gattung bei ihm kein Abstraktum bedeutet, „sondern nur, dem einzelnen, für sich selbst fixierten Ich gegenüber, das Du, den andern, überhaupt die außer mir existierenden menschlichen Individuen". (Feuerbach 1982c, 434) Die Unbeschränktheit der Gattung faßt er nicht ontologisch, sondern als eine modale Kategorie auf – als „Gedanken anderer Menschen, anderer Orte, anderer, glücklicherer Zeiten" (Feuerbach 1982c, 435). Wenn Feuerbach an späterer Stelle bemerkt: „denn ich bin nicht ohne dich; ich hänge vom Du ab; kein Du – kein Ich" (Feuerbach 1982c, 436), zeigt sich, daß Gattung bei ihm neben dem Aspekt universeller Entwicklung der menschlichen Fähigkeiten für eine Relation konkreter, existierender Individuen und nicht für ein abgetrenntes, substantielles Sein steht.

Kritisieren Marx und Engels Feuerbach auch für sein Verbleiben auf der Bezugsebene von Ich und Du, so halten sie dennoch grundlegend an seinem Ansatz fest, das Individuum in der Grundperspektive sozialer Relationalität zu fassen. „Erst in der Gemeinschaft [mit Andern hat jedes] Individuum die Mittel, seine Anlagen nach allen Seiten hin auszubilden; erst in der Gemeinschaft wird also die persönliche Freiheit möglich", wie es in der *Deutschen Ideologie* heißt (74). Dieser sozialanthropologische Ansatz wird in ihrer Polemik mit Bruno Bauer stillschweigend vorausgesetzt, der im Gegenzug dafür kritisiert wird, daß er den Menschen als eine von allen sozialen Allgemeinheiten abgelöste Persönlichkeit auffaßt – als Schöpfer und Geschöpf in einem (vgl. 84 ff. sowie Bauer 1845, 134 und Stirner 1845a, 50, 200). Mit seiner Fundierung der Persönlichkeit im reinen Selbstbewußtsein verbleibt Bauer nach Marx und Engels auf dem spekulativen Standpunkt Hegels, der in seiner *Phänomenologie* bereits die Philosophie des Selbstbewußtseins antizipiert hatte (83). Marx und Engels schließen bezogen auf die Gattungsproblematik in dieser Hinsicht bewußt an die Hegel-Feuerbach-Linie an.

Bruno Bauers *Charakteristik Ludwig Feuerbachs* stößt in der *Deutschen Ideologie* in einem zweiten Punkt auf Gegenkritik. Bauer hatte sich in seinem Artikel dagegen gewandt, daß Feuerbach den Menschen im *Wesen des Christentums* unter die göttliche Dreieinigkeit von Vernunft, Liebe und Willen faßt, die „im Menschen über dem individuellen Menschen" ist (Bauer 1845, 104; vgl. Feuerbach 1984, 31). Orientiert am Begriff der selbstschöpferischen Persönlichkeit, erkennt Bauer auch darin eine Versklavung des Menschen. Dieser wird zu einer bloßen Maschine, „die von ,der Gattung' angestoßen und getrieben wird" (Bauer 1845, 105). Marx und Engels halten dagegen die Feuerbachsche Bestimmung der Gattungsfunktionen für berechtigt, insofern „jede Anlage, jeder Trieb, jedes Bedürfnis als eine Macht ,in dem Individuum *über* dem Individuum' sich behauptete, sobald die Umstände deren Befriedigung verhindern". (86) Wie der Bruckberger Philosoph begreifen sie den Menschen als ein „*leibliches*, naturkräftiges, lebendiges, wirkliches, sinnliches, gegenständliches Wesen" (*ÖPM*, 578), das nicht auf reine Autonomie und Rationalität zu beschränken ist. Hat Feuerbach die objektive Bestimmung der Gattungskräfte nach Marx und Engels richtig erkannt, so verselbständigt er dieses Faktum zugleich in idealisierender Weise. Er faßt es nicht als „Produkt einer bestimmten und überschreitbaren historischen Entwicklungsstufe" auf (86). Damit werfen sie Feuerbach erneut einen ahistorischen Subjektbegriff vor.

Der Häretiker Feuerbach wird in der *Deutschen Ideologie* schließlich in einem dritten Punkt verteidigt, der seinen Sinnlichkeitsbegriff betrifft. Bruno Bauer hatte Feuerbach vorgeworfen, an die Stelle des geistigen Gottes einen neuen absoluten Monarchen zu setzen – die Sinnlichkeit. Bauer erkennt darin „einen Vampyr, der alles Mark und Blut dem Menschenleben aussaugt"; es ist die „unüberschreitbare Schranke, an der sich der Mensch den Todesstoß geben muß" (Bauer 1845, 121). Diese Passage wird auch von Marx und Engels zitiert (88). Indem sich Feuerbach an der Sinnlichkeit bzw. Empfindung orientiert, bindet er seine Philosophie nach Bauer an ein Variables, Oberflächliches, Unbestimmtes und Subjektives (Bauer 1845, 122). Damit legt er seiner Theorie Bauers rationalistischem Verständnis zufolge ein willkürliches und zugleich religiöses Prinzip zugrunde. Marx und Engels persiflieren die Bauersche Sinnlichkeitskritik als versteckten Ausdruck eines christlichen Sündenbewußtseins (vgl. 87 f.). Hinter ihrer Polemik tritt eine positive Anerkennung der Sinnlichkeit zutage, in der sie selbst eine unaufhebbare Komponente menschlicher Existenz und Aktivität sehen.[3] Stimmen sie in der Anerkennung der Sinnlichkeit mit dem Philosophen Feuerbach überein, so verweisen sie in ihrer Gegenkritik zu Bauer gleichzeitig auf die „bornierte Weise", in der Feuerbach Sinnlichkeit begreift (87). Er fasse die sinnliche Welt, wie es an früherer Stelle heißt, nicht als „die gesamte lebendige sinnliche *Tätigkeit*" der Individuen (45). Sie selbst unterstellen Sinnlichkeit gemäß ihrem Ansatz der praktisch-gegenständlichen Objektivierungssphäre. Wenn sie in der *Deutschen Ideologie* auf empirische Beobachtung bzw. einen empirisch zu konstatierenden Lebensprozeß verweisen (vgl. 25–27, 43), wird deut-

---

3   In den *Ökonomisch-philosophischen Manuskripten* kommt der „Sinnlichkeit" eine fundamentale Stellung wie in keiner anderen Marxschen Schrift zu. Mit Feuerbach erhebt der junge Marx hier Sinnlichkeit zur „Basis aller Wissenschaft" (*ÖPM*, 543), wobei er zugleich dessen intersubjektive Bestimmung dieser Kategorie übernimmt – „denn seine eigne Sinnlichkeit ist erst durch den *andren* Menschen als menschliche Sinnlichkeit für ihn selbst" (*ÖPM*, 544). Sinnlichkeit wird hier sowohl praktisch, als sinnliches Bedürfnis, als auch erkenntnistheoretisch, als sinnliches Bewußtsein, verstanden (vgl. *ÖPM*, 543).

lich, daß die Sinnlichkeitskategorie bei ihnen gleichwohl auch auf erkennt-
nistheoretischem Gebiet Relevanz behält.

Die skizzierte Replik auf die junghegelianische Feuerbach-Kritik macht
deutlich, daß Marx und Engels zu Feuerbach sowohl in einem kritischen
als auch affirmativen Verhältnis stehen. Feuerbachs sozialanthropologischer
Ansatz wird von ihnen nicht prinzipiell negiert, sondern in bestimmten
Punkten geschichtsmaterialistisch fundiert und weiterentwickelt. In der
Deutschen Ideologie dominiert zweifellos der Aspekt kritischer Abgrenzung;
hier dient die Philosophie Hegels, der Junghegelianer und Feuerbachs doch
als Kontrastfolie zur Ausarbeitung der neuen Gesellschaftstheorie. Marx
und Engels streben folglich keine theoriegeschichtlich ausgewogene Rekonstruktion der Feuerbachschen Anthropologie wie der anderen Ansätze an.

Ungeachtet dieser kritischen Grundtendenz kann man fragen, inwieweit ihre Einwände gegen Feuerbach berechtigt sind. Haben diese doch
maßgeblich die spätere Wirkungsgeschichte von dessen Philosophie, und
zwar über den Marxismus hinaus, beeinflußt. Feuerbachs Materialismus
erschien danach lediglich als Vorstufe der Marxschen Theorie, die diesen
positiv in sich aufgehoben hat. Ausgehend vom sozialanthropologischen
Ansatz Feuerbachs, soll im letzten Abschnitt die Marx-Engelssche Kritik
im Hinblick auf ihre Rechtmäßigkeit beleuchtet werden.

8.4 Sind die Einwände von Marx und Engels gegen Feuerbach berechtigt?

Feuerbachs Sozialanthropologie bildet eine frühe Antwort auf die Krise
des klassischen deutschen Idealismus. Sie resultiert theoriegeschichtlich
aus einem Zusammenführen der Hegelschen Objektivierungstheorie des
Geistes mit pantheistischen und gefühlsphilosophischen Ansätzen (Bruno,
Spinoza, Herder, Jacobi, Schleiermacher). Eine solche Synthese erfolgt
bei gleichzeitiger Kritik des spekulativen Idealismus bzw. Idealismus
überhaupt. An die Stelle der im deutschen Idealismus zugrunde gelegten
Identität des Bewußtseins (Selbstbewußtseins, Geistes) als übergreifender
Bezugsform von Subjekt und Objekt setzt Feuerbach als neues Einheits-
und Strukturprinzip die Beziehung zwischen Subjekten, die er vom unmittelbaren, erlebnishaften Umgang der Individuen miteinander aus denkt.
„Das höchste und letzte Prinzip der Philosophie", wie es in seinen *Grund-
sätzen der Philosophie der Zukunft* heißt, „ist daher die Einheit des Menschen
mit dem Menschen. Alle wesentlichen Verhältnisse – die Prinzipien
verschiedener Wissenschaften – sind nur verschiedene Arten und Weisen

dieser Einheit. Selbst der Denkakt kann nur aus dieser Einheit begriffen und abgeleitet werden." (Feuerbach 1982b, 340) Diese Einheit stützt sich auf elementarster Ebene auf die „Realität des Unterschieds von Ich und Du" (ebd., 339 und Weckwerth, 81–100). Diese Programmatik wird von Feuerbach allerdings nur fragmentarisch, vor allem auf religionsphiloso- phischem Gebiet, ausgeführt.

Zu einer anthropologischen Neubegründung der Philosophie war Feuer- bach vor allem durch die Beschäftigung mit der Religionsfrage gelangt. In seinem *Wesen des Christentums* bestimmt er die (christliche) Religion als eine Objektivierungsform des genuin bedürftigen, emotional-liebenden Indivi- duums. Es handelt sich nach ihm um eine Realisierungssphäre, in der sich die partikularen Individuen auf eine erlebnishafte, emotionale Weise, und zwar vermittels phantastisch bildlicher Symbolisierungen, zu ihrem (unbe- schränkten) Gattungswesen verhalten. Dahinter steht der Gedanke, Reli- gion als eine immanente Realisierungssphäre der Menschen aufzufassen. Die religiösen Praktiken und Gegenstände dienen Feuerbach als Schlüssel, soziales Verhalten im unhintergehbaren Spektrum von Gefühlen, Leiden- schaften, Wünschen und Liebe, aber auch von Verletzung, Selbstverleug- nung, Opfer usw. zu erschließen. Als differentia specifica der Religion stellt er im *Wesen des Christentums* heraus, daß der Mensch in ihr kein Bewußtsein über seine eigene Objektivierungsleistung besitzt (vgl. Feuerbach 1984, 46, 48). „Der Mensch hat sich verobjektiviert, aber den Gegenstand nicht als sein Wesen erkannt" (Feuerbach 1984, 47). Wird dem Menschen diese Verkehrung bewußt, welchen Erkenntnisprozeß Feuerbach für seine Zeit ins Auge faßt, so wandelt sich die Gottesliebe seiner Darlegung nach in diesseitige Menschenliebe – Religion ohne Transzendenz steht bei ihm entsprechend für eine Sphäre reziproker moralischer Verhältnisse (vgl. Feuerbach 1984, 444 f.). In einer solchen Umkehr sieht er einen Wende- punkt der Weltgeschichte, insofern Liebe bzw. moralische Beziehungen zu allgemeiner gesellschaftlicher Geltung gelangen.

Vergleicht man diese Grundkoordinaten der Feuerbachschen Philo- sophie mit deren kritischer Reflexion bei Marx und Engels, zeigen sich berechtigte Kritikpunkte, wie sich gleichzeitig eine Kluft zwischen Inter- pretation und Interpretiertem auftut. Den Autoren der *Deutschen Ideologie* ist beizupflichten, wenn sie Feuerbach eine unzulässige Generalisierung der Bezugsebene des unmittelbaren Miteinanderseins sowie – damit zusam- menhängend – eine primäre Orientierung an der Liebe vorwerfen. Darin sehen sie eine beschränkte anthropologische Basis, die vor dem Hinter- grund der sich konstituierenden Industriegesellschaft zu kurz greift. Löwith hat gegenüber Feuerbach später vergleichbar eingewendet, daß dieser die

Mitwelt unhaltbar auf das Du eines Ich zuspitzt: „‚Ich und Du' verbindet keine Welt." (Löwith 1962, 56) Marx und Engels ist ebenfalls zuzustimmen, wenn sie Feuerbach eine idealisierende Geschichtsauffassung vorwerfen, insofern er die Geschichte allein auf der Entwicklung der Religion zurückführt – der „Entwicklungsgang der Religion" ist nach Feuerbach mit dem „Entwicklungsgang der menschlichen Kultur" identisch (Feuerbach 1984, 58). Ökonomischen, technischen, politischen, juristischen u. a. Prozessen käme danach allein der Status von Folgeerscheinungen religiöser Entwicklungen zu, wie die bisherige menschliche Geschichte insgesamt nur auf scheinhaften Verkehrungen gründete.

Neben der berechtigten Kritik an Feuerbach stößt man in der *Deutschen Ideologie* auf Einwände, die offenbar überzogen bzw. unzutreffend sind. Das zeigt sich an dem Grundeinwand, wonach Feuerbach den Menschen lediglich in einem passiven erkenntnistheorerischen Weltbezug faßt. Bereits in seinen *Feuerbach-Thesen* hatte Marx dem Autor des *Wesens des Christentums* vorgeworfen, nur das theoretische, nicht aber das praktische als echt menschliches Verhalten zu betrachten (vgl. *MEW* 3, 5). Geht man hierbei auf Feuerbachs originären Ansatz zurück, zeigt sich, daß der Mensch darin nicht auf einen kontemplativ-erkenntnistheoretischen Bezug zur Welt beschränkt wird, dieser vielmehr ebenso als ein sozial tätiges, die Welt erzeugendes Subjekt begriffen wird. Im *Wesen des Christentums* hat Feuerbach ausdrücklich zwischen der religiösen (moralischen) und theoretischen (philosophischen) Sphäre unterschieden (vgl. Feuerbach 1984, 5 f.). Es kommt auf der Äußerungsebene des unmittelbaren Umgangs miteinander nach ihm zu eigenständigen Objektivierungen, die sich im weiteren geschichtlichen Prozeß verselbständigen, schließlich die Gestalt transzendenter Seinsmächte annehmen. Besitzen diese soziokulturellen Gebilde für Feuerbach auch den Charakter von Verkehrungsformen, so prägen sie seiner Auffassung nach doch unhintergehbar das menschliche Verhalten.

Damit relativiert sich sowohl der Marx-Engelssche Einwand, wonach der Bruckberger Philosoph die geschichtliche Welt als ein sich gleichbleibendes Ding auffaßt, als auch derjenige, wonach er den Menschen in seinen Gattungsfunktionen prinzipiell nur in abstrakter, ahistorischer Weise begreift. Feuerbach hat die Gattungsfunktionen (Empfindung, Phantasie, Vernunft usw.) ausdrücklich als soziale Bestimmungen begriffen, die als Kräfte der Menschheit „Kulturprodukte, Produkte der menschlichen Gesellschaft" sind (Feuerbach 1984, 166). Er wendet sich in diesem Zusammenhang zugleich gegen eine Naturalisierung des Menschen. Schließlich trifft auch nicht der Einwand zu, wonach Feuerbach zum Bestehenden in einem unkritischen, affirmativen Verhältnis steht. Wie Marx und

Engels strebt auch der Vormärzdenker Feuerbach eine Epoche erneuter Einheit der Menschheit an, von der die durch Absolutismus und Hierarchie geprägte Gegenwart in seinen Augen weit entfernt ist. Er antizipiert in dieser Hinsicht eine Sozialitätsstufe, die durch Demokratie und politischen Republikanismus geprägt ist (vgl. Feuerbach 1996 und ders. 1967, 4 f, 157, 380 u. a.). Im Unterschied zum revolutionstheoretischen Ansatz bei Marx und Engels begreift er den Übergang zu der neuen Epoche als einen allmählichen Prozeß, der nicht etwa durch eine gesamtgesellschaftliche Aufhebung des Eigentums herzustellen ist (vgl. z. B. Feuerbach 1967, 345).

Fragt man am Ende danach, wieso Marx und Engels ihrem geistigen Inspirator nicht gerecht geworden sind, ist die Antwort darauf vor allem in ihrem Philosophieverständnis und geschichtsmaterialistischen Ansatz zu suchen. Aus verschiedenen Äußerungen in der *Deutschen Ideologie* geht hervor, daß sie unter Philosophie einen kontemplativ-theoretischen, affirmativen Bezug zur Welt verstehen, bei dem von praktischen Bezügen abgesehen wird. In diesem Verständnis stimmen sie mit dem Praxisphilosophen Heß überein, der den allgemeinen Fehler der deutschen Philosophie bis auf Feuerbach darin sah, „den Lebensakt nur in dem engern Sinne, in welchem er lediglich das Denken, – nicht auch das Handeln in sich begreift, aufzufassen" (Heß 1980a, 287). Orientiert am Theorie-Praxis-Modell kommt auch Heß zu einer Gegenüberstellung von Philosophie als solcher und Sozialismus, mit der Forderung, die Philosophie zugunsten letzteren aufzuheben (ebd., 295, 291 und Heß 1980b). Die vormalige deutsche Philosophie erscheint danach als eine Wissenschaft des reinen Denkens. Die Autoren der *Deutschen Ideologie* teilen diese Auffassung. Der Entwicklung von Kant bis Feuerbach werden sie mit dieser Charakteristik offenkundig nicht gerecht. Strebten ihre philosophischen Vorgänger unter Geltung der zentralen Syntheseproblematik doch danach, die qualitativ heterogenen Urteils-, Handlungs- bzw. Objektivierungsformen des Subjekts in ihrer Einheit wie ihrem Zusammenhang systematisch zu erfassen, und zwar als Realisierungsformen der geschichtlich fortschreitenden Menschheit (vgl. Irrlitz 2001). Gegenstand der Philosophie war hier nicht allein ein theoretischer (logischer) Weltzugang, es wurden ebenso gegenständlich-praktische, moralische, ästhetische, religiöse u. a. Bezüge reflektiert. Diese Thematik kommt bei Marx, Engels und Heß nicht zur Sprache. Eine solche Unterbestimmung der Philosophie hat sich notwendig auf die Interpretation Feuerbachs ausgewirkt.

Die überzogene Feuerbach-Kritik hat bei Marx und Engels eine weitere Ursache. In Abkehr von einem idealistischen sowie einem abstrakt materialistischen Ansatz sind sie selbst dazu übergegangen, die gesellschaftliche Struktur und geschichtliche Entwicklung auf der praktisch-gegenständlichen Tätigkeit bzw. den Produktions- und Verkehrsverhältnissen zu begründen. Allein der ökonomischen Produktionssphäre erkennen sie Materialität zu. „Moral, Religion, Metaphysik und sonstige Ideologie und die ihnen entsprechenden Bewußtseinsformen" (26) bilden dagegen nur abgeleitete (ideologische) Erscheinungen. Der Grund und das Entwicklungsprinzip dieser soziokulturellen Sphären liegt außerhalb dieser Sphären (vgl. *MEW* 13, 8 f. und Eagleton 2000, 85–96). Die Einheit wie der Zusammenhang der heterogenen Objektivierungssphären wird unter Voraussetzung dieser Systematik von den fundamental gesetzten Prozessen der materiellen Produktion her gedacht. Feuerbachs methodischer Ausgang vom unmittelbaren dialogischen Umgang der Individuen miteinander muß für Marx und Engels von vornherein als ein verfehlter Ansatz erscheinen, der selbst ideologischen Charakter trägt. Sie selbst entwickeln seinen sozialanthropologischen Ansatz allgemein im Horizont der Arbeitsproblematik weiter. Die von Feuerbach thematisierten reziproken (moralischen) Nahbeziehungen verlieren unter dieser Voraussetzung den Status einer eigenständigen soziokulturellen Objektivierungs- und Versachlichungssphäre bzw. werden allgemein der instrumentell-ökonomischen Tätigkeit untergeordnet. Der theoriegeschichtlich nachhaltige Schritt von der Sozialanthropologie zur Gesellschaftstheorie erfolgt in der *Deutschen Ideologie* damit um den Preis einer spezifischen Engführung der Syntheseproblematik sowie Einschränkung der anthropologischen Basis.

Die korrekte bzw. inkorrekte Feuerbach-Interpretation in der *Deutschen Ideologie* ist zweifellos nicht der Maßstab, dieses Werk insgesamt zu beurteilen. Marx und Engels haben darin den Grundstein zu einer kausalen Theorie der Gesellschaft und Geschichte gelegt, die eine Antwort auf den Subjektivismus im nachhegelschen Diskurs bildete und zugleich den Weg zur modernen Sozialwissenschaft geebnet hat. Anhand der Feuerbach-Kritik in diesem Werk wird gleichwohl deutlich, daß der Übergang zum neuen gesellschaftstheoretischen Standpunkt keine definitive Auflösung der Syntheseproblematik darstellt, mit der Philosophie als eigenständige Disziplin überflüssig würde. Marx' und Engels' Ausstieg aus der Philosophie bedeutet in letzter Konsequenz einen Verzicht auf methodische Selbstreflexion von Voraussetzungen des eigenen wissenschaftlichen Standpunktes. Wenn man das gerade nicht aufgeben will, dann wächst die Erkenntnis, daß die in der *Deutschen Ideologie* entwickelte geschichtsmaterialistische Programmatik einer Rückbesinnung auf die Philosophie und deren anthropologische Grundlagen bedarf.

Literatur

Bauer, B. 1841: Kritik der evangelischen Geschichte der Synoptiker, Bd. 1, Leipzig.

Bauer, B. 1845: Charakteristik Ludwig Feuerbachs, in: Wigand's Vierteljahrsschrift, Bd. 3, Leipzig, 86–146.

Bauer, B. 1968: Die gute Sache der Freiheit und meine eigene Angelegenheit, in: Feldzüge der reinen Kritik, Nachwort von H.-M. Saß, Frankfurt/M., 91–152.

Eagleton, T. 2000: Ideologie. Eine Einführung, aus dem Engl. von A. Tippner, Stuttgart, Weimar.

Eßbach, W. 1988: Die Junghegelianer. Soziologie einer Intellektuellengruppe, München (Übergänge. Texte und Studien zu Handlung, Sprache und Lebenswelt, hrsg. von R. Grathoff, B. Wadenfels, Bd. 16).

Feuerbach, L. 1967: Vorlesungen über das Wesen der Religion. Nebst Zusätzen und Anmerkungen, in: Gesammelte Werke, hrsg. von W. Schuffenhauer, Bd. 6, Berlin.

Feuerbach, L. 1982a: Zur Kritik der Hegelschen Philosophie, in: ebd., 16–62.

Feuerbach, L. 1982b: Grundsätze der Philosophie der Zukunft, in: ebd., 264–341.

Feuerbach, L. 1982c: Über das „Wesen des Christentums" in Beziehung auf den „Einzigen und sein Eigentum", in: ebd., 427–441.

Feuerbach, L. 1984: Das Wesen des Christentums, in: ebd., Bd. 5.

Feuerbach, L. 1996: Grundsätze der Philosophie. Notwendigkeit einer Veränderung, in: Entwürfe zu einer Neuen Philosophie, hrsg. von W. Jaeschke und W. Schuffenhauer, Hamburg, 119–135.

Habermas, J. 1982: Die Rolle der Philosophie im Marxismus, in: Zur Rekonstruktion des Historischen Materialismus, Frankfurt/M., 49–59.

Hegel, G. W. F. 1968: Differenz des Fichte'schen und Schelling'schen Systems der Philosophie in Beziehung auf Reinholds Beyträge zur leichtern Übersicht des Zustandes der Philosophie zu Anfang des neunzehnten Jahrhunderts, in: Gesammelte Werke, hrsg. im Auftrag der deutschen Forschungsgemeinschaft, Bd. 4, Hamburg.

Hegel, G. W. F. 1980: Phänomenologie des Geistes, in: Gesammelte Werke, in Verb. mit der deutschen Forschungsgemeinschaft hrsg. von der Rheinisch-Westfälischen Akademie der Wissenschaften, Bd. 9, Hamburg.

Heß, M. 1980a: Über die sozialistische Bewegung in Deutschland, in: Philosophische und sozialistische Schriften. 1837–1850. Eine Auswahl, hrsg. und eingel. von W. Mönke, 2., bearb. Aufl. Berlin, 284–307.

Heß, M. 1980b: Die letzten Philosophen, in: ebd., 379–393.

Irrlitz, G. 2001: Kants Gedanke vom intelligiblen Substrat der Menschheit und die Bewegung der idealistischen Denkform bis zu ihrer Aufhebung durch Feuerbach, in: Berliner Schelling Studien 2. Vorträge zur Philosophie Schellings. Xavier Tilliette zum 80. Geburtstag gewidmet, hrsg. im Auftrag der Schelling-Forschungsstelle Berlin von E. Hahn, Berlin, 51–104.

Löwith, K. 1962: Das Individuum in der Rolle des Mitmenschen, Darmstadt (Fotomechanischer Nachdruck der Ausgabe von 1928).

Löwith, K. 1988: Von Hegel zu Nietzsche (Sämtliche Schriften, Bd. 4), Stuttgart.

Röttgers, K. 1975: Kritik und Praxis. Zur Geschichte des Kritikbegriffs von Kant bis Marx, Berlin, New York.

Schnädelbach, H. 1994: Philosophie in Deutschland 1831–1933, 5. Aufl., Frankfurt/M.

Stirner, M. 1845a: Der Einzige und sein Eigenthum, Leipzig.

Stirner, M. 1845b: (anonym,) Recensenten Stirners, in: Wigand's Vierteljahrsschrift, Bd. 3, Leipzig, 147–194.

Taubert, I. 1989: Zur Entstehungsgeschichte des Manuskripts „Feuerbach" und dessen
    Einordnung in den Band I/5 der *MEGA*[2], in: Beiträge zur Marx-Engels-Forschung,
    Heft 26, Berlin, 101–109.
Taubert, I. 1990: Wie entstand die deutsche Ideologie von Karl Marx und Friedrich Engels?
    Neue Einsichten, Probleme und Streitpunkte, in: Studien zu Marx' erstem Paris-
    Aufenthalt und zur Entstehung der deutschen Ideologie. Schriften aus dem Karl-Marx-
    Haus, Nr. 43, Trier 1990, 9–87.
Taubert, I. 1997: Manuskripte und Drucke der „Deutschen Ideologie" (November 1845 bis
    Juni 1846). Probleme und Ergebnisse, in: MEGA-Studien, 1997/2, hrsg. von der Marx-
    Engels-Stiftung, Amsterdam, 5–31.
Weckwerth, Ch. 2000: Metaphysik als Phänomenologie. Eine Studie zur Entstehung und
    Struktur der Hegelschen Phänomenologie des Geistes, Würzburg.
Weckwerth, Ch. 2002: Ludwig Feuerbach zur Einführung, Hamburg.

Andreas Arndt

Jenseits der Philosophie
Die Kritik an Bruno Bauer und Hegel (S. 78–100)

9.1 Schichten und Kontexte der Polemik

Die *Deutsche Ideologie* zeichnet sich nicht nur durch eine vielschichtige Überlieferung, sondern ebenso durch eine vielschichtige Polemik aus. Dies gilt im besonderen Maße für die Kritik an Bruno Bauer. Am Anfang steht die Polemik von Marx und Engels „gegen Bruno Bauer & Consorten" in ihrer Schrift *Die heilige Familie, oder Kritik der kritischen Kritik* (HF). Sie richtet sich gegen den „*Spiritualismus* oder den *spekulativen Idealismus*" als Feind des „*reale[n] Humanismus*" (beide *HF*, 7), also Feuerbachs. In Bauers Kritik, so heißt es in der „Vorrede", habe „*der Unsinn der deutschen Spekulation überhaupt* den Gipfelpunkt erreicht" und sei „die Verkehrung der Wirklichkeit durch die Philosophie bis zur anschaulichsten Komödie vollendet" (ebd.) worden. Gegen diese Polemik polemisiert Bruno Bauer noch 1845 in seiner *Charakteristik Ludwig Feuerbachs* (Bauer 1845), indem er sich statt auf den Originaltext auf eine anonyme Rezension der *Heiligen Familie* in der Zeitschrift *Das Westphälische Dampfboot* (Jg. 1 1845, 206–214) bezieht. Hiergegen wiederum polemisiert Karl Marx in einer auf den 20. November 1845 datierten Notiz in der von Moses Heß redigierten Zeitschrift *Gesellschaftsspiegel*, die im Januar 1846 erschien (*MEJB* 2003, 3–5). Die Polemik gegen Bauers *Charakteristik* bildet die Keimzelle und den Ausgangspunkt der *Deutschen Ideologie*. Marx und Engels entwarfen zunächst einen Artikel gegen Bauer, der dann aber in die Themenbereiche *Feuerbach und Geschichte* und *Bauer* aufgeteilt wurde (vgl. *MEJB* 2003, 163–168, 172 f. und 337; der erste Entwurf *Feuerbach und Geschichte* ebd. 6–100). Die Polemik gegen Bauer trat hinter die Auseinandersetzung mit Feuerbach und die Grundlegung eines neuen, materialistischen Geschichtsbegriffs zurück. „Sankt Bruno", wie Bauer jetzt genannt wird, steht im Grunde außerhalb der sachbezogenen, wissenschaftlichen Auseinandersetzung in Bezug auf die Konzeptionen von Geschichte und Sozialismus. Zusammen mit Max Stirner, der im „Leipziger Konzil" als „Sankt Max" auftritt und dem in der Ausgabe der *MEW* 337 von 530 Druckseiten Text gewidmet sind (101–438), fungiert Bruno Bauer jetzt als das Exempel für die Pathologien des philosophischen Bewußtseins. Damit wird eine Grenzziehung zwischen Philosophie bzw. Ideologie auf der einen und der „Wirklichkeit" und der ihr zugehörigen besonderen Wissenschaften auf der anderen Seite vorgenommen, welche die Philosophie ins Abseits eines bloß eingebildeten Realitätsbezugs stellt.[1] Was dies heißt, wird zu zeigen sein.

Das Spannungsfeld, in dem diese Polemiken stehen, wird durch Ludwig Feuerbach, seine Kritik an Hegel und seine Begründung einer neuen „Philosophie der Zukunft" aufgebaut. Feuerbach vollzieht den entscheidenden Bruch mit Hegel, der es dann für eine ganze Weile unmöglich macht, auf Hegels Programm eines vernünftigen Begreifens der Wirklichkeit zurückzukommen. Der Grund dafür liegt aber nicht in einer philosophischen Widerlegung dieses Programms oder der Hegelschen Philosophie überhaupt, wie es Feuerbach rhetorisch glauben machen will. Der Grund liegt vielmehr in Erfahrungen mit der politisch-gesellschaftlichen und auch bewußtseinsgeschichtlichen Wirklichkeit, die Hegels Ansinnen, seine Zeit vernünftig begreifen zu wollen, obsolet erscheinen lassen, denn „diese Wirklichkeit ließ sich nicht mehr leben, sondern nur noch kritisieren und fliehen". (Jaeschke 2003, 529) Damit war auch das junghegelianische Programm einer Verwirklichung der (Hegelschen) Philosophie von der Realität überholt worden: Die Gegenwart bot, so schien es, hierfür keinen Ansatzpunkt mehr, sondern konnte nur noch im Ganzen umgestoßen werden. Dem gegenwärtigen Bewußtsein als dem Bewußtsein einer tiefgreifenden Krise stellt Feuerbach das Prinzip eines wahren Seins in der Zukunft entgegen (vgl. Arndt 2005), und mit gleicher Emphase sah Marx in der vollendeten Negativität der Gegenwart den Übergang in die ‚wahre Wirklichkeit' eines kommunistischen Humanismus (*KHRE*, 390). Die Hinwendung zum Faktischen und zur Realität ist – zumindest in der

---

1 Der inflationäre Gebrauch des Begriffs ‚Wirklichkeit' in den junghegelianischen Diskursen und auch bei Marx und Engels ist hegelianisch und antihegelianisch zugleich. Für Hegel ist Wirklichkeit Einheit von Wesen und Existenz und steht damit höher als die bloße Existenz. Die emphatische Berufung auf ‚Wirklichkeit' in der nachhegelschen Philosophie bewahrt den normativen Gehalt, den der Begriff bei Hegel damit hat, jedoch wird dieser nun hegelkritisch begründet als „wahre" Wirklichkeit, wie z. B. die Sinnlichkeit (Feuerbach) oder die „materielle" Wirklichkeit (Marx und Engels).

Rhetorik – nicht die Hinwendung zu ihrer Analyse, sondern die Hinwendung zum Prozeß ihrer Veränderung in der Naherwartung einer gesellschaftlich-politischen Revolution: „Es ist also die *Aufgabe der Geschichte* ... die *Wahrheit des Diesseits* zu etablieren" (*KHRE*, 379).

Aus dieser Sicht ist Bruno Bauers Weg zum vollendeten Selbstbewußtsein über die Kritik ein Rückfall in eine Philosophie, die der zu verwerfenden Gegenwart gegenüber ohnmächtig bleibt. Nicht die Waffe der Kritik, sondern die Kritik der Waffen steht auf der Tagesordnung (vgl. *KHRE*, 385). Bauer dagegen meinte, mit dem Selbstbewußtsein ein Prinzip etabliert zu haben, das – durch die Kritik jedes substantialistischen Denkens – gegen die Unterordnung des Individuums unter Allgemeinheiten immun und daher Gewährleistung der Freiheit im liberalen Sinne sei. In diese Richtung hatte auch Max Stirner in seinem 1844 erschienenen Buch *Der Einzige und sein Eigentum* (Stirner 1981) argumentiert und dabei Feuerbach deswegen angegriffen, weil dieser den einzelnen Menschen der menschlichen Gattung unterordne. Hierauf hatte Feuerbach anonym seinen Aufsatz *Über das ‚Wesen des Christentums' in Beziehung auf den ‚Einzigen und sein Eigentum'* veröffentlicht (Wigands Vierteljahresschrift, Leipzig 1845, Bd. 2, 193–205; Feuerbach 1982, 427–441), in dem er Stirner einen „Auszug aus der Philosophie" empfal: „Folge den Sinnen! Wo der Sinn anfängt, hört die Religion und hört die Philosophie auf, aber du hast dafür die schlichte, blanke Wahrheit" (1982, 433). Bauers *Charakteristik Ludwig Feuerbachs* sollte offenbar Feuerbach auch ihm gegenüber aus der Reserve locken. Zugleich stellte er Marx, Engels und Moses Heß mit ihren kommunistisch-sozialistischen Positionen als Konsequenz der Feuerbachschen Unterordnung des Individuums unter die Gattung dar.

Feuerbach war indessen dem Zug zu einer praktisch-revolutionären Kritik der Gegenwart nicht gefolgt, sondern hatte – durchaus inkonsistent – das Prinzip einer Zukunft, die mit der Gegenwart radikal gebrochen hat, als in der Sinnlichkeit gleichwohl unmittelbar vorhandenes bestimmt und in Anspruch genommen. Moses Heß – damals (noch) Weggefährte von Marx und Engels – hatte daher auch Feuerbachs Theorie als zutiefst widersprüchlich angesehen und Feuerbach, zusammen mit Bruno Bauer und Max Stirner, unter „Die letzten Philosophen" (so der Titel eines 1845 veröffentlichten Pamphlets; Heß 1980, 379–393) eingereiht. Feuerbachs „Philosophie der Zukunft", so heißt es dort, sei „nichts, als eine *Philosophie der Gegenwart*, aber einer Gegenwart, die dem Deutschen noch als Zukunft, als Ideal erscheint" (a. a. O., 384). Feuerbach habe daher, anders als der Sozialismus, der „die Philosophie, wie den Staat bei Seite liegen läßt", „mit der Verwirklichung und Negation der Philosophie" nicht Ernst gemacht (ebd.). Während also Bruno Bauer Marx und Engels in eine Reihe mit Feuerbach stellte und die kommunistisch-sozialistischen Positionen als Konsequenz Feuerbachs ausgab, hatte Moses Heß umgekehrt Bruno Bauers und Max Stirners Positionen als Konsequenz der inneren Widersprüchlichkeit Feuerbachs gedeutet. Marx und Engels waren daher nicht nur genötigt, ihr Verhältnis zu Bruno Bauer und Max Stirner darzulegen; sie waren vor allem genötigt, ihr bisher auf der deklaratorischen Ebene zumeist affirmatives, tatsächlich aber doch eher äußerliches Verhältnis zu Feuerbach (vgl. Arndt 1985, 34–49) aufzuklären.

Was Bauer und Stirner betrifft, so folgen Marx und Engels der Linie von Moses Heß, die Philosophie „bei Seite liegen" zu lassen. Dies macht die eigentliche Schwierigkeit des Verständnisses ihrer Polemik aus. Sie greifen philosophische Positionen an, aber von einem Standpunkt aus, der mit „der" Philosophie schon längst abgeschlossen zu haben meint. Dabei bleibt unklar, welche Philosophie gemeint ist: die Philosophie überhaupt oder die neuesten Philosophen? Sind die letzten Philosophen deshalb die letzten, weil die Philosophie überhaupt am Ende ist? Oder sind sie die letzten, weil sie nicht erkannt haben, daß Philosophie nicht mehr – wie Hegel es meinte – ihre Zeit in Gedanken fassen kann, weil eine verändernde Praxis auf der Tagesordnung steht, an welche die Philosophie nicht heranreicht? Diese Fragen werden von Marx und Engels letztlich nicht beantwortet, und es kann – unter Einbeziehung aller Kontexte der Auseinandersetzung – höchstens der Richtungssinn einzelner Argumentationen eruiert werden.

Fest steht, daß Marx und Engels sich jenseits der Philosophie ansiedeln. Die Teilnehmer des „Leipziger Konzils" – Bauer und Stirner – sind, wie Heß' Philosophen, „die letzten Exemplare ihrer Art" (78), und der heilige Krieg, den sie ausfechten, ist eine Schlacht, die von den Geistern schon längst Erschlagener geschlagen wird, wie eingangs unter Verweis auf Kaulbachs „Hunnenschlacht"-Gemälde unterstrichen wird.

9.2 Hegel: Der steinerne Gast

Auf eigentümliche Weise anwesend-abwesend im Gewirr der Polemiken ist Hegel. Er ist der gemeinsame Bezugspunkt aller theoretischen Kombattanten, aber im Ergebnis der Kämpfe um die Hegelsche Philosophie nicht mehr Bezugspunkt im positiven Sinne, sondern nur noch im negativen. Jeder ist auf seine Weise mit Hegel fertig, so daß die Polemiken sich darum zu drehen scheinen, ob die vermeintliche Hegel-Kritik des Kontrahenten nicht in Wahrheit die Hegelsche Philosophie fortführt. Betrachten wir kurz das Szenario: Feuerbach meint, Hegel komplett beerben zu können, indem er, parallel zu seiner Religionskritik, die Bestimmungen des Absoluten als Bestimmungen des menschlichen Wesens reklamiert, das als unmittelbar sinnliches zugleich der Hegelschen Kritik der sinnlichen Gewißheit entgehe. Bruno Bauer (und auch Max Stirner) wiederum halten genau dieses vollständige Beerben Hegels für den Grundirrtum Feuerbachs, kehre doch das Hegelsche Absolute und mit ihm der Vorrang des Allgemeinen in Feuerbachs Konzept der Gattung wieder. Bauer will daher bei Hegel einen deutlichen Schnitt zwischen dem Selbstbewußtsein einerseits (dem Träger und *telos* der reinen Kritik) und der Substanz andererseits machen, wobei letztere in seinen Augen so etwas wie eine abstrakte Allgemeinheit ist. Hegels Programm, die Substanz müsse ebenso als Subjekt aufgefaßt werden, ist für ihn Grund des Hegelschen Scheiterns. Nicht anders Max Stirner, der den Vorrang des Einzelnen vor dem Allgemeinen zum Konzept des „Einzigen" steigert.

Schwieriger zu bestimmen sind die Positionen von Marx und Engels. Daß die Philosophie am Ende sei und, anders als Feuerbach mit seiner „Philosophie der Zukunft" meine, auch keine Zukunft mehr *als* Philosophie habe, ist ihre plakativ vorgetragene Überzeugung. Blickt man auf ihre Schrift *Die heilige Familie, oder Kritik der kritischen Kritik. Gegen Bruno Bauer & Consorten* (1845) zurück, dann ist dort zwar auch die Philosophie vollendet, aber sie ist dies aus sich selbst heraus, durch die Vollendung der Spekulation. Im sechsten, der Geschichte des modernen Materialismus gewidmeten Kapitel wird gesagt, daß die spekulative Metaphysik „für immer dem nun durch die Arbeit der *Spekulation* selbst vollendeten und mit dem *Humanismus* zusammenfallenden *Materialismus* erliegen" werde; vollendet aber wurde die Spekulation dadurch, daß Hegel „auf eine geniale Weise" die Metaphysik des 17. Jahrhunderts „mit aller seitherigen Metaphysik und dem deutschen Idealismus vereint" habe. (*HF*, 132) Seine Philosophie sei die „notwendig-widerspruchsvolle *Einheit*" der spinozistischen Substanz und des Fichteschen Selbstbewußtseins; das erste Element sei „die metaphysisch travestierte *Natur* in der *Trennung* vom Menschen, das zweite ist der metaphysisch travestierte *Geist* in der *Trennung* von der Natur, das dritte ist die metaphysisch travestierte *Einheit* von beiden, der *wirkliche Mensch* und die *wirkliche Menschengattung*". (*HF*, 147) Nach dieser Ansicht ist Feuerbach gegenüber Bauer und Stirner im Recht, allerdings nur, insofern er „*Hegel auf Hegelschem Standpunkt* vollendete und kritisierte" (ebd.), woran Marx bereits in den *Pariser Manuskripten* (1844), seinem ersten Versuch einer Kritik der politischen Ökonomie, erhebliche Zweifel hatte (vgl. Arndt 2004).

Gegenüber „Sankt Bruno" berufen Marx und Engels sich ausdrücklich
auf diese Stelle, indem sie ergänzen, sie hätten zugleich den „Widerspruch
[hervorgehoben]", der in „der Einheit von Spinoza und Fichte" liege
(82). Damit ist offenbar die „metaphysische Travestie" gemeint, die das
theoretische und praktische Verhältnis der gesellschaftlichen Menschen
zur Natur *und*, wie es jetzt heißt, zu den „wirklich bestehenden sozialen
Verhältnisse[n]" (83) in eine „philosophische *Phrase*" verwandle (82).
Hegel wird kritisiert, weil sich bei ihm „eine wirkliche Kollision" – die der
Menschen mit der natürlichen und gesellschaftlichen Realität – zu einem
„abstrakte[n] und verhimmelte[n] Ausdruck ... verzerrt" werde; Bauer
hingegen „akzeptiert den *spekulativen* Widerspruch und behauptet den
einen Teil desselben dem andern gegenüber. Die philosophische *Phrase* der
wirklichen Frage ist für ihn die wirkliche Frage selbst." (Alle 82) Hegel, so
läßt sich diese Passage deuten, verzerrt die Wirklichkeit, indem er ihr einen
verselbständigten philosophischen Ausdruck gibt, der an deren Stelle tritt.
Bauer geht einen Schritt weiter, indem er Hegels Resultat ohne Rückbindung an die Wirklichkeit für die Wirklichkeit selbst nimmt und mit ihm
weiter operiert. Diese Potenzierung der „metaphysischen Travestie" (Bauers
„„Persönlichkeit'" sei, so heißt es wenig später, „der Begriff eines Begriffs,
die Abstraktion von einer Abstraktion"; 84) führt dann, wie *en passant* für
kundige Hegelianer notiert wird, dazu, Hegels Begriff des Widerspruchs
– die widersprüchliche Einheit – aufzulösen, indem die Seiten des Widerspruchs (hier: Selbstbewußtsein und Substanz) als beliebig gegeneinander
ausspielbar angesehen werden.

Nun ist es zunächst ein befremdlicher Vorwurf gegenüber Hegel, daß
seine Theorie nur einen philosophischen Ausdruck der Wirklichkeit gebe.
Er läßt sich scheinbar bloß dann nachvollziehen, wenn Philosophie überhaupt für Unsinn gehalten wird, denn jede besondere Wissenschaft thematisiert Realität im Rahmen ihrer Voraussetzungen und ihrer Theoriesprache,
ohne daß Marx und Engels ihr vorwerfen würden, Phrasen an die Stelle der
Wirklichkeit zu setzen. Tatsächlich sind die antiphilosophischen Affekte in
der Polemik gegen Hegel und Bauer unübersehbar; gleichwohl erschöpft
sich die Polemik nicht darin. Indem Bruno Bauers Philosophie des Selbstbewußtseins auf Hegels *Phänomenologie des Geistes* als ihr „Ur-Original"
zurückgeführt wird, von dem sie nur eine „Karikatur" (83) biete, wird der
Leser noch einmal ausdrücklich auf *Die heilige Familie* verwiesen. Dort, und
nicht in der *Deutschen Ideologie* selbst, finden sich Hinweise darauf, was der
Vorwurf an Hegel besagen soll (*HF*, 203–205). In der *Phänomenologie* setze
Hegel das Selbstbewußtsein an die Stelle des Menschen, wodurch ihm „die
verschiedenartigste menschliche Wirklichkeit nur als eine *bestimmte* Form,

als eine *Bestimmtheit des Selbstbewußtseins"* (*HF*, 203) erscheine. Darin liegt zweierlei: Zum einen wird behauptet, Hegel verfehle die jeweils spezifische Verschiedenartigkeit der Realität, also der Vorwurf der falschen Abstraktion. Zum anderen wird behauptet, Hegel löse gegenständliche Verhältnisse in interne Verhältnisse des Denkens auf; hierdurch werde eine „spekulative *mystische Identität* von *Sein* und *Denken"* (*HF*, 204) an die Stelle ihrer wirklichen, gegenständlichen Vermittlung gesetzt. Gleichwohl verstehe es sich „von selbst", daß Hegels *Phänomenologie* „ihrer spekulativen Erbsünde zum Trotz an vielen Punkten die Elemente einer wirklichen Charakteristik der menschlichen Verhältnisse gibt" (*HF*, 205).

Nach diesen Ausführungen bekommt die Realität bei Hegel darum einen verzerrten Ausdruck, weil sie durch den philosophischen Begriff verfehlt und nicht als solche auf den Begriff gebracht wird. Dieses Verfehlen hat aber offenbar mit dem zu tun, was nach Marx und Engels die Philosophie überhaupt auszeichnet, nämlich, von gegenständlichen Verhältnissen zugunsten begrifflicher Relationen zu abstrahieren. Der Begriff aber, so lautet offenbar der Einspruch, müsse immer wieder auf seine nichtbegriffliche, „reale" Grundlage zurückgeführt werden. Gleichwohl bleibt schwer einzusehen, weshalb die Philosophie dies nicht leisten könnte. Marx und Engels unterstellen der Philosophie, auf einer Ebene abstrakter Allgemeinheit zu operieren, die *per se* die „verschiedenartigste" Wirklichkeit verfehlen *müsse*. Einen überzeugenden Nachweis hierfür bleiben sie schuldig. Sie bleiben bei ungeprüft übernommenen Gemeinplätzen des nachhegelschen Diskurses wie der Gegenüberstellung von Philosophie und Wissenschaft und der Emphase verändernder Praxis stehen.

Mit der Verselbständigung des Denkens bzw. des Begriffs gegenüber seinem Substrat, deren sich die Philosophie überhaupt schuldig macht, geht bei Hegel, wie wir aus einer eher beiläufigen Bemerkung erfahren, nach Marx und Engels auch so etwas wie eine logische Schöpfungslehre einher. Im Blick auf Bauers Darlegung des Materialismus heißt es: „Zuerst existiert [nach Bauer, A. A.] der *Begriff* der Materie, das Abstraktum, die Vorstellung, und diese verwirklicht sich in der wirklichen Natur. Wörtlich die Hegelsche Theorie von der Präexistenz der schöpferischen Kategorien." (89) Generell gilt, daß die Kritik an Hegel im Zusammenhang mit der Kritik an Bruno Bauer gegenüber der *Heiligen Familie* keine weitere Kontur gewinnt, denn der Vorwurf einer spekulativen Kreationstheorie wurde dort (*HF*, 149) schon mit dem Hinweis darauf begründet, daß in der *Phänomenologie des Geistes* am Beginn des Abschnitts über das absolute Wissen gesagt wird, es sei „die Entäußerung des Selbstbewußtseins ... welche die Dingheit setzt" (Hegel 1980, 422). Dies deckt sich mit Marx' in den *Pariser Manuskripten* entwickelten These, Hegel erkenne allein die geistige Arbeit an, nicht aber die wahre Arbeit als gegenständliche Tätigkeit (vgl. Arndt 2004). Diese Erinnerung macht deutlich, daß es wohl auch in der *Deutschen Ideologie* in erster Linie darum geht, die Vermittlung von Sein und Denken gegenüber Hegel umfassend neu zu bestimmen. Und sie macht weiterhin deutlich, daß es – wie in den linkshegelianischen Diskursen überhaupt – vor allem die *Phänomenologie* und nicht die *Wissenschaft der Logik* ist, die im Mittelpunkt steht; auch Bruno Bauer bezieht sich vor allem auf Hegels Dialektik der Vergegenständlichung in der *Phänomenologie*, die Marx in seinen *Pariser Manuskripten* als Dialektik der Arbeit zu dechiffrieren versucht hatte (vgl. Pepperle/Pepperle 1985, 36 f.).

Gegenüber den früheren Publikationen und Entwürfen bleibt das Bild Hegels in der *Deutschen Ideologie* einigermaßen gesichtslos und unbestimmt. Deutlich wird zwischen ihm und Bauer unterschieden: Hegel ist der Endpunkt einer abgelebten Epoche, während Bauer als das Gespenst dieser Philosophie wiederkehrt und seine kritischen Schlachten schlägt. Bauers Philosophie des Selbstbewußtseins ist Potenzierung der Verzerrungen, die die Wirklichkeit nach Ansicht von Marx und Engels bei Hegel erleidet, und damit ist sie Karikatur der Hegelschen; beide aber bewegen sich im Luftreich eines verselbständigten Denkens, das es zu überwinden gelte. Ob, wo und wie die Hegelsche Philosophie ein Wahrheitsmoment enthalte und wie dieses freigelegt werden könne, diese Fragen stellen sich die Autoren des Leipziger Konzils nicht. Hegel erscheint hier tatsächlich als „toter Hund". Geht man jedoch den ausdrücklichen Verweisen auf frühere Texte der Autoren nach, namentlich auf *Die heilige Familie*, so verändert sich das Bild. Hegel erscheint hier als der Vollender der spekulativen Philosophie, der damit zugleich den neuen Materialismus begründet, den Marx und Engels mit und gegen Feuerbach in Anspruch nehmen. Daß sie dies auch mit und gegen Hegel tun, wird Marx freilich erst publik machen, als er von der materialistischen Phrase der „Wirklichkeit" abrückt und sich in der Kritik der politischen Ökonomie der wissenschaftlichen Untersuchung einer bestimmten sozialen Wirklichkeit zuwendet. Hier erwacht dann der „tote Hund" wieder zum Leben.

9.3 Bauer als Potenzierung und
Karikatur Hegels nach dem Ende der Philosophie

Die Unbestimmtheit des Hegel-Bildes schlägt notwendig auch auf dasjenige Bauers durch, gilt dieser doch zugleich als „Kopist" (vgl. 84) wie als „Karikatur" (83) Hegels. Ausgangspunkt der Polemik gegen Bauer ist die Behauptung, „daß Sankt Bruno sich noch immer auf seinem althegelschen Schlachtroß herumtummelt" (82). Bauers „fortwährende Abhängigkeit von Hegel" (84) sei aber nicht eine der Gestalt, daß er tatsächlich ein orthodoxer Hegelianer wäre; sein Programm, Substanz und Subjekt gegeneinander auszuspielen, sei alles andere als eine „aus Hegel kopierte[] Bemerkung[]" (ebd.). Kopist ist Bauer vielmehr dadurch, daß er „felsenfest ... an die Macht der Philosophen glaubt und ... ihre Einbildung teilt, daß ein verändertes Bewußtsein, eine neue Wendung der Interpretation der existierenden Verhältnisse die ganze bisherige Welt umstürzen könne" (ebd.). Diese an Wort und Geist der 11. *These ad Feuerbach* angelehnte Kritik bezieht sich auf das bereits erwähnte Verfahren Bauers, die Resultate der Hegelschen Philosophie für die bare Münze zu nehmen und damit, gleichsam als Rohmaterial, weiter zu operieren (vgl. 82 f.) Bauers Kritik ist demnach die Interpretation einer Interpretation der Wirklichkeit und daher, dank ihres doppelt noch vermittelten Realitätsbezuges, der gleichsam nur aus zweiter Hand stammt, nicht einmal mehr im eigentlichen Sinne Interpretation der Wirklichkeit. Umgekehrt bedeutet dies, wie der Blick in *Die Heilige Familie* ja auch gezeigt hat, daß Hegel zumindest ein erheblicher faktischer Gehalt seiner Philosophie zugestanden wird, auch wenn sie die Wirklichkeit zu einem abstrakten und verhimmelten Ausdruck verzerrt (vgl. 82). Indem der verzerrte Ausdruck der Wirklichkeit an deren Stelle tritt und dieser kritisiert wird, tritt eine Potenzierung ein, die nicht mehr von einer Rückbindung an die Realität selbst kontrolliert wird. Die Kritik emanzipiert sich von allen realen Bedingungen und wird damit, wie es Bauer auch ausdrücklich in Anspruch nimmt, zur „reinen" Kritik (womit er zunächst die Kritik bezeichnet, die über das religiöse Gebiet hinausgegangen ist).

Da Bauers „Philosophie des Selbstbewußtseins" im gegenwärtigen philosophischen Bewußtsein kaum noch präsent ist, muß sie hier wenigstens kurz charakterisiert werden.[2] Sie ist eine Radikalisierung Hegels, indem das Selbstbewußtsein, das bei Hegel immer reflexiv verfaßt, d. h. auf Anderes

---

2 An neueren Arbeiten sind zu nennen die Monographie von Tomba (2005; zuerst italienisch Napoli 2002); Kanda (2003), Kapitel 2 („Der Kampf mit dem Ungleichzeitigen – Bruno Bauer und der radikale Hegelianismus im Vormärz") und Waser (1995). Vgl. auch Stuke (1974); Saß

bezogen ist, zum einen in ein reines Selbstverhältnis und zum anderen in ein Selbstverhältnis des endlichen Geistes umgedeutet wird. Dies wird in dem 1841 veröffentlichten Pamphlet *Die Posaune des jüngsten Gerichts über Hegel, den Atheisten und Antichristen* damit begründet, daß der absolute Geist bei Hegel erst im endlichen Bewußtsein zum Selbstbewußtsein komme (vgl. Pepperle/Pepperle 1985, 282). Die Substanz, das Allgemeine oder die Idee „ist das Wesen von alledem, was der geschichtliche Geist in seiner Welt geschaffen, gearbeitet und erworben hat"; dieser geschichtliche Geist ist aber als Akteur der endliche, menschliche Geist: „wenn daher der endliche Geist das absolute Wesen zum Gegenstande hat, so weiß er es als sein Wesen, er ist als Bewußtsein der Substanz notwendig Selbstbewußtsein." (Beide a. a. O., 283) Für Bauer ist daher auch der Weltgeist letztlich nur ein Bild und in das Selbstbewußtsein des endlichen Geistes zurückzunehmen (vgl. a. a. O., 290 f.) und an die Stelle der Substanz, d. h. des Allgemeinen, tritt das Ich als Selbstbewußtsein. Röttgers (1975, 193–218) hat gezeigt, daß Bauer mit dieser Wendung und ihren Konsequenzen Fichte sehr viel näher steht als Hegel, dessen – wenn auch kritischer – Interpret er doch sein will. Nach Bauer besteht die Bewegung der Geschichte einerseits in der substantialistischen Objektivierung des menschlichen Geistes, andererseits in der Rücknahme dieser Objektivierung in das Selbstbewußtsein. In lockerer Anlehnung an Hegels *Phänomenologie* bedient Bauer damit eine geschichtsphilosophische Entfremdungsromantik. Die Wiederaneignung der entäußerten bzw. entfremdeten Substanz für das Selbstbewußtsein erfolgt auf dem Wege der Kritik: Wie Fichtes Ich fortwährend das Nicht-Ich, das es sich entgegengesetzt hat, vertilgen muß, so muß das Selbstbewußtsein fortwährend die Substantialität vernichten, indem es sie kritisiert, d. h. als vom Selbstbewußtsein gesetzt erweist, wobei allerdings im Gegensatz zu Fichte das Ich nicht als absolut, sondern als endlich gedacht wird. „Das Wissen aber ist frei, befreit den Geist und seine Bestimmungen verwandeln den früheren Gehalt in eine neue Form, dadurch selbst zu neuem Gehalt, nämlich zu Gesetzen der Freiheit und des Selbstbewußtseins. Die Philosophie ist demnach Kritik des Bestehenden". (Pepperle/Pepperle 1985, 301) Diese Kritik kann durchaus praktisch-politisch erfolgen; als Verwirklichung des reinen Selbstbewußtseins ist die Kritik aber „die letzte That einer bestimmten Philosophie, welche sich darin von einer positiven Bestimmtheit, die ihre wahre Allgemeinheit noch beschränkt, befreien muß". (Bauer 1841, 124) An die Stelle der substantiellen Allge-

in Bauer (1968, 224–278) sowie Pepperle/Pepperle (1985). Speziell zum Verhältnis zu Marx vgl. McLellan (1969); Mönke (1972); Rosen (1977) und Kratz (1979).

meinheit tritt das Selbstbewußtsein des endlichen Geistes, der unendliche Freiheit dadurch realisiert, daß er sich durch Kritik von jeder positiven Bestimmtheit befreit. Das Konzept der Kritik, wie immer sie sich äußern möge – ob als Gedanke oder Tat – bleibt demnach wesentlich negativ, d. h. es führt aus sich zu keiner positiven Bestimmung von Freiheit.

Auch, wenn man Bauer nicht auf absurde Konsequenzen festlegt, wird deutlich, daß seine Philosophie des Selbstbewußtseins in großer Nähe zu Stirner steht und auf eine Verabsolutierung des endlichen Selbstbewußtseins hinausläuft. Die Polemik von Marx und Engels, so wenig sie sich im einzelnen auf Bauers Argumentationen einläßt, zielt genau auf diesen Punkt. Mit der Substantialität kassiert Bauer *jede* Objektivität des menschlichen Geistes gegenüber den endlichen Individuen und damit das Problem der Vermittlung der gesellschaftlichen Individuen untereinander und mit ihren gesellschaftlichen Objektivationen und der Natur. Bauers Radikalisierung Hegels erweist sich damit aus der Sicht von Marx und Engels als Rückfall hinter Hegel, denn diese Vermittlungen hatte, ihnen zufolge, Hegel in seiner Philosophie, wenn auch in verzerrter Form, reflektiert: „Er hat also auf der einen Seite statt der wirklichen Menschen und ihres wirklichen Bewußtseins von ihren ihnen scheinbar selbständig gegenüberstehenden gesellschaftlichen Verhältnissen die bloß abstrakte Phrase: *das Selbstbewußtsein*, wie statt der wirklichen Produktion *die verselbständigte Tätigkeit dieses Selbstbewußtseins*; und auf der andern Seite statt der wirklichen Natur und der wirklich bestehenden sozialen Verhältnisse die philosophische Zusammenfassung aller philosophischen Kategorien oder Namen dieser Verhältnisse in der Phrase: die *Substanz*" (82 f.).

Daß die Kritik als Auflösung positiver Bestimmtheit den Verlust an objektivem Gehalt bedeute und den objektiven Gehalt auch der kritisierten philosophischen Positionen nicht mehr erkennen lasse, machen Marx und Engels auch gegen Bauers Identifizierung des Hegelschen Absoluten mit der Feuerbachschen Gattung deutlich: Bauer mache sich hier eines doppelten Fehlers schuldig, indem er zum einen „die wirklichen Verhältnisse der Individuen von der philosophischen Interpretation derselben abhängig" (85) mache, also die *Realität* gar nicht in den Blick bekomme, und indem er zum anderen nicht ahne, „in welchem Zusammenhang die Vorstellungen des Hegelschen ,absoluten Geistes' und der Feuerbachschen ,Gattung' zur existierenden Welt stehen" (ebd.), also den *Realitätsgehalt* Hegels und Feuerbachs ebenso übersehe. Exemplifiziert wird dies an Bauers Kritik an Feuerbach, er mache Vernunft, Liebe und Wille zu einer Macht *in* dem Individuum *über* das Individuum: „Feuerbachs Fehler besteht nicht darin, dies Faktum ausgesprochen zu haben, sondern darin, daß er es in idealisierender Weise verselbständigte, statt es als das Produkt einer bestimmten und überschreitbaren Entwicklungsstufe aufzufassen." (86) Der blinde Fleck der Bauerschen Theorie, ihre doppelte Realitätsvergessenheit, wird in der Folge dann polemisch als Vergessenheit der sinnlich-materiellen Voraussetzungen des menschlichen Daseins gedeutet, weil Bauer auch „die philosophischen Phrasen der Materialisten über die Materie für den wirklichen Kern und Inhalt ihrer Weltanschauung versieht". (89)

Hieran wird deutlich, daß Marx und Engels keineswegs die Philosophie mit einem „Idealismus" identifizieren, wie es zunächst scheinen könnte, sondern ebenso der (bisherige) Materialismus dem Verdikt eines sich gegenüber der empirischen Realität verselbständigenden Denkens verfällt. Sofern für Marx und Engels der neue, wahre Materialismus, den sie in Anspruch nehmen, in der Überwindung dieser Verselbständigung besteht, ist das entscheidende Kriterium hierfür nicht eine philosophische Positionierung, sondern der Realitätsbezug selbst. Die weitläufige Polemik gegen Bauers Konzept der Kritik (vgl. 91–98) verfolgt daher auch den Zweck, die Leere dieser die positive Bestimmtheit ja gerade vernichten wollenden Kritik („aus sich selbst und durch sich selbst und mit sich selbst"; 96) aufzuzeigen. Es kommt dabei auch nicht auf politische Positionierungen an, wie etwa auf Bauers Bekenntnis zum Liberalismus, sofern dabei die Bedingungen eines politischen Liberalismus des Bürgertums aus dem Blick geraten (vgl. 96).

9.4 Ausblick

Der Diskurs über die Philosophie jenseits der Philosophie bleibt in dem Maße unfruchtbar und wird aporetisch, wie deren Realitätsbezug nicht wirklich zum Thema gemacht wird, wie Marx es z. B. noch in den *Pariser Manuskripten* (1844) gegenüber der Hegelschen *Phänomenologie* versucht hatte. Ein solcher Umgang mit den philosophischen Beständen, der vor allem auch darüber aufzuklären hätte, warum und wie die Philosophie Realität verfehlt, wäre Marx und Engels 1845/46 aber wohl als müßiges Spiel erschienen, kam es doch ihrer damaligen Überzeugung nach darauf an, praktisch zu werden. Ihre Kritik der Philosophie im Namen der Wirklichkeit bleibt aber damit – nicht anders als die kritisierte Kritik Bruno Bauers – ganz und gar negativ und damit auch der positiv besetzte Begriff der Wirklichkeit im Kern eine Phrase.

Die Kritik der Philosophie (und mit ihr aller Formen des ideologischen Bewußtseins) soll den Weg zur Wirklichkeit freimachen, die wesentlich als Gegenstand praktischer Veränderung angesehen wird. Die im Vormärz gesteigerte Naherwartung einer revolutionären Umwälzung bildet offenkundig den Horizont dieser Kritik. Bruno Bauer hatte, wenn auch nur beiläufig, in seinem Aufsatz *Bekenntnisse einer schwachen Seele* (1842) auch eine andere Situation ins Auge gefaßt, in der die Gegenwart in vollkommenem Gegensatz zu der intendierten Veränderung steht: „Wenn die bestehenden Verhältnisse der Idee vollständig widersprechen, wo kann die Idee dann anders existieren als in dem reinen Selbstbewußtsein, welches aus der Verderbnis sich gerettet hat und die wahren Formen seiner Existenz als Ideale zunächst in sich trägt?" (Bauer 1968, 81) In einer solchen Situation wäre für Marx und Engels aber gerade ein Ideal, ein bloßes Sollen gegen die Wirklichkeit, untauglich, diese zu kritisieren. Vielmehr käme es darauf an, in der Gegenwart selbst Widersprüche und Tendenzen freizulegen, die zum Ansatz einer Veränderung werden könnten. Hier hilft die Phrase von der Wirklichkeit, die ja eigentlich die Wirklichkeit einer schon vorfindlichen revolutionären Bewegung meint, nicht weiter.

Nach der gescheiterten Revolution von 1848 geriet Marx allerdings in genau diese Situation, und sein Hauptgeschäft bestand fortan darin, in der Kritik der politischen Ökonomie das Bewegungsgesetz der modernen Gesellschaft herauszuarbeiten, um überhaupt Ansätze für eine auf politisch-gesellschaftliche Veränderungen zielende Strategie und Taktik zu finden. Diese Kritik geriet, wie bekannt, zur mühseligen, Marx' weiteres Leben okkupierenden Arbeit, die auch eine Arbeit des Begriffs, nämlich eine Kritik der begrifflichen Voraussetzungen der bürgerlichen Ökonomietheorie war. In der Reflexion nicht nur auf eine erscheinende Wirklichkeit, sondern auch auf die begrifflichen Möglichkeiten ihrer ideellen Reproduktion spielte dann das Hegelsche begriffliche Instrumentarium der *Wissenschaft der Logik* eine neue, von den Positionen der *Deutschen Ideologie* aus gar nicht abzusehende Rolle. Wenn Marx inmitten dieser Arbeit an und mit dem Begriff schreibt, Hegels Dialektik sei „das letzte Wort aller Philosophie" (an Lassalle, 31.5.1858; *MEW* 29, 561), so bleibt dies freilich doppeldeutig. Es kann meinen, daß Hegels Programm einer umfassenden begrifflichen Durchdringung der Realität sich nach ihm philosophisch (und von einem Einzelnen) nicht mehr realisieren läßt. Es kann aber auch meinen, daß Hegels Wort in dieser Sache – der dialektischen Methode – noch nicht überboten wurde und insofern das letzte sei. Vermutlich ist beides gemeint, denn die begriffliche Durchdringung der Wirklichkeit ist Sache der arbeitsteilig organisierten Wissenschaften, die gleichwohl eines begrifflichen Instrumentariums zur Reflexion von Zusammenhängen bedürfen, um sich selbst als arbeitsteilig verstehen zu können. Es wäre aber wohl naiv, anzunehmen, dies Instrumentarium entstehe naturwüchsig in den besonderen Wissenschaften selbst. Insofern ist die *Deutsche Ideologie* – auch für Marx und Engels – sicher nicht das letzte Wort *über die Philosophie*.

Literatur

Arndt, Andreas (1985): Karl Marx. Versuch über den Zusammenhang seiner Theorie, Bochum.

Arndt, Andreas (2004): „... wie halten wir es nun mit der hegel'schen Dialektik?" Marx' Lektüre der ‚Phänomenologie' 1844, in: Hegels ‚Phänomenologie des Geistes' heute, hrsg. v. Ernst Müller und Andreas Arndt, Berlin, 245–255.

Arndt, Andreas (2005): Feuerbach und der Bruch in der Philosophie des 19. Jahrhunderts. In: Humanismus aktuell 9 (2005), Heft 16, 32–39.

Bauer, Bruno (1841): Kritik der evangelischen Geschichte der Synoptiker. Bd. 1, Leipzig.

Bauer, Bruno (1845): Charakteristik Ludwig Feuerbachs, in: Wigand's Vierteljahresschrift 1845, Bd. 3, Leipzig, 86–146.

Bauer, Bruno (1968): Feldzüge der reinen Kritik. Nachwort von Hans-Martin Saß, Frankfurt/M.

Feuerbach, Ludwig (1982): Kleine Schriften 2 (1839–1846), Berlin (Gesammelte Werke, hrsg. v. Werner Schuffenhauer, Bd. 9).

Hegel, Georg Wilhelm Friedrich (1980): Phänomenologie des Geistes, Hamburg (Gesammelte Werke, Bd. 9).

Heß, Moses (1980): Philosophische und sozialistische Schriften, Berlin .

Jaeschke, Walter (2003): Hegel-Handbuch, Stuttgart .

Kanda, Junji (2003): Die Gleichzeitigkeit des Ungleichzeitigen und die Philosophie. Studien zum radikalen Hegelianismus im Vormärz, Frankfurt/M.

Kratz, Steffen (1979): Philosophie und Wirklichkeit. Die junghegelianische Programmatik einer Verwirklichung der Philosophie und ihre Bedeutung für die Konstituierung der Marxschen Theorie (Phil. Diss.), Bielefeld.

McLellan, David (1969): The Young Hegelians and Karl Marx, London.

Mönke, Wolfgang (1972): Die heilige Familie. Zur ersten Gemeinschaftsarbeit von Karl Marx und Friedrich Engels, Berlin.

Pepperle, Heinz/Pepperle, Ingrid (1985) (Hrsg.): Die Hegelsche Linke. Dokumente zu Philosophie und Politik im deutschen Vormärz, Leipzig.

Rosen, Zwi (1977): Bruno Bauer and Karl Marx. The Influence of Bruno Bauer on Marx's Thought, The Hague.

Röttgers, Kurt (1975): Kritik und Praxis. Zur Geschichte des Kritikbegriffs von Kant bis Marx, Berlin, New York.

Stirner, Max (1844/1981): Der Einzige und sein Eigentum, Stuttgart.

Stuke, Horst (1974): Philosophie der Tat. Studien zur Verwirklichung der Philosophie bei den Junghegelianern und den wahren Sozialisten, Stuttgart.

Tomba, Massimiliano (2005): Krise und Kritik bei Bruno Bauer: Kategorien des Politischen im nachhegelschen Denken, Frankfurt/M. u. a.

Waser, Ruedi (1995): Autonomie des Selbstbewusstseins. Eine Untersuchung zum Verhältnis von Bruno Bauer und Karl Marx (1835–1843), Bern.

10

Wolfgang Eßbach

Max Stirner – Geburtshelfer und böse Fee an der Wiege des Marxismus

(S. 101–438)

„Der ‚heilige Max‘. Aus einem Werk von Marx/Engels über Stirner" konnte man erstmals 1903/04 in neun Fortsetzungen in der Reihe „Dokumente des Sozialismus" lesen (Marx/Engels 1903/1904). Eduard Bernstein hatte eine Menge älterer Manuskripte von Marx und Engels nach dem Tod von Engels und Bebel in seine Wohnung genommen. Darunter befand sich ein Manuskript, das in der Liste, die der alte Engels diktiert hatte, als „Stirner 1845/46, Mohr & ich" an zweiter Stelle aufgeführt ist. Danach folgt als Nummer drei „Feuerbach & Bauer 1846/47, M. & ich" (Taubert 1997, 35).

10.1 Politische Philologie

Mit der Veröffentlichung von „Sankt Max" intervenierte Bernstein in die komplexe intellektuelle Diskurslage um 1900. Pessimistische Intellektuelle wie Eduard von Hartmann und Julius Bahnsen hatten sich von Stirner inspirieren lassen (vgl. Hartmann 1869, 611 f.; Heydorn 1996, 38). Zu Beginn der 1890er Jahre entdeckten hellhörige Zeitgenossen in den Texten von Friedrich Nietzsche die Stimme Max Stirners (vgl. Jantz 1994, 212, 333, 343; Laska 2000, 49). Dies ließ die Sozialdemokraten nicht kalt, denn mit der Aufhebung des Sozialistengesetzes wurden dramatische Spaltungen innerhalb der Linken sichtbar (vgl. Bock 1993). Auf der einen Seite stand die ordentliche SPD-Fraktion im Reichstag, die sich als alleinige Verteidigerin der Demokratie verstand und die die Staatsgewalt auf dem Weg der Eroberung der Parlamentsmehrheit in die Hände bekommen wollte, um einen zentralistischen Sozialstaat zu errichten. Vor allem wollte die Parteiführung den sozialen Frieden nicht durch Demonstrationen, durch Streik oder gewaltsame Aktionen stören. Auf der anderen Seite stand eine Vielzahl dezentraler Netzwerke der Verbindung von Sozialismus und Anarchismus, gefördert durch Verbindungen, die die illegale SPD zu Gruppen außerhalb des Deutschen Reichs aufrechterhalten hatte. James L. Walker und Benjamin R. Tucker hatten seit 1887 in der Bostoner Zeitschrift „Liberty (Not the Daughter, but the Mother of Order)" Max Stirner in die Diskussion gebracht (vgl. Walker 1887; Tucker 1898). John Henry Mackay, Autor des vielgelesenen Romans „Die Anarchisten" und einer Biographie über Max Stirner half mit bei den Verbindungen zum amerikanischen Anarchismus (vgl. Mackay 1891, 1897, 1898). Der offene, pragmatische Individualismus des amerikanischen Anarchismus inspirierte die „Jungen" in der SPD, die den „Programmhumbug" der Zentristen satt hatten. Max Stirner gerät in dieser Zeit in den Kontext des Anarchismus, den Marx und Engels in der Ersten Internationale so erbittert bekämpft hatten, daß sie sogar 1870 den Sieg Bismarcks über Frankreich erhofften (vgl. Marx an Engels, 20. Juli 1870; in: *MEW* 33, 5).

In jener Krise der Linken suchen die Kontrahenten in den Texten der damals schon zu gefeierten Übervätern des modernen Wissenschaftlichen Sozialismus erhobenen Gestalten Marx und Engels nach passender Munition. So erinnert der Sozialdemokrat Hans Müller 1892 die Chefetage der SPD an den Satz, den Marx am 7. November 1848 in der *Neuen Rheinischen Zeitung* geschrieben hatte: „Es gibt nur ein Mittel, die mörderischen Todeswehen der alten Gesellschaft, die blutigen Geburtswehen der neuen Gesellschaft abzukürzen, zu vereinfachen, zu konzentrieren, nur *ein* Mittel – *den revolutionären Terrorismus*" (Müller 1892, 54). Im selben Jahr hatte Bernstein Stirner zum Stammvater des Anarchismus erhoben und geschrieben: „Alle seine Nachbeter und Nachtreter konnten nur dadurch etwas machen, daß sie Stirner fälschten, ihn versetzten, daß sie ein ganzes Stück hinter ihn zurückgingen. Was Bakunin bot, und was Mackay bietet, sind nur Bastarde Stirner'scher Ideen" (Bernstein 1891, 428). Es ist dieser hochbrisante politische Kontext und die theoretische Diskurslage, in denen Bernstein Texte „Aus einem Werk von Marx-Engels über Stirner" veröffentlichte.

Hat es dieses Werk, das in der Nachlaß-Liste datiert von 1845/1846 verzeichnet ist, tatsächlich gegeben? Die Frage führt zurück in die Zeit des deutschen Vormärz. Er wird viel später als letzte Phase einer Periode wiederkehrender europäischer Revolutionen erscheinen, die 1789 in Frankreich begonnen hatte. Staat und Religion sind die vorherrschenden Themen dieser Zeit, in der religiös-politische Massenbewegungen die Szene beherrschen (Eßbach 1988, 354 ff.). Diese Bewegungen münden in die Revolution von 1848, von der Jonathan Sperber zu Recht gesagt hat, daß diese Revolution „auch eine Revolution der Religion war". Sie „wies viele Merkmale einer religiösen Revolution auf, vielleicht sogar mehr als je eine Revolution zuvor oder danach" (Sperber 1998, 956).

Im Vormärz hockt eine Gruppe teils arbeitsloser, teils marginalisierter Intellektueller, Hegel-Schüler der zweiten Generation, in Hinterzimmern und Kneipen zusammen, um in wenigen Jahren intensiver Diskussion ein weites Spektrum von Religionskritik und Sozialphilosophie durchzudiskutieren, das bis heute all die beschäftigt, die mit den Zuständen ihrer Gegenwart unzufrieden sind. Miteinander befreundet und verfeindet, wechselnde Koalitionen eingehend, lassen diese Junghegelianer ihre Ideen und Texte untereinander zirkulieren, kritisieren sich fortlaufend gegenseitig in einem intellektuellen Wettbewerb um die fortschrittlichste Theorie, die wirksamste revolutionäre Praxis und den größten Einfluß auf die Bewegungen der Zeit (vgl. Eßbach 1988 u. 2009). Engels und Stirner, Marx und Feuerbach, Moses Heß und die Brüder Bruno und Edgar Bauer gehören zu den bekanntesten Junghegelianern.

Erinnerungen an diese Zeit werden vermehrt aufgerufen, wenn die Lage in Deutschland unübersichtlich wird: so in der „Kulturkrise" um 1900 und nach den Niederlagen 1918/19 (vgl. Eßbach 2008). In der Haft der Alliierten notierte Carl Schmitt 1947: „Wer die Tiefen des europäischen Gedankenganges von 1830 bis 1848 kennt, ist auf das meiste vorbereitet, was heute in der ganzen Welt laut wird. ... Was heute explodiert, wurde vor 1848 präpariert. Das Feuer, das heute brennt, wurde damals gelegt." Und er fügte hinzu: „Der arme Max gehört durchaus dazu" (Schmitt 1950, 81; vgl. Eßbach 1995). Jürgen Habermas resümiert 1985 seine Sichtung des philosophischen Diskurs der Moderne: „Wir verharren bis heute in Bewußtseinslagen, die die Junghegelianer, indem sie sich von Hegel und von der Philosophie überhaupt distanzierten, herbeigeführt haben. Seit damals sind auch jene auftrumpfenden Gesten wechselseitiger Überbietung in Umlauf, mit denen wir uns gerne über die Tatsache hinwegsetzen, daß wir Zeitgenossen der Junghegelianer *geblieben* sind" (Habermas 1985, 67). Heute, nach dem Epochenbruch von 1989 als einem Zusammenbruch des Weltkommunismus sowjetischer Prägung, in dem Schriften von Marx und Engels in kruder und spektakulärer Weise dogmatisiert und sakralisiert wurden, interessieren die vergessenen sozialtheoretischen Alternativen der Junghegelianer, die Marxisten als überwundene „idealistische" oder „kleinbürgerliche" Ideologien klassifiziert haben, in besonderem Maße. Wie so oft in der Ideengeschichte bekommen vermeintlich überwundene Stufen des Denkens eine Chance, wenn eine mächtige Formation am Boden liegt.

Wenn Marxisten lange Zeit die „Deutsche Ideologie" als das Buch ausgezeichnet haben, in dem die Grundlinien des Historischen Materialismus niedergelegt sind, so ist heute festzustellen, daß es dieses Buch nie gegeben hat. Der Titel „Die Deutsche Ideologie" ist eine spätere Zutat, die erst 1929 in der stalinistischen Sowjetunion in russischer und 1932 in deutscher Sprache als Titel für eine Anordnung der unveröffentlichten Manuskripte aus den Jahren 1845–1847, an denen Engels, Heß, Marx und Weydemeyer beteiligt waren, vom Herausgeber David Rjasanov im Auftrag des Moskauer Marx-Engels-Lenin-Instituts gewählt wurde (Marx/ Engels 1929, *MEGA¹*). Diese „Deutsche Ideologie" wurde als Band 3 der Marx-Engels-Werke 1958 erneut verlegt. Obwohl die Editionsprobleme in Fachkreisen seit längerem bekannt sind, ist der Widerstand gegen eine Dekonstruktion der Manuskriptanordnung von 1929 bis in unsere Gegenwart anhaltend.[1] Es ist dies nicht nur eine Frage der Philologie, sondern eine eminent politische und philosophische Frage. Jacques Derrida ist zuzustimmen: „Es hat mehr als ein Jahrhundert gedauert, bis man begann, die ‚Deutsche Ideologie' zu exhumieren, sie aus der Erde zu ziehen und in ihren verfilzten Wurzelsträngen den Knoten der Komplizitäten und Antagonismen zwischen Marx, Engels, Feuerbach, Stirner, Heß, Bauer usw. aufzulösen. Man hat damit begonnen, aber man ist noch nicht fertig." (Derrida 1995, 208 f.).

Folgt man der Chronologie der Auseinandersetzung von Marx und Engels mit ihren junghegelianischen Kampfgefährten in der fraglichen Zeit, so muß man die Reihenfolge der in *MEW* Bd. 3 abgedruckten Manuskripte, d. h. die Reihe: 1. Ludwig Feuerbach, 2. Bruno Bauer, 3. Max Stirner umkehren. Die älteste und grundlegende Schicht bildet die Auseinandersetzung mit Max Stirners „Der Einzige und sein Eigentum", das 1844 erscheint. Darauf folgt der erneute Angriff auf Bruno Bauer, der in Wigands „Vierteljahrsschrift" Feuerbach, Stirner, Marx und Heß als in eine Richtung argumentierend identifiziert hatte (vgl. Bauer 1845). Verbunden war dies mit einem Versuch, die intellektuelle Debatte als Parodie des Leipziger deutschkatholischen Konzils von 1845 auszuarbeiten. Die Passagen über Feuerbach schließlich bilden die letzte, abschließende Schicht, die enorm fragmentiert ist. Marx und Engels haben ältere Teile aus der Schrift

---

[1] Gegen die Editionsrichtlinien einer strikt zeitlichen Anordnung der Manuskripte soll der Band *MEGA²*, Abteilung 1, Band V ausnahmsweise so zusammengestellt werden, wie die Herausgeber glauben, daß Marx und Engels die Manuskripte angeordnet hätten, wenn sie im deutschen Vormärz die Texte zur Edition gebracht hätten, was sie nicht haben (vgl. Rojahn 1997, Taubert/Pelger/Grandjonc 1997).

gegen Max Stirner herausgenommen und für die Auseinandersetzung mit Feuerbach benutzt. Die Anordnung von Rjasanov 1929/32 mit dem Teil „Feuerbach" am Anfang stellt Marx und Engels als Autoren vor, die von einem festen historisch-materialistischen Standpunkt aus die Junghegelianer Bruno Bauer und Max Stirner in einer Linie absteigender Wichtigkeit in Grund und Boden kritisieren. Daß man sich dabei stets gewundert hat, warum Marx und Engels 400 Seiten gegen Stirner schreiben, nachdem sie im Teil „Feuerbach" schon alles klar gesagt haben, ist ein Effekt dieser, den tatsächlichen junghegelianischen Diskussionsprozeß verdeckenden Anordnung der Manuskripte.

Dagegen ist festzuhalten, daß Marx und Engels nach der Lektüre von Stirners „Der Einzige und sein Eigentum" sich genötigt sahen, ihre bisherigen Auffassungen umzustürzen. Erst in der Übernahme und in der Abwehr Stirnerscher Ideen konnte das Denken von Marx und Engels jenes Profil erreichen, das im Guten wie im Bösen orientierend für zahllose Marxisten und Antimarxisten der letzten 150 Jahre geworden ist. So kann Stirner als Geburtshelfer des Marxismus bezeichnet werden. Aber indem Marx und Engels die Kernidee Stirners, die „Selbstangehörigkeit *Meiner*" verworfen haben, wurde Stirner zur bösen Fee an der Wiege des Marxismus.

10.2 Homo absconditus

Als Max Stirners „Der Einzige und sein Eigentum" Ende 1844 ausgeliefert wird, sind Ludwig Feuerbach und Moses Heß die wichtigsten intellektuellen Bündnispartner für Marx und Engels. Feuerbach hatte in seiner Religionskritik Theologie in Anthropologie transformiert und war Bezugspunkt einer breiten religiös-politischen Bewegung geworden, die einen „wahren Sozialismus" im Sinne liebeskommunistischer Ideale verwirklichen wollte. Moses Heß, Gründer der *Rheinischen Zeitung*, Lehrmeister von Marx in Sachen Sozialismus, vertrat eine radikale Philosophie der Tat, die er in den Rahmen einer Nationentheorie stellte, bei der Deutschland und Frankreich die Schlüsselrolle für die Emanzipation in Europa spielten (vgl. Eßbach 1998). Was Stirner seinen junghegelianischen Kampfgefährten 1844 zumutet, ist eine konsequente Abrechnung mit den bisherigen Theorien der Emanzipation.

> „Den Gott aus seinem Himmel zu vertreiben und der ‚*Transzendenz*' zu berauben", schreibt Stirner gegen Feuerbach, „das kann noch keinen Anspruch auf vollkommene Besiegung begründen, wenn

er dabei nur in die Menschenbrust gejagt und mit unvertilgbarer *Immanenz* beschenkt wird" (Stirner 1972, 51 f.). – „Was gewinnen Wir denn, wenn Wir das Göttliche außer Uns zur Abwechslung einmal in Uns verlegen? *Sind Wir* das, was in Uns ist? So wenig, als Wir das sind, was außer Uns ist?" (a. a. O., 34).

Die Anthropologie Feuerbachs greift viel zu kurz, denn sie konstituiert sich um die „Begriffsfrage: ‚Was ist der Mensch?‘" (a. a. O., 411). Stirners Buch ist ein leidenschaftliches Plädoyer dafür, diese Frage nicht mehr zu stellen. „*Der* Mensch ist der letzte böse *Geist* oder Spuk, der täuschendste oder vertrauteste, der schlaueste Lügner mit ehrlicher Miene, der Vater der Lügen" (a. a. O., 202). Der humanistische sozial-kritische Diskurs hat fatale Konsequenzen: „Nicht genug, daß man die große Masse zur Religion abgerichtet hat, nun soll sie gar mit ‚allem Menschlichen‘ sich noch befassen müssen. Die Dressur wird immer allgemeiner und umfassender" (a. a. O., 365). Stirner stellt die Frage: wer? – eine Frage, die in der Dialektik verboten ist. „[W]as ist der Mensch?", bei dieser Frage „suchte man den Begriff, um ihn zu realisieren; bei ‚wer‘ ist's überhaupt keine Frage mehr, sondern die Antwort ist im Fragenden gleich persönlich vorhanden: die Frage beantwortet sich von selbst" (a. a. O., 411 ff.). Der humanistische Diskurs täuscht Stirner zufolge: „Wie nahe liegt die Meinung, daß *Mensch* und *Ich* dasselbe sagen, und doch sieht man z. B. an Feuerbach, daß der Ausdruck ‚Mensch‘ das absolute Ich, die *Gattung* bezeichnen soll, nicht das vergängliche, einzelne Ich" (a. a. O., 199 f.). Dieser ganze Diskurs bringe nur einen „*Fortschritt* im religiösen, und speziell im christlichen Gebiete, kein Schritt über dasselbe hinaus. Der Schritt darüber hinaus führt ins *Unsagbare*. Für Mich hat die armselige Sprache kein Wort, und ‚das Wort‘, der Logos, ist Mir ein ‚bloßes Wort‘" (a. a. O., 201). Und gegen Marx gerichtet heißt es dann bei Stirner: „Um Mich nun ganz mit dem Menschen zu identifizieren, hat man die Forderung erfunden und gestellt: Ich müsse ein ‚wirkliches Gattungswesen‘ werden (Marx zur Judenfrage, 1844)" (a. a. O., 192). Es ist ein Aufstöhnen, das bei Stirner zu hören ist: Lieber Marx, auch das noch! Den Sozialisten, die wie Moses Heß gegen den bürgerlichen Egoismus das Ideal der kommunistischen Gemeinschaft propagieren, schreibt Stirner ins Stammbuch:

> „Ist einmal die Gemeinschaft dem Menschen Bedürfnis und findet er sich durch sie in seinen Absichten gefördert, so schreibt sie ihm auch, weil sein Prinzip geworden, sehr bald ihre Gesetze vor, die Gesetze der – Gesellschaft. Das Prinzip der Menschen erhebt sich zur souveränen Macht über sie, wird ihr höchstes Wesen, ihr Gott,

und als solcher – Gesetzgeber. Der Kommunismus gibt diesem Gesetz die strengste Folge, und das Christentum ist die Religion der Gesellschaft, denn Liebe ist, wie Feuerbach richtig sagt, obgleich er's nicht richtig meint, das Wesen des Menschen, d. h. heißt das Wesen der Gesellschaft oder des gesellschaftlichen (kommunistischen) Menschen. Alle Religion ist ein Kultus der Gesellschaft, dieses Prinzipes, von welchem der gesellschaftliche (kultivierte) Mensch beherrscht wird ... Somit hat man allein dann Aussicht, die Religion bis auf den Grund zu tilgen, wenn man die *Gesellschaft*, und alles, was aus diesem Prinzipe fließt, antiquiert. Gerade aber im Kommunismus sucht dies Prinzip zu kulminieren, da in ihm alles *gemeinschaftlich* werden soll, zur Herstellung der – ‚Gleichheit'. Ist diese ‚Gleichheit' gewonnen, so fehlt auch die ‚Freiheit' nicht. Aber wessen Freiheit? die der *Gesellschaft*! Die Gesellschaft ist dann Alles in Allem, und die Menschen sind nur ‚füreinander'. Es wäre die Glorie des – Liebes-Staates" (a. a. O., 347).

Stirner konzediert: „Gegen den Druck, welchen ich von den einzelnen Eigentümern erfahre, lehnt sich der Kommunismus mit Recht auf; aber grauenvoller noch ist die Gewalt, die er der Gesamtheit einhändigt" (a. a. O., 286). Was sich beim Übergang der bürgerlichen Welt in den Kommunismus ändert, ist: „Das Bürgertum machte den Erwerb frei, der Kommunismus *zwingt* zum Erwerb" (a. a. O., 134). Die Welt der Bourgeoisie, am Zustand gesetzlicher Freiheit orientiert, läßt das materielle Selbst, sofern es sich geltend macht, ins Gefängnis wandern. Die Welt des Kommunismus, am Zustand gesellschaftlicher Arbeit orientiert, stellt für die Bestrebungen des materiellen Selbst die Krankenhäuser bereit. Der Übergang von der Herrschaft der Bourgeoisie zum Kommunismus stellt sich für Stirner als Übergang von der am „Verbrechen" gebildeten „Staatstheorie" zu der an der „Krankheit" gebildeten „Heiltheorie" dar. Die eine „sieht ... in einer Handlung eine Versündigung gegen das Recht", die andere nimmt die Handlung „für eine Versündigung des Menschen *gegen sich*, als einen Abfall von seiner Gesundheit" (a. a. O., 265). Beide Formen basieren auf einem definierten Subjektbegriff. Stirner redet jedoch vom „Unmenschen", i. e.: „ein Mensch, welcher dem Begriffe Mensch nicht entspricht" (a. a. O., 194). Dieser „Unmensch" ist für gesellschaftliche Organisationsformen, die auf feste, ihre Definitionen weder unter- noch überschreitende Subjekte rechnen, nicht zu gebrauchen.

„Gehe die Toleranz eines Staates noch so weit, gegen einen Unmenschen und gegen das Unmenschliche hört sie auf. Und doch

ist dieser ‚Unmensch' ein Mensch, doch ist das ‚Unmenschliche'
selbst etwas Menschliches, ja nur einem Menschen, keinem Tiere,
möglich, ist eben etwas ‚Menschenmögliches'. Obgleich aber jeder
Unmensch ein Mensch ist, so schließt ihn doch der Staat aus, d. h.
er sperrt ihn ein, oder verwandelt ihn aus einem Staatsgenossen in
einen Gefängnisgenossen (Irrenhaus- oder Krankenhausgenossen
nach dem Kommunismus)" (a. a. O., 194).

Diese geniale Antizipation, die auf die späte Zwangspsychiatrisierung von
Intellektuellen in der Sowjetunion vorverweist, ist bereits 1844 entwickelt: Ein Denken, das vom Vorrang des Prinzips vergesellschafteter
Arbeit ausgeht, führt – zu Ende gedacht – dahin, die qualitative Differenz
eines jeden materiellen Selbst, sofern es sich behaupten will, nicht mehr
als Verbrechen, sondern als Krankheit zu verfolgen; die Gefängnisstrafe
mutiert zur Psychiatrisierung.

10.3 Irrwege zum Verein freier Menschen

Gegen diese Thesen schreiben Marx und Engels über 400 Seiten an. Sie
nehmen Abschied von Feuerbachs Anthropologie und vom Liebeskom-
munismus. Sie rücken von Moses Heß ab, und sie machen sich, Stirners
Projekt wiederholend, ihrerseits an eine Abrechnung mit dem, was noch
Tage zuvor für sie unbezweifelbar war. Stirners Schrift wäre leicht abzu-
weisen gewesen, wenn es sich um eine Apologie des Liberalismus gehan-
delt hätte. Aber Stirner hat eine eigene Idee, wie auf der Basis der Anerkennung der Einzelnen als Einzige ein gesellschaftlicher Zusammenhang
möglich sein kann. Wie kann so etwas aussehen? Stirner greift in einem
fiktiven Dialog zunächst die Gegenposition auf:

„ ‚Wie könnt Ihr wahrhaft gesellschaftlich leben, solange auch nur eine
Ausschließlichkeit zwischen Euch noch besteht?' Ich frage umge-
kehrt: Wie könnt Ihr wahrhaftig einzig sein, solange auch nur ein
Zusammenhang zwischen Euch noch besteht? Hängt Ihr zusammen,
so könnt Ihr nicht voneinander, umschließt Euch ein ‚Band', so seid
Ihr nur *selbander* etwas, und Euer Zwölf machen ein Dutzend, Euer
Tausend ein Volk, Euer Millionen die Menschheit. ‚Nur wenn
Ihr menschlich seid, könnt Ihr als Mensch miteinander umgehen,
wie ihr nur, wenn Ihr patriotisch seid, als Patrioten Euch verstehen
könnt!' Wohlan, so entgegne Ich: nur wenn Ihr einzig seid, könnt
Ihr als das, was Ihr seid, miteinander verkehren" (a. a. O., 148).

An anderer Stelle heißt es: „Nicht darin besteht unsere Schwäche,
daß Wir gegen Andere im Gegensatze sind, sondern darin, daß
Wir's nicht vollständig sind, d. h. daß Wir nicht gänzlich von
ihnen *geschieden* sind, oder daß Wir eine ‚Gemeinschaft', ein ‚Band'
suchen, daß Wir an der Gemeinschaft ein Ideal haben. Ein Glaube,
Ein Gott, Eine Idee, Ein Hut für Alle! Würden Alle unter Einen
Hut gebracht, so brauchte freilich keiner vor dem anderen den
Hut noch abzunehmen. Der letzte und entschiedenste Gegensatz,
der des Einzigen gegen den Einzigen, ist im Grunde über das, was
Gegensatz heißt, hinaus, ohne aber in die ‚Einheit' und Einigkeit
zurückgesunken zu sein. Du hast als Einziger nichts Gemeinsames
mehr mit dem Anderen und darum auch nichts Trennendes oder
Feindliches; Du suchst nicht gegen ihn vor einem *Dritten* Recht
und stehst mit ihm weder auf dem ‚Rechtsboden', noch sonst einem
gemeinschaftlichen Boden. Der Gegensatz verschwindet in der vollkommenen – *Geschiedenheit* oder Einzigkeit. Diese könnte zwar für
das neue Gemeinsame oder eine neue Gleichheit angesehen werden,
allein die Gleichheit besteht hier eben in der Ungleichheit und ist
selbst nichts als Ungleichheit: eine gleiche Ungleichheit, und zwar
nur für denjenigen, der eine ‚Vergleichung' anstellt" (a. a. O., 229).

Es lohnt sich, die Gegenargumentation von ‚St. Max' Abschnitt für
Abschnitt durchzugehen, sie bietet viel Stoff zum Nachdenken und enthält
die wesentlichen und verschiedenen Punkte die gegen Stirner vorgebracht
werden (vgl. 422–424). Sie beginnt:

„Lösen wir jetzt Sanchos pomphafte Sätze in ihren bescheidenen
Inhalt auf.
Die gewaltigen Redensarten, über den ‚Gegensatz', der verschärft
werden und auf die Spitze getrieben werden soll, und über das
‚Besondre', das Sancho nicht voraus haben will, laufen auf Ein und
Dasselbe hinaus. Sancho will oder *glaubt* vielmehr zu wollen, daß
Individuen rein persönlich miteinander verkehren sollen, daß ihr
Verkehr nicht durch ein Drittes, eine Sache vermittelt werden soll
(vgl. die Konkurrenz). Dies Dritte ist hier das ‚Besondre' oder der
besondre, nicht absolute Gegensatz, d. h. die durch die jetzigen
gesellschaftlichen Verhältnisse bedingte Stellung der Individuen
zueinander. Sancho will z. B. nicht, daß zwei Individuen als
Bourgeois und Proletarier im ‚Gegensatz' stehen, er protestiert
gegen das ‚Besondre', das der Bourgeois dem Proletarier ‚voraus

hat'; er möchte sie in ein rein persönliches Verhältnis treten, als bloße Individuen miteinander verkehren lassen." (422)

Marx hat Stirner an dieser Stelle sehr genau verstanden. Es geht darum, daß die Individuen nicht als Funktionsträger, sondern als bloße Individuen betrachtet werden. Es geht um eine in jeder Beziehung klassenlose Gesellschaft, in der der entfremdete Verkehr zugunsten eines rein persönlichen Verkehrs aufgelöst ist, in dem die je unverwechselbare Individualität des Einzelnen voll zur Geltung kommt. Was ist dagegen zu sagen? Schließlich kommt Stirner hier doch dem sehr nahe, was auch Marx im Sinn hat. Warum stimmt Marx nicht zu? Im Kommunistischen Manifest steht der berühmte Satz: „An die Stelle der alten bürgerlichen Gesellschaft mit ihren Klassen und Klassengegensätzen tritt eine Assoziation, worin die freie Entwicklung eines Jeden die Bedingung für die freie Entwicklung Aller ist" (*MKP*, 482). Wozu die Aufregung? So könnten Marx und Engels doch sagen: Jawohl, unser Ziel ist eine Assoziation freier Menschen, deren Beziehungen nicht durch ein Drittes, eine Sache vermittelt sind, sondern in der jede individuelle Qualität sich entfaltet. Aber die Zustimmung bleibt aus. Weiter heißt es:

„Er (Stirner, W. E.) bedenkt nicht, daß innerhalb der Teilung der Arbeit die persönlichen Verhältnisse notwendig und unvermeidlich sich zu Klassenverhältnissen fortbilden und fixieren und daß darum sein ganzes Gerede auf einen bloßen frommen Wunsch herausläuft, den er zu realisieren denkt, indem er die Individuen dieser Klassen vermahnt, sich die Vorstellung ihres ‚Gegensatzes' und ihres ‚besondern' ‚Vorrechts' aus dem Kopf zu schlagen. In den oben zitierten Sätzen Sanchos kommt es überhaupt nur darauf an, wofür *sich* die Leute *halten* und wofür *er* sie hält, was *sie* wollen und was *er* will. Durch ein verändertes ‚Dafürhalten' und ‚Wollen' wird der ‚Gegensatz' und das ‚Besondre' aufgehoben.
Selbst das, was ein Individuum als solches vor dem andern voraus hat, ist heutzutage zugleich ein Produkt der Gesellschaft und muß sich in seiner Verwirklichung wieder als Privilegium geltend machen, wie wir Sancho schon bei Gelegenheit der Konkurrenz gezeigt haben. Das Individuum als solches, für sich selbst betrachtet, ist ferner unter die Teilung der Arbeit subsumiert, durch sie vereinseitigt, verkrüppelt, bestimmt." (422)

Der Einwand ist verwirrend. Hätte Marx geschrieben: Stirner bedenkt nicht, daß erst nach der Abschaffung der Arbeitsteilung persönliche Verhältnisse möglich sind – das Problem wäre verständlich gemacht. Die Erwiderung hätte dann lauten können: Lieber Stirner, recht so, schaffen wir die Besonderheiten ab, die aus der Arbeitsteilung resultieren und wir haben das, was wir beide wollen, die Assoziation einziger und freier Menschen. Aber der Einwand lautet anders: Innerhalb der Teilung der Arbeit bilden sich die persönlichen Verhältnisse notwendig und unvermeidlich zu Klassenverhältnissen fort. Wer genau liest, merkt, daß die „persönlichen Verhältnisse" an eine andere Stelle gerutscht sind. Marx liest Stirner hier so, als ob dieser wolle, daß die je gegebenen persönlichen Verhältnisse erhalten bleiben, und er nimmt für sich die Seite in Anspruch, die Bedingungen aufzuzeigen, unter denen persönlicher Verkehr als Ziel überhaupt erst herzustellen ist. Anders gesagt, was bei Stirner als Möglichkeit erscheint, nimmt Marx als gegeben an. Jetzt ist es natürlich ein frommer Wunsch, daß der je gegebene persönliche Verkehr sich nicht zum Klassenverhältnis fortbildet. Soweit die eine Seite der Marxschen Einwände.

Es findet sich in der Passage aber auch noch eine andere Seite. Marx stört, daß es Stirner überhaupt nur auf das ‚Dafürhalten' und ‚Wollen' der Einzelnen ankomme. Was ist dagegen zu sagen, daß man vom Wollen oder Dafürhalten ausgeht? Ich habe meinen Willen, dein Wille ist ein anderer, ich schätze mich ein und du dich. Ich schätze aber auch dich ein, wie ich davon ausgehe, daß du mich einschätzt. Was anderes könnte die Basis einer Assoziation sein, als eben gerade Willen und Dafürhalten? Schließlich geht es ja um die Bedingungen für eine Assoziation nicht irgendwelcher, sondern freier Menschen. Offensichtlich handelt es sich hier um ein Problem des Anfangs. Stirner fängt mit dem Willen und Dafürhalten an, und dies ist in den Augen von Marx falsch. Denn „das Individuum als solches für sich selbst betrachtet ist unter die Teilung der Arbeit subsumiert, durch sie vereinseitigt, verkrüppelt, bestimmt". (422) Nimmt man dies, so müßte man weiterdenken, daß mit den gegebenen Individuen, die verkrüppelt und vereinseitigt sind, gar nichts anzufangen ist. Weil ihr Wollen und Dafürhalten so verkrüppelt und einseitig bestimmt ist, darf man mit ihnen auch gar nicht anfangen. Man könnte hier an den Spruch Bertolt Brechts denken, der nach dem 17. Juni 1953 meinte, die Regierung solle das Volk auflösen und sich ein neues wählen. Womit muß statt dessen angefangen werden? Marx' mögliche Antwort darauf könnte lauten: Lassen wir das Wollen und Dafürhalten der Individuen beiseite, fangen wir mit der Struktur an, der Arbeitsteilung. Das wäre eine sehr harte Antwort. Übergehen wir das Wollen der Individuen, übergehen wir ihre Einschätzungen – das ist zumindest schroff gegenüber den empirischen Menschen. Und Marx fährt auch so nicht fort, er kommt auf Stirner zurück und unternimmt einen neuen, argumentativen Anlauf.

„Worauf läuft Sanchos Zuspitzung des Gegensatzes und Aufhebung
der Besonderheit im besten Falle hinaus? Daß die Verhältnisse
der Individuen ihr *Verhalten* sein sollen und ihre gegenseitigen
Unterschiede ihre *Selbstunterscheidungen* (wie das eine empirische
Selbst *sich* vom Andern unterscheidet)." (422 f.)

Marx kommt hier Stirner sehr nahe. In der Tat geht es Stirner darum, Bedingungen ins Auge zu fassen, von denen gesagt werden kann, daß Verhältnisse
und Verhalten zusammenfallen und daß das, was an Unterschieden auftritt,
Selbstunterscheidungen sind. Darauf soll hingearbeitet werden durch
Verschärfung der Gegensätze. Denn in der bestehenden sozialen Organisation ist es so, daß Verhalten und Verhältnisse auseinandertreten. Das
Handeln steht im Widerspruch zu den Verhältnissen und die Verhältnisse
beschränken das Verhalten. Die Unterscheidungen beziehen sich auf ein
Drittes, sie sind nicht Selbstunterscheidungen im Sinne des Hervortretens
unverwechselbarer individueller Qualitäten. Darum eben ist die Verschärfung der Gegensätze nötig, um zu erreichen, daß die Verhältnisse der Individuen ihr Verhalten sind, ihre gegenseitigen Unterschiede keine sachlich
fremden, sondern Unterscheidungen der empirischen Selbste. Wie schön,
könnte man sagen, der zweite Anlauf in Marx' Antwort auf Stirner könnte
glücken. Aber der Korridor, durch den man gehen muß, ist noch länger
und er wird immer enger, denn Marx fährt fort:

„Beides ist entweder, wie bei Sancho, eine ideologische
Umschreibung des *Bestehenden*, denn die Verhältnisse der Individuen
können unter allen Umständen nichts andres als ihr wechselseitiges Verhalten und ihre Unterschiede *können* nichts andres als ihre
Selbstunterscheidungen sein. Oder es ist der fromme Wunsch, daß
sie sich *so* verhalten und *so* von einander unterscheiden *möchten*,
daß ihr Verhalten nicht als von ihnen unabhängiges gesellschaftliches Verhältnis verselbständigt, daß ihre Unterschiede voneinander nicht den sachlichen (von der Person unabhängigen) Charakter
annehmen *möchten*, den sie angenommen haben und noch täglich
annehmen." (423)

Mit dieser Passage gerät Marx auf eine gefährliche schiefe Bahn. Denn er
behauptet, die Verhältnisse können unter allen Umständen nichts anderes
als ihr wechselseitiges Verhalten sein. Das fatale an dem Argument liegt
in der Klausel „unter allen Umständen". Folgt man dem, gibt es gar keine
Spannung, keinen Widerspruch zwischen Verhalten und Verhältnissen,
zwischen subjektivem Wollen, Dafürhalten, Verhalten und subjektunabhän-

gigen Verhältnissen. Es gäbe hier „unter allen Umständen" einen Einklang. Es ist dies ein wahrhaft fatalistischer Gedanke. Und dies wird noch verstärkt: Die Unterschiede der Individuen können nichts anderes als ihre Selbstunterscheidungen sein. Diese These ist noch fatalistischer. Nehmen wir einmal an, daß dies so wäre: Wir hätten überhaupt keine Chance, eine Selbstunterscheidung auszubilden, die different zu den gegebenen Unterschieden wäre. Genauso wenig kommt man mit der Lesart weiter, wenn es als „frommen Wunsch" bezeichnet wird, daß sich die Einzelnen „so verhalten und so von einander unterscheiden möchten, daß ihr Verhalten nicht als von ihnen unabhängiges gesellschaftliches Verhältnis verselbständigt, daß ihre Unterschiede von einander nicht den sachlichen, von Personen abhängigen Charakter annehmen möchten, den sie angenommen haben und noch täglich annehmen". (Ebd.) Nimmt man dies ernst, gäbe es ja doch ein vom Verhalten unabhängiges gesellschaftliches Verhältnis. Aber dieses unabhängige verselbständigte entfremdete Verhältnis kann nicht durch eine Verhaltensänderung geändert werden. Auch wenn wir das möchten, geht es nicht.

Wer sich die Mühe macht, Marx'sche Schriften genau zu lesen, wird immer wieder an wichtigen Schaltstellen der Argumentation auf einen pechschwarzen Fatalismus stoßen. Dies Resultat erstaunt, und viele Marxisten haben dies nicht sehen wollen. Wie kommt Marx aus dieser Sackgasse heraus? Es gibt einen dritten Anlauf. Stirner hatte gesagt, um die Entfremdung aufzuheben, bleibe kein anderer Weg als von sich auszugehen. „Nur wenn ihr einzig seid, könnt ihr als das, was ihr wirklich seid, miteinander verkehren." (Stirner 1972, 148) Marx' dritter Anlauf lautet:

„Die Individuen sind immer und unter allen Umständen ‚von sich ausgegangen', aber da sie nicht *einzig* in dem Sinne waren, daß sie keine Beziehung zueinander nötig gehabt hätten, da ihre *Bedürfnisse*, also ihre Natur, und die Weise, sie zu befriedigen, sie aufeinander bezog (Geschlechtsverhältnis, Austausch, Teilung der Arbeit), so *mußten* sie in Verhältnisse treten. Da sie ferner nicht als reine Ichs, sondern als Individuum auf einer bestimmten Entwicklungsstufe ihrer Produktivität und Bedürfnisse in Verkehr traten, in einen Verkehr, der seinerseits wieder die Produktion und Bedürfnisse bestimmte, so war es eben das persönliche, individuelle Verhalten der Individuen, ihr Verhalten als Individuen zueinander, das die bestehenden Verhältnisse schuf und täglich neu schafft. Sie traten als das miteinander in Verkehr, was sie waren, sie gingen ‚von sich aus', wie sie waren, gleichgültig, welche ‚Lebensanschauung' sie hatten" (423).

Der dritte Anlauf könnte besser glücken als die anderen. Der alte Satz: „Die
Verhältnisse können unter allen Umständen nichts anderes als ihr wechselseitiges Verhalten sein", der pechschwarze Fatalismus, er wird nun umzäunt,
er wird zu einem Fatalismus der Vergangenheit. Marx geht ins Perfekt und
Imperfekt. Die Individuen sind immer und unter allen Umständen von sich
ausgegangen, aber sie mußten in Verhältnisse treten. Aus dem „können
niemals" ist ein „mußten bisher immer" geworden. Neue Schlüsselbegriffe
kommen jetzt hinein, Geschichte und Gesellschaft, Produktivkräfte. Der
fatalistische Unterton erfährt eine Wandlung. Die Menschen sind immer
von sich ausgegangen, aber sie mußten in Verhältnisse treten. Sie mußten
das, auch wenn sie nicht wollten. Dieses ‚In-Verhältnisse-treten-müssen‘
ist ein unübersteigbares Schicksal. Und es kommt eine Präzision herein:
„als das, was sie waren" – es geht also nicht mehr ganz allgemein um den
Menschen, sondern um ganz bestimmte Menschen, Menschen mit einem
ganz bestimmten Schicksal, die zu einem gewissen Zeitpunkt geboren, von
diesen Eltern aufgezogen wurden, mit dieses Lebenschancen und keinen
anderen, in einer ganz bestimmten Zeit usw. Gegen diesen raumzeitlichen
Zwangszusammenhang kommt keine „Lebensanschauung" an. Lebensanschauungen – das sind Ideologien. Und Marx fährt fort: „Diese Lebensanschauung, selbst die windschiefe der Philosophen, konnte natürlich immer
nur durch ihr wirkliches Leben bestimmt sein." (423) Die verschiedenen
Lebensanschauungen und Ideologien, die sich Menschen über sich und
ihre Welt machen, von den alltäglichen Gedanken bis hinauf zu den philosophischen Erörterungen, hängen von ihrer Lebenslage ab, die sie nicht
frei gewählt haben. Marx' dritter Anlauf endet mit der Passage:

> „Es stellt sich hierbei allerdings heraus, daß die Entwicklung eines
> Individuums durch die Entwicklung aller andern, mit denen es im
> direkten oder indirekten Verkehr steht, bedingt ist, und daß die
> verschiedenen Generationen von Individuen, die miteinander in
> Verhältnisse treten, einen Zusammenhang unter sich haben, daß
> die Späteren in ihrer physischen Existenz durch ihre Vorgänger
> bedingt sind, die von ihnen akkumulierten Produktivkräfte und
> Verkehrsformen übernehmen und dadurch in ihren eigenen gegen-
> seitigen Verhältnissen bestimmt werden. Kurz, es zeigt sich, daß
> eine Entwicklung stattfindet und die Geschichte eines einzelnen
> Individuums keineswegs von der Geschichte der vorhergegange-
> nen und gleichzeitigen Individuen loszureißen ist, sondern von ihr
> bestimmt wird." (423)

Die Hauptverben in dieser Passage lauten „bedingt" und „bestimmt".
Das ist der enge Korridor, durch den man gehen muß. Und es tut sich
die Frage auf, wo eine Chance der Emanzipation bleibt? Hat Emanzipation in diesem Zwangszusammenhang überhaupt einen Platz, wo doch ein
„Losreißen" meiner Existenz von den Bedingtheiten und Bestimmtheiten
gar nicht in den Blick gerät? Meine Geschichte ist von der Geschichte der
vorhergehenden und gleichzeitigen Individuen bestimmt, und dies ist bei
allen Menschen so. Schlimm genug, und nun hören wir, daß wir uns davon
nicht einmal losreißen können, und wenn wir uns dies in den Kopf setzten,
wenn wir der Lebensanschauung näher treten, wir sollten uns vielleicht
doch losreißen, so wäre dies ein frommer Wunsch.

Marx' dritter Anlauf ist zu Ende, nicht aber seine Antwort auf Stirner.
Es kommt ein vierter Anlauf. Marx, der Bastler, wirft das Steuer seines
Gedankenschiffs um 180 Grad herum. Etwa dreißig Zeilen vorher, beim
zweiten Anlauf des pechschwarzen Fatalismus hatte er geschrieben: „die
Verhältnisse der Individuen *können* unter allen Umständen nichts anderes
als ihr wechselseitiges Verhalten" (ebd.) sein. Jetzt kommt er wieder darauf
zurück, und nun heißt es:

> „Das Umschlagen des individuellen Verhaltens in sein Gegenteil,
> ein bloß sachliches Verhalten, die Unterscheidung von Individualität
> und Zufälligkeit durch die Individuen selbst, ist, wie wir bereits
> nachgewiesen haben, ein geschichtlicher Prozeß und nimmt auf
> verschiedenen Entwicklungsstufen verschiedene, immer schärfere
> und universellere Formen an." (423 f.)

Es handelt sich in der Tat um eine Wendung um 180 Grad. Also gibt es
doch eine Spannung, ein Umschlagen des persönlichen Verhaltens in sachliche Verhältnisse, also können doch die Verhältnisse der Individuen etwas
anderes als ihr wechselseitiges Verhalten sein und sie waren es auch, wenn
man den historischen Prozeß betrachtet. Der Prozeß ist auch gerichtet. Im
dritten Anlauf ging es nur darum, daß meine Existenz durch die der Vorgänger und gleichzeitigen Individuen bedingt und bestimmt ist, genauso wie
dies für die Existenz der Großmutter Hegels der Fall war. Erst als Prozeß
gesehen, wird die Sache qualitativ. Die Spannung zwischen Verhalten und
Verhältnissen, zwischen Individualität und Zufälligkeit nimmt „immer
schärfere und universellere Formen an". Im geschichtlichen Prozeß findet
eine Steigerung statt. Der schicksalhafte Zwangszusammenhang ist nicht
etwas, was sich von Generation zu Generation nur wiederholt: Immer sind
die Menschen von sich ausgegangen, immer mußten sie in Verhältnisse

treten. Nicht von einer Wiederholung ist jetzt die Rede, sondern es wird dramatisch. Die Geschichte spitzt sich zu. Marx fährt fort:

> „In der gegenwärtigen Epoche hat die Herrschaft der sachlichen Verhältnisse über die Individuen, die Erdrückung der Individualität durch die Zufälligkeit, ihre schärfste und universellste Form erhalten und damit den existierenden Individuen eine ganz bestimmte Aufgabe gestellt. Sie hat ihnen die Aufgabe gestellt, an die Stelle der Herrschaft der Verhältnisse und der Zufälligkeit über die Individuen die Herrschaft der Individuen über die Zufälligkeit und Verhältnisse zu setzen. Sie hat nicht, wie Sancho sich einbildet, die Forderung gestellt, daß ‚Ich Mich entwickle‘, was jedes Individuum bis jetzt ohne Sanchos guten Rat getan hat, sie hat vielmehr die Befreiung von einer ganz bestimmten Weise der Entwicklung vorgeschrieben. Diese durch die gegenwärtigen Verhältnisse vorgeschriebene Aufgabe fällt zusammen mit der Aufgabe, die Gesellschaft kommunistisch zu organisieren." (424)

Das Ende des Korridors ist erreicht. Die Individuen haben nun eine ganz bestimmte Aufgabe: Sie sollen die verselbständigten Verhältnisse, das Dritte, aufheben. Wenn man noch einmal zurückgeht und den Einstieg in die Antwort auf Stirner liest, so stellt man fest, daß man im Kreise gegangen ist. Das Wollen Stirners, zuerst abgewiesen, taucht schließlich als Aufgabe der Gegenwart wieder auf. Konstellieren wir die Passagen von Anfang und Ende zusammen, ergibt sich folgendes Bild. Der Startpunkt lautet:

> „Sancho will oder *glaubt* vielmehr zu wollen, daß die Individuen rein persönlich miteinander verkehren sollen, daß ihr Verkehr nicht durch ein Drittes, eine Sache vermittelt sein soll (vgl. die Konkurrenz)." (422) Dann kommt der Korridor und dann der Schluß: „In der gegenwärtigen Epoche hat die Herrschaft der sachlichen Verhältnisse über die Individuen, die Erdrückung der Individualität durch die Zufälligkeit, ihre schärfste und universellste Form erhalten und damit den existierenden Individuen eine ganz bestimmte Aufgabe gestellt. Sie hat ihnen die Aufgabe gestellt, an die Stelle der Herrschaft der Verhältnisse und der Zufälligkeit über die Individuen die Herrschaft der Individuen über die Zufälligkeit und Verhältnisse zu setzen." (424) Die Leser sind in einem Kreis herumgeführt.

Wenn man sich diese eigenartigen Denkfiguren genauer ansieht, gilt es, die wichtige Frage zu klären: Warum das ganze Theater? Warum dieser problematische Umweg über einen pechschwarzen Fatalismus? Die Frage ist nicht leicht zu beantworten. Marx' Strategie, so könnte man interpretieren, ist, subjektives Wollen der Emanzipation in eine objektive historische Tendenz zu transformieren. Den gegenwärtigen Individuen wird eine ganz bestimmte Aufgabe gestellt. Wer stellt diese Aufgabe? Genau genommen ist es so etwas wie die geschichtliche Tendenz selbst, die ihnen diese Aufgabe stellt. Es soll also nicht um Aufgaben gehen, die wir uns stellen, sondern um Aufgaben, die aus irgendetwas anderem herrühren als unserem Wollen und Dafürhalten. Das logische Subjekt des Satzes bei Marx, in dem von der Aufgabe die Rede ist, bildet „die Herrschaft der sachlichen Verhältnisse über die Individuen". Sie, d. h. diese Herrschaft, hat die Aufgabe gestellt. Weiter unten heißt es, es ist eine „durch die gegenwärtigen Verhältnisse vorgeschriebene Aufgabe". Man muß sich fragen, wie können gegenwärtige Verhältnisse Aufgaben vorschreiben? Das ist ein verrückter Gedanke. Natürlich schreiben die gegenwärtigen Verhältnisse den Individuen Aufgaben zu, die Arbeiter sollen arbeiten, die Unternehmer Gewinne machen und alle sollen sich an die Gesetze halten und nicht aus der Reihe tanzen. Mit dem Ausruf: „Was soll nicht alles Meine Sache sein!" beginnt Stirners Buch. An Aufgabenzuschreibungen fehlt es nicht, aber wo schreiben die Verhältnisse den Individuen emanzipatorische Aufgaben vor? Freilich, wer sich über soziale Ungerechtigkeit empört, wer bestehende Ordnungen für unsinnig hält, der kann es sich zur Aufgabe machen, die Verhältnisse zu ändern. Es ist dann sein Dafürhalten, seine ethische Lebensanschauung. Aber daß die bestehenden Verhältnisse den Individuen eine emanzipatorische Aufgabe vorschreiben, ist in der Tat ein seltsamer Gedanke. Dennoch, es hilft nichts, Marx hat so gedacht, nicht nur an dieser Stelle, sondern an vielen anderen auch. Er hat Revolution und Emanzipation nicht aus dem Wollen hergeleitet, sondern aus dem, was am anderen Ende des Wollens auftaucht. Emanzipation ist bei Marx in einem sehr tiefen und ernsten Sinne Sachzwang.

Zu den wenigen Marxlesern, die dies gesehen haben, gehört Georges Bataille. Er schreibt: „Marx wollte, daß man bis an die Grenze der in den *Dingen* eingeschlossenen Möglichkeiten geht (indem man ihren Erfordernissen rückhaltlos gehorcht, die Herrschaft der Einzelinteressen durch die ‚Herrschaft der *Dinge*' ablöst, den Prozeß, der den Menschen auf ein *Ding* reduziert, auf die Spitze treibt); auf diese Weise wollte Marx die *Dinge* endgültig auf den Menschen zurückführen, und dem Menschen die freie Verfügung über sich selbst ermöglichen" (Bataille 1975, 172). Diese Weise war für Marx die einzig mögliche Weise der Emanzipation. Marx' Antwort an Stirner, an den „Einzigen und sein Eigentum" lautet im Kern: Es ist die je einzige Welt, die mich zu ihrem Eigentum hat.

Literatur

Bataille, Georges (1975): Der verfemte Teil, in: ders., Die Aufhebung der Ökonomie, hrsg. v. Gerd Bergfleth, München.

Bauer, Bruno (1845): Charakteristik Ludwig Feuerbachs, in: Wigand's Vierteljahrsschrift, 3. Bd., Leipzig 1845, 86–146.

Bernstein, Eduard (1891): Die soziale Doktrin des Anarchismus. II. Max Stirner und ‚Der Einzige‘, in: Die Neue Zeit. Revue des geistigen und öffentlichen Lebens, 10. Jg., 1. Bd., Nr. 14, Stuttgart, 421–428.

Bock, Hans Manfred (1993): Syndikalismus und Linkskommunismus von 1918 bis 1923. Ein Beitrag zur Sozial- und Ideengeschichte der frühen Weimarer Republik, aktualisierte u. mit einem Nachwort versehene Neuausgabe, Darmstadt.

Derrida, Jacques (1995): Marx' Gespenster. Der verschuldete Staat, die Trauerarbeit und die neue Internationale, Frankfurt/M.

Eßbach, Wolfgang (1988): Die Junghegelianer. Soziologie einer Intellektuellengruppe, München.

Eßbach, Wolfgang (1995): Das Formproblem der Moderne bei Georg Lukács und Carl Schmitt, in: Metamorphosen des Politischen. Grundfragen politischer Einheitsbildung seit den 20er Jahren, hrsg. v. Andreas Göbel, Dirk van Laak u. Ingeborg Villinger, Berlin, 137–155.

Eßbach, Wolfgang (1998): Moses Heß' Projekt einer deutsch-französischen Arbeitsteilung, in: Étienne François u. a. (Hrsg.): Marianne-Germania. Deutsch-französischer Kulturtransfer im europäischen Kontext, Bd. II, Leipzig, 617–628.

Eßbach, Wolfgang (2008): Auf Nichts gestellt. Max Stirner und Helmuth Plessner, in: Der Einzige. Jahrbuch der Max-Stirner-Gesellschaft, Bd. 1, 43–65.

Eßbach, Wolfgang (2009): Von der Religionskritik zur Kritik der Politik. Etappen junghegelianischer Theoriediskussion, in: Die Junghegelianer – Aufklärung, Religionskritik, politisches Denken und Organisation, hrsg. v. Helmut Reinalter, Frankfurt/M.

Habermas, Jürgen (1985): Der philosophische Diskurs der Moderne. Zwölf Vorlesungen, Frankfurt/M.

Hartmann, Eduard von (1869): Philosophie des Unbewußten. Versuch einer Weltanschauung, Berlin.

Heydorn, Heinz-Joachim (1996): Julius Bahnsen: Eine Untersuchung zur Vorgeschichte der modernen Existenz, Vaduz.

Jantz, Curt Paul, (1994): Friedrich Nietzsche. Biographie, 3. Band, Frankfurt/M./Wien.

Laska, Bernd A. (2000): Wie Marx und Nietzsche ihren Kollegen Max Stirner verdrängten und warum er sie geistig überlebt hat, in: Die Zeit, 27. Januar 2000, 49.

Mackay, John Henry (1891): Die Anarchisten. Kulturgemälde aus dem Ende des 19. Jahrhunderts, Zürich (Die Übersetzung von Tucker erschien in Boston, Mass., 1891).

Mackay, John Henry (1894): To Max Stirner, in: Liberty (Not the Daughter, but the Mother of Order), Vol. 9, No. 47, Boston, February 24, 11.

Mackay, John Henry (1898): Max Stirner. Sein Leben und Werk, Berlin.

Marx, Karl/Engels, Friedrich (1903): Der heilige Max. Aus einem Werk von Max Stirner, in: Dokumente des Sozialismus, Bd. 3, Stuttgart, Heft 1, 17–32; Heft 2, 65–78; Heft 3, 115–130; Heft 4, 169–177; Heft 7, 306–316; Heft 8, 355–364; Bd. 4, Stuttgart, Heft 5, 210–217; Heft 6, 259–270; Heft 7, 312–321; Heft 8, 363–373; Heft 9, 416–419.

Marx, Karl/Engels, Friedrich (1929): Iz Nemeckoj Ideologii. Sankt-Maks, otdel vtoroj – Novyj zavet: Ja, glava 5 – Sobstvennik. S predisloviem D. Rjazanova, in: Archiv Marksa, K., i Engel'sa, F. Kniga 4, Moskau/Leningrad, 215–291.

Müller, Hans (1892): Der Klassenkampf in der deutschen Sozialdemokratie. Mit einem pole-
mischen Nachwort: K. Kautsky's Abenteuer in Zürich, Zürich.

Rojahn, Jürgen (1997): Spezialkonferenz „Die Konstitution der ‚Deutschen Ideologie'" 24.–
26. Oktober 1996, in: MEGA-Studien, hrsg. v. der Internationalen Marx-Engels-Stiftung
(IMES), 1997/1, 147–157.

Schmidt, Julian (1855): Geschichte der deutschen Literatur im Neunzehnten Jahrhundert,
Bd. 3, London/Leipzig/Paris, 3. Auflage.

Schmitt, Carl (1950): Ex Captivitate Salus, Köln.

Sperber, Jonathan (1998): Kirchen, Gläubige und Politik in der Revolution von 1848, in:
Dieter Dowe, Heinz-Gerhard Haupt und Dieter Langewiesche (Hrsg.): Europa 1848.
Revolution und Reform, Bonn, 933–959.

Stirner, Max (1972): Der Einzige und sein Eigentum, hrsg. v. Ahlrich Meyer, Stuttgart.

Taubert, Inge (1997): Die Überlieferungsgeschichte der Manuskripte der ‚Deutschen
Ideologie' und Erstveröffentlichungen in Originalsprache, in: MEGA-Studien, hrsg. v. der
Internationalen Marx-Engels-Stiftung (IMES), 1997/2, 32–48.

Taubert, Inge /Pelger, Hans/Grandjonc, Jacques (1997): Die Konstitution von *MEGA²* I/5.
Karl Marx, Friedrich Engels, Moses Heß: Die Deutsche Ideologie. Manuskripte und
Drucke (November 1845–Juni 1846), in: MEGA-Studien, hrsg. v. der Internationalen
Marx-Engels-Stiftung (IMES), 1997/2, 49–102.

Tucker, Benjamin R. (1898): Shall we Have Stirner in English?, in: Liberty (Not the
Daughter, but the Mother of Order), Vol. XIII, No. 8, Boston, November, 2.

Walker, James L. (1887): Stirner in Justice, in: Liberty (Not the Daughter, but the Mother
of Order), Vol. IV, No. 18, Boston, March 26, 7 (Walker schrieb unter dem Pseudonym
Tak-Kak).

11

Stefan Koslowski

Kritik des „deutschen Sozialismus"

(S. 441–532)

Die drei für die Publikation fertiggestellten Kapitel von Engels und Marx enthalten eine scharfe Abrechnung mit dem Deutschen Sozialismus als Kritik an dessen Repräsentanten Moses Heß, Karl Grün und „Dr. Georg Kuhlmann aus Holstein". Zugleich sind es Reflexionen über den zurückgelegten Weg, den gegenwärtigen Stand der Bewegung (und zwar der geistigen der Junghegelianer und der praktischen der sozialen Emanzipation) und den Status der eigenen Theorie. Die Texte gehen von vornherein über die bloße Kritik „falscher Standpunkte" hinaus und verfolgen den Zweck, die Menschen von den falschen Vorstellungen über sich und ihre Wirklichkeit zu befreien. Es handelt sich um eine Ideologiekritik mit deutlich politischem Akzent, mit der sich Marx und Engels im Vormärz an die Spitze eines Radikalisierungsprozesses zu stellen suchten. Veröffentlicht wurde 1847 nur die Kritik an Karl Grün.

Im ersten Abschnitt skizziere ich den in der *Deutschen Ideologie* erhobenen Anspruch und werde dabei kurz die Prämissen der *wissenssoziologischen Analyse* des französischen „Frühsozialismus" bei Marx, Engels und Lorenz von Stein berühren. Stein spielt nämlich – obgleich kaum erwähnt – eine nicht unerhebliche Rolle im Schisma der Bewegung, war er doch 1839 von Arnold Ruge dazu auserkoren, „sich […] durch die ‚sociale Richtung' der neuesten Philosophie gänzlich zu emanzipieren und zum Herrn der jetzigen Bewegung zu machen" (Brief von Ruge vom 19. Juli 1839 an Stein). Daß es anders kam, lag an Steins Überzeugung, daß die *Ungleichheit* der Menschen „nicht bloß das eigentliche Geheimnis, sondern auch die größte Gewalt im menschlichen Leben (ist)" (Stein 1876, 113). Damit machte er sich zu einem Apostaten und – aus Sicht der *Bewegung* – reaktionären „Jungschellingianer" (vgl. Heß 1961, 297). Der zweite Abschnitt, die Auseinandersetzung mit den sich als „wahre Sozialisten" bezeichnenden Autoren, wird mit Heß' Weg über die „Philosophie der That" zum „praktischen Humanismus" sowie dessen Kritik durch Marx und Engels eröffnet. Bei Heß gehen die sozialrevolutionäre und religiöse *Eschatologie* unmittelbar ineinander über. Die Kommentierung des „Wahren Sozialismus" schließt mit Karl Grün. Insbesondere die Kritik an Grün zeigt, wie die *DI* sich als in die Praxis intervenierende politische Theorie ins Werk setzt. Der dritte Abschnitt beginnt mit einer Reflexion über den Unterschied und die Verbindungen zwischen Hegels „objektivem Idealismus" und der Struktur des „dialektischen Materialismus". Der Vergleich mit dem vordergründig „akademischeren" Lorenz von Stein verdeutlicht, wo und warum die Ideologiekritik selbst ideologisch wird und hinter den eigenen Anspruch zurückfällt. Dabei zeigt sich, daß der *DI*, trotz aller Religionskritik, ungenannte eschatologische Motive zugrunde liegen, die in die Identifikation des Proletariats als „revolutionärem Subjekt" münden und damit heilsgeschichtliche Hoffnungen wecken und bedienen.

11.1 Zur Struktur der Kritik am „wahren Sozialismus"

Marx' und Engels' Kritik der kritischen Philosophie und philosophischen Gesellschaftskritik erkennt in den deutschen oder wahren Sozialisten ebenso Repräsentanten der „Deutschen Ideologie" wie in den zuvor attackierten junghegelianischen und radikaldemokratischen Positionen aus dem Kreis um Ludwig Feuerbach und Arnold Ruge (vgl. 18). „Keinem von diesen Philosophen ist es eingefallen, nach dem Zusammenhange der deutschen Philosophie mit der deutschen Wirklichkeit, nach dem Zusammenhange ihrer Kritik mit ihrer eignen materiellen Umgebung zu fragen." (20) Die *Ideologiekritik* fragt nicht nach dem richtigen Bewußtsein oder kritisiert andere Kritiken als solche, sie begreift diese vielmehr als Erscheinungen und Reflex der *materiellen Grundlagen* der *Gesellschaft*; d. h. sie kehrt den Feuerbachschen „Subjektivismus" insofern um, als sie die objektiven Entstehungsbedingungen der eigenen Position analysiert. Marx und Engels bringen sich damit in eine radikale Opposition zum Junghegelianismus, einer Bewegung, der sie zuvor selbst angehörten. Sie beanspruchen in und mit der *Deutschen Ideologie*, die sozialistische Bewegung in Deutschland aus einer Schwärmerei zu einer objektiven Tatsache zu machen und sie damit als *Wissenschaft* neu zu begründen (vgl. 27).

11.1.1 Die *Deutsche Ideologie* als „Überwindung der Philosophie"

Wie jede neue Wissenschaft will die *DI* einen anderen Zugang zur Wirklichkeit eröffnen. Marx und Engels sehen in Feuerbachs Denken, ungeachtet seiner Verdienste um die „Entmystifizierung" der Hegelschen Philosophie, ein Erzeugnis der bürgerlichen Gesellschaft, das die gesellschaftlichen Zustände bloß als ein Produkt des Bewußtseins „anschaut", statt mit Hegels Dialektik die Produzenten des gesellschaftlichen Bewußtseins, d. h. die Realfaktoren des Geschehens, nämlich die Produktivkräfte, „in Aktion" zu setzen. „Doch bedeutet das Verändern wollen der Welt bei Marx keine bloß direkte Aktion, sondern zugleich eine Kritik der bisherigen Weltinterpretation, eine Veränderung des Seins *und* Bewußtseins, also z. B. der ‚politischen Ökonomie' als tatsächlicher Wirtschaft und Wirtschaftslehre, weil diese das Bewußtsein von jener ist." (Löwith 1995, 111) In der *Deutschen Ideologie* wird die Theorie in doppelter Weise reflexiv: Sie sieht sich selbst als Produkt der von ihr beschriebenen Geschichte und Gesellschaft, wie ihre Analyse wiederum unmittelbar auf die Gesellschaft einwirken soll. Nach Löwith hat Engels diesen komplexen Ansatz der materialistischen Dialektik von Marx zu einem bloßen Schema von Basis und Überbau vereinfacht und damit die in der *Deutschen Ideologie* angelegten Differenzierungsmöglichkeiten verkürzt. Halte man dagegen an Marxens ursprünglicher Einsicht fest, so lasse sich auch Hegels „Theorie" noch als praktisch begreifen. „Unbestritten bleibt F. (d. i. Feuerbach; S. K.) nur das Verdienst, daß er überhaupt den absoluten Geist auf den Menschen reduziert hat. Die Art und Weise, wie F. aber das Menschsein konkret bestimmt, nämlich als naturalistisches Gattungswesen, zeigt Marx, daß er Hegel nur ‚beiseite geschoben', aber nicht ‚kritisch überwunden' habe. [...] So kommt Marx in die Lage, Hegels konkrete Analysen, die er hinsichtlich ihres philosophischen Anspruchs selbst untergräbt, gegen F. zur Geltung zu bringen und andrerseits Hegel im Prinzip vom anthropologischen Standpunkt F.'s aus zu begreifen. Er verteidigt Hegel gegen F., weil er die entscheidende Bedeutung des Allgemeinen aufgefaßt hat, und er greift Hegel an, weil er die allgemeinen Verhältnisse der Geschichte philosophisch mystifiziert habe" (ebd., 431, FN 272). Die Kritik an Hegels Mystifikationen und Feuerbachs Naturalismus kehrt wieder in der Beurteilung des „Wahren Sozialismus": Die „wahren Sozialisten" hätten nicht begriffen, daß der Kommunismus und Sozialismus Frankreichs keine Frage der Theorie sei, sondern den *Zustand* der französischen Gesellschaft spiegele (vgl. 441 f.). Gerade weil die Kritik den „wahren Sozialismus" als unkritischen Reflex auf die französische Theorie erkennt, kommen Marx und Engels nicht umhin, dem Leser Einblicke in die Entwicklung der französischen Theorie zu geben.

11.1.2 Zur Entstehung und Bedeutung
des französischen Frühsozialismus

„Der eigentliche Inhalt aller epochemachenden Systeme sind die Bedürfnisse der Zeit, in der sie entstanden. Jedem derselben liegt die ganze vorhergegangene Entwicklung einer Nation, die geschichtliche Gestaltung der Klassenverhältnisse mit ihren politischen, moralischen, philosophischen und anderen Konsequenzen zugrunde." (449) Die französischen Theoretiker und ihre Systeme hätten allesamt auf den Zustand der französischen Gesellschaft reagiert und der atomisierten Masse der *Maschinenarbeiter* zu einem selbständigen *Klassenbewußtsein* verholfen. Die Analyse des Zusammenhangs zwischen der gesellschaftlichen Bewegung und dem neuen *Klassenbewußtsein* des Proletariats sind bei Marx, Engels und Lorenz von Stein nahezu identisch: Alle drei begreifen das Aufkommen dieser mit dem Bürgertum als *vierter Stand* gegen den Ständestaat revoltierenden, aber von den Verheißungen der bürgerlichen Revolution ausgeschlossenen neuen Klasse *gerade nicht* als ein Bewußtseinsproblem. Beides, sowohl die Atomisierung des Proletariats, als auch die darauf reagierenden sozialistischen Schriftsteller, erkennen Marx, Engels und Stein als Folge der mit der rechtlichen Gleichheit aus allen ständischen Restriktionen entlassenen wirtschaftlichen Interessen. „Die große Industrie [...] erzeugte insoweit erst die Weltgeschichte, als sie jede zivilisierte Nation und jedes Individuum darin in der Befriedigung seiner Bedürfnisse von der ganzen Welt abhängig machte und die bisherige naturwüchsige Ausschließlichkeit einzelner Nationen vernichtete. [...] Sie schuf an der Stelle der naturwüchsigen Städte die modernen, großen Industriestädte, die über Nacht entstanden sind. Sie zerstörte, wo sie durchdrang, das Handwerk und überhaupt alle früheren Stufen der Industrie." (60) Die neue „niedere Klasse" der nur Arbeitenden, schreibt Lorenz von Stein, sei zunächst „nur [...] durch ein im Wesen der Volkswirtschaft liegendes, mithin äußerliches Moment, das der reinen Arbeit, zu einem Ganzen zusammengefaßt worden. Sie ist daher eine Masse, aber kein inneres Ganze; sie hat zwar eine Gemeinschaft der gesellschaftlichen Lage und der wirtschaftlichen Aufgabe, aber sie hat keine Gemeinschaft des Willens" (Stein 1959a, 125). Die Herrschaft des Marktes führe dazu, daß „der Arbeitslohn wieder auf die *feudale Stufe der Naturallöhne* zurücksinkt, aus der eben dieselben

Fabriken den Arbeiterstand zum freien Geldlohne emporgehoben haben"
(Stein 1959b, 71, Hervor. im Original). Der Weg zu einem gemeinsamen
Bewußtsein der atomisierten Arbeiterschaft, d. h. zu ihrem *Klassenbewußtsein* führt für Stein wie Marx und Engels über die Bildung, weil erst die
gedankliche Bearbeitung der eigenen Lebenssituation die Arbeiter dazu
bringt, die Konkurrenz *untereinander* zu überwinden. Sie treffen sich in
der Einsicht, daß aus dem rechtlichen Unterschied zwischen Bourgeoisie
und Adel der Ständegesellschaft der soziale Gegensatz in der Industriegesellschaft hervorgegangen ist, dessen Dialektik jetzt die historisch-gesellschaftliche Entwicklung bestimmt. Stein hatte 1842, in der 1. Auflage
seines Buches „Der Sozialismus und Communismus Frankreichs. Ein
Beitrag zur Zeitgeschichte", diesen Prozeß ganz im Sinne der radikalen
Linkshegelianer „aus dem Begriff" entwickelt, jedoch dessen *Umschlag* in
die Wirklichkeit mit dem Auseinandertreten von rechtlicher Gleichheit
und gesellschaftlicher Unfreiheit der von den Früchten der politischen
Revolution ausgeschlossenen nichtbesitzenden Klasse erklärt: „Seien
wir aufrichtig gegen uns selbst; [...]. Dieses ist der Zustand der niederen
Volksklassen, und dieser Zustand ist bis jetzt ein ungelöster Widerspruch"
(Stein 1842, 25). Folgerichtig stimmen Marx und Stein in der Beurteilung
des französischen Frühsozialismus, namentlich Saint-Simons, überein:
Saint-Simon habe *wenig* bewirkt, weil er ideologisch und wissenschaftlich
zu ungenau geblieben sei. Er habe zwar die Legitimität des bestehenden
Eigentums bezweifelt, jedoch „dasselbe gar nicht aufheben [wollen]; er
denkt daher noch gar nicht an eine, ohne Eigentum und Familie gesetzte,
mithin *sozialistische Gesellschaftsordnung*; er hat zwar den Anstoß gegeben,
und den Keim der sozialistischen Konsequenzen ausgestreut, aber er hat
noch keinen wirklichen Sozialismus aufgestellt" (Stein 1959b, 180). Zu
Beginn der proletarischen Bewegung, so Marx, habe „das Proletariat mit
der industriellen und kleinen Bourgeoisie noch gemeinsame Interessen"
gehabt (451), hätten die frühsozialistischen Schriftsteller noch morali-
siert. „Vergleiche z. B. Cobbetts und P. L. Couriers Schriften oder Saint-
Simon, der im Anfange die industriellen Kapitalisten noch zu den travail-
leurs rechnete, im Gegensatz zu den oisifs, den Rentiers. Diesen trivialen
Gegensatz auszusprechen, und zwar nicht in der gewöhnlichen, sondern
in der heiligen philosophischen Sprache, für diese kindliche Einsicht
nicht den passenden, sondern einen verhimmelten, abstrakten Ausdruck
zu geben, darauf reduziert sich die Gründlichkeit der im wahren Sozialismus vollendeten deutschen Wissenschaft hier wie in allen andern Fällen"
(451 f.). Der französische Kommunismus sei „allerdings ‚roh', weil er der
theoretische Ausdruck eines *wirklichen* Gegensatzes ist, über den er (für

die „deutschen Sozialisten"; S. K.) [...] aber dadurch hinaus sein sollte, daß [...] (sie) diesen Gegensatz in der Einbildung als schon überwunden unterstell(en)" (446).

11.2 Die Auseinandersetzung mit den „Wahren Sozialisten"

11.2.1 Der Konflikt mit Moses Heß

Marx und Engels entlarven im ersten Kapitel ihrer Kritik am „wahren Sozialismus" (445–472) einen Artikel von Hermann Semmig in den „Rheinischen Jahrbüchern" als ungeschicktes Plagiat des Aufsatzes „Über die Noth unserer Gesellschaft und deren Abhülfe" (Heß 1961 f) von Moses Heß in „Püttmann's Deutsches Bürgerbuch für 1845". Heß wird so auf indirekte Weise zum Thema. Inhaltlich hatte er das Gleichheitsideal des französischen Kommunismus als bloße Spiegelung der *Krämerwelt* und „Gleichmacherei" kritisiert und mit dem wahren, sozialistischen Eigentum konfrontiert: „Es gibt ein Eigenthum, wahr und wirklich, wie das individuelle Leben überhaupt – außer dem es kein Leben und kein Eigenthum gibt. Wir meinen das mit dem gesellschaftlichen, d. h. selbstbewußten Wesen ebenso innig verwachsene Material zum *socialen* Leben und Wirken, wie das mit dem natürlichen Körperleben verwachsene Material zu dem *körperlichen* Leben und Wirken. Wer dieses wahre und wirkliche, dieses lebendige, beseelte Eigenthum angreift – [...] – ist ein Raubmörder. Ein solches Eigenthum wird aber in unserer Gesellschaft, die von der Heiligkeit und Unantastbarkeit des Eigenthums spricht, *nicht* anerkannt. – Es gibt ein anderes Eigenthum, lügenhaft und nichtig, ein *Schatten*, ein *Phantom*, ein *Schein* von Eigenthum – wie ein todter Leichnam das *Phantom* eines lebendigen, beseelten Körpers ist. Wir meinen das vom Producenten, von seiner Seele getrennte Produkt. Dieses ist kein Eigenthum mehr; es ist ein von seiner Seele getrennter Körper, eine abstrakte, entseelte Materie." (ebd., 323 f.) Der eher als *Predigt* denn als sozialpolitisches Pamphlet gestaltete Text endet mit einer Huldigung an die französische Praxis und Herzenstiefe: „denn die Praxis entwickelt ihre Consequenzen mit gleicher Nothwendigkeit, wie die Theorie: *ordo et connexio rerum idem est ac ordo idearum* – dürfte es uns gegönnt sein, unsere Theorie zu verwirklichen" (ebd., 326). In diesem Statement spiegelt sich Heß' letztlich religiös motivierte Überzeugung, daß der Sozialismus die mit der Ausbreitung des Christentum zerstörte Einheit von religiösem und sozialem Leben wiederbringe (vgl. Avineri 1985, 41 f.). Heß' „Schwärmerei" wird von Marx und

Engels weniger als Ursache, denn als Symptom des „utopischen Sozialismus" kritisiert.

Der am 21. Januar 1812 in Bonn geborene Moses Heß wirkte Ende der 1830er, Anfang der 1840er Jahre als Katalysator auf dem Weg von Marx und Engels zum Kommunismus. Das Verhältnis zwischen Marx und Engels auf der einen und Moses Heß auf der anderen Seite war zunächst alles andere als feindselig. Als Heß 1841 Karl Marx zum ersten Mal begegnete, hatte er in einem Brief an Berthold Auerbach geschrieben: „Du kannst Dich darauf gefaßt machen, den größten, vielleicht den *einzigen* jetzt lebenden *eigentlichen Philosophen* kennen zu lernen, der nächstens, wo er öffentlich auftreten wird (in Schriften sowohl als auf dem Katheder), die Augen Deutschlands auf sich ziehen wird. Er geht, sowohl seiner Tendenz als seiner philosophischen Geistesbildung nach, nicht nur über *Strauß*, sondern auch über *Feuerbach* heraus, und letzteres will viel heißen! [...] Dr. Marx, so heißt mein Abgott, ist noch ein ganz junger Mann (etwa 24 Jahre höchstens alt), der der mittelalterlichen Religion und Politik den letzten Stoß versetzen wird; er verbindet mit dem tiefsten philosophischen Ernst den schneidendsten Witz; denke Dir Rousseau, Voltaire, Holbach, Lessing, Heine und Hegel in einer Person vereinigt; ich sage *vereinigt*, nicht zusammengeschmissen – so hast Du Dr. Marx" (Cornu/Mönke 1961, XXIV). Dieser ersten Zusammenkunft folgen zum einen eine jahrelange Zusammenarbeit mit Marx und Engels, zunächst im Kreis um Arnold Ruge sowie bei der „Rheinischen Zeitung", und zum anderen 1843 – nach der Emigration – in Paris der Versuch, mit Ruge, Marx und Karl Grün die „Deutschen Jahrbücher" als „Deutsch-Französische Jahrbücher" fortzuführen. 1843 bewegte Heß zwar Engels dazu, zum Kommunismus überzugehen, jedoch noch nicht Marx (vgl. Na'Aman 1982, 232 f.). 1844 gelang es Heß im Verbund mit Bernays, Karl Grün, Marx und Engels den „Pariser Vorwärts!" von einem ursprünglich radikaldemokratischen Blatt in ein Agitationsorgan der kommunistischen Bewegung umzuwandeln (vgl. Schmidt 1975, VII).

Mit Heß trifft die Kritik am Deutschen Sozialismus mehr als nur die abweichende Meinung einer Randfigur; sie zielt nämlich auf eine Person, die ähnlich wie Feuerbach, Bauer und Ruge zeitweilig einen entscheidenden Einfluß auf die Entwicklung von Marx und Engels hatte, aber dann der Entwicklung „hinterher hinkt". Zudem spiegelt die Kritik die Verlagerung des Marxschen Denkens in Richtung eines „objektiven" Zugangs zur Welt wider. 1842 hatte Marx noch geschrieben: „Wir haben die feste Überzeugung, daß nicht der *praktische Versuch*, sondern die *theoretische Ausführung* der kommunistischen Ideen die eigentliche *Gefahr* bildet, denn auf praktische Versuche, und seien es *Versuche in Masse*, kann man durch *Kanonen* antworten, sobald sie gefährlich werden, aber *Ideen*, die unsere Intelligenz besiegt, die unsere Gesinnung erobert, an die der Verstand unser Gewissen geschmiedet hat, das sind Ketten, denen man sich nicht entreißt, ohne sein Herz zu zerreißen, das sind Dämonen, welche der Mensch nur besiegen kann, indem er sich ihnen unterwirft." (*MEW* Bd. 1, 108) Jetzt, 1845/46, sind Marx und Engels auf ihrem Weg vom Junghegelianismus zur eigenen materialistischen Theorie schon weit vorangekommen – wenn auch ihre Sprache wie die von Heß im junghegelianischen Stil bleibt. Heß wird nun von Marx und Engels kritisiert, weil sein *subjektiver Standpunkt* der Bewegung schade. Er wird davor gewarnt, an Feuerbachs „naturalistischer" Anthropologie und dem „kleinbürgerlichen Subjektivismus" festzuhalten. „Allein einen tiefen Aufschluß über den Einfluß jener Gedanken würde man erhalten" schrieb Lorenz von Stein, „wenn man im Allgemeinen die Art und Weise, wie die Gegenstände des öffentlichen Lebens in dieser Zeit behandelt und entschieden werden, mit der der früheren vergleichen wollte [...]. In den Arbeiten und Bestrebungen, die in dieser Richtung stehen, fangen die Forderungen auf freieres Recht, neue Organisationen, Aenderung veralteter Institute allmählig, aber sicher fortschreitend an, nicht mehr als Behauptungen und Klagen, sondern als lauter bestimmte und so weit möglich consequente *Entwickelungen* aus einem *Princip* aufzutreten. – Indem ferner jedes Princip ein *allgemeines* ist, verschwindet die eine Basis der früheren Idee der Freiheit des Volkes, als einer Freiheit für das bestimmte Volk und für den Einzelnen, *insofern* dieß Volk sie ihm geben kann; an ihre Stelle tritt die Idee der Freiheit der *Person überhaupt*, als eine durch das absolute Wesen der Person bedingte" (Stein 1974, 37). Diese Beobachtung betrifft weniger Marx und Engels als vielmehr Moses Heß. An ihr wird sichtbar, daß die Kritik an Heß nicht nur einen Streit innerhalb der *kommunistischen* Bewegung klären soll, sondern darüber hinaus auch der „Explikation" einer neuen Wissenschaft dient. Was war seit 1842 geschehen?

Eine Erklärung bleibt ohne biographische Zusammenhänge unzulänglich. Der schwärmerisch veranlagte Heß hatte gegen seinen Willen eine kaufmännische Ausbildung durchlaufen und in das väterliche Unternehmen eintreten müssen; zwar besuchte er in den dreißiger Jahren einige Philosophievorlesungen an der Universität Bonn, jedoch blieb ihm ein regelrechtes Studium verschlossen. Mit der schwärmerischen Veranlagung und der Herkunft aus dem kleinbürgerlich-jüdischen Milieu erklärten Anfang der 1960er Jahre die ostberliner Herausgeber einer größeren Schriftensammlung von Moses Heß etwas kurzschlüssig seinen Eintritt in die sozialistische Bewegung wie seine religiöse Orientierung: „In dem anthropologisch begründeten Humanismus Feuerbachs fand Heß die philosophische Bestätigung seiner Ansichten. Wenn es eine objektive Tatsache ist, daß dem Wesen des Menschen ein harmonievolles Gattungsleben entspricht, dann ist der Sozialismus, der dieses verwirklicht, keine zufällige Erfindung, sondern die notwendige Konsequenz dieses Tatbestandes. Diese Auffassung wurde das Grunddogma des ‚wahren' Sozialismus" (Cornu/Mönke 1961, XXV f.). Für Heß wurzelte der Kommunismus aber nicht nur im materiellen Elend des Proletariats; er müsse darüber hinaus logisch entwickelt werden, er sei auch eine Forderung des Bewußtseins. Damit war Heß im Herbst 1843 „anfangs der einzige, der Feuerbachs Lehre mit dem Sozialismus verband" (ebd.). Kurz: Noch bevor Marx und Engels sich von Radikaldemokraten zu bekennenden Kommunisten wandelten und die Grundzüge des „Historischen Materialismus" entwickelten, hatte Moses Heß den Klassenantagonismus und das Elend des Proletariats zum Inhalt des Feuerbachschen Humanismus gemacht: „Against these social cleavages Hess proposed his notion of social man. Hess' model of social man was derived directly from Feuerbach's anthropological ideas about man as species-being (Gattungswesen): [...] Such a philosophical anthropology is in contrast with the alternative model of man as the atomistic and individualistic entity of classical political economy and conventional liberalism: it would later become the foundation of the philosophical anthropology of Marxian socialism" (Avineri 1985, 61).

Aus dem „Lehrer" wurde rasch ein „Schüler" gemacht: Heß wird nämlich schon kurze Zeit später von Marx kritisiert, weil seine Schriften Feuerbachsche „Residuen" nicht verleugnen können. Damit wird eine überwunden geglaubte „Zwischenstufe", eben die des subjektiven oder utopischen Sozialismus angegriffen. Bei Heß heißt es: „Indem wir uns nicht zutrauen, unsere Ideen ins Leben einzuführen, wenden wir unsere Augen von der Gegenwart ab, dem Jenseits der Zukunft zu. Nirgends hat die Religion des Jenseits einen besseren Boden gefunden als in Deutschland. Nirgends hat gegenwärtig die Philosophie der That mit größern Hindernissen zu kämpfen, als bei uns [...]. Und doch kann die Philosophie der That ihr Prinzip nur von Deutschland erhalten. Nur da, wo die Philosophie überhaupt es zu ihrem Culminationspunkt gebracht hat, kann sie über sich selbst hinaus und zur That übergehen. [...] noch sind es nur Wenige, die den Muth haben, die Schärfe des Gedankenschwertes der Außenwelt zuzukehren." (Heß 1961b, 197 f.) Das Zitat entstammt dem Aufsatz „Socialismus und Communismus", der zusammen mit den Arbeiten „Philosophie der That" (1961c) und „Die Eine und ganze Freiheit!" (1961d) in die von Marx und Engels, wie gesagt, vernichtend beurteilten „21 Bögen aus der Schweiz" aufgenommen wurde. In allen drei Artikeln beschreibt Heß auf eine näher zu zeigende Weise den Weg zu Sozialismus und Kommunismus als einen *Bewußtseins*prozeß, bei dem die sozialistische Theorie Religion und Politik, und mit ihnen jegliche Form der Entzweiung von Individuum und Gemeinschaft als Ursprung der Ungleichheit und Herrschaft negiert.

„Jede Politik", so Heß in „Socialismus und Communismus", „sie mag eine absolutistische, aristokratische oder demokratische sein, muß nothwendig, ihrer Selbsterhaltung wegen, den Gegensatz von Herrschaft und Knechtschaft aufrecht erhalten; sie hat ein *Interesse* an den Gegensätzen, denn ihnen verdankt sie ihr Dasein – so wie mit der [...] Religion überhaupt die Geistesknechtschaft *nothwendig* verknüpft ist" (Heß 1961b, 198 f.). In „Philosophie der That" folgt der historisch-dialektische Schluß: „Der Unterschied der Geschichte der Menschheit von der Naturgeschichte im eigentlichen Sinne ist nur der, daß in der Natur jede Selbstbeschränkung des Geistes fixirt, der Gegensatz, in den der Geist zu sich selbst tritt, ein *bleibender*, während in der Menschheit jede Selbstbeschränkung des Geistes nur eine Entwicklungsstufe und darüber *hinausgegangen* wird. Die wahre Geschichte des Geistes beginnt erst da, wo alle Naturbestimmtheit aufhört, der Geist entwickelt, das Selbstbewußtsein reif und die Geistesthat klar erkannt ist. Mit dieser Erkenntniß beginnt das Reich der Freiheit, an dessen Pforten wir stehen und anklopfen." (Heß 1961c, 223 f.) Und in dem Artikel „Die Eine und ganze Freiheit!" fordert Heß die praktischen Konsequenzen seiner „Philosophie der That" ein: „Die geistige und sociale Knechtschaft ist ein Kreis, dessen diabolische Macht nur gebrochen werden kann, indem man aus demselben heraus in die gesunde Lebenssphäre der Freiheit tritt und so dem Zauber mit einem Schlage ein Ende macht. [...] Die Religion kann wohl das unglückliche Bewußtsein der Knechtschaft dadurch erträglich machen, daß sie dasselbe bis zur *Zerknirschtheit* steigert, in welcher jede Reaktion gegen das Übel und somit jeder Schmerz aufhört – wie das Opium in schmerzlichen Krankheiten gute Dienste leistet – [...]. [...] und so wie die wahre Religion, das Christenthum, historisch nachweisbar eine Tochter des Unglücks ist, so hat das Unglück wiederum seine größte Stütze und die stärkste Garantie seiner Fortdauer in der Religion." (Heß 1961d, 227 f.) Folgerichtig sieht Heß in der Negation der Religion und der sozialen Unterschiede eine Forderung der Gerechtigkeit und in der Einheit und Gleichheit der Gemeinschaft, d. h. im Kommunismus, deren praktische Konsequenz.

Heß war – wie die Zitate belegen – demnach tatsächlich zeitweilig mehr als eine Randfigur auf dem Weg zum „wissenschaftlichen Sozialismus". Die Vision der Aufhebung aller Klassen durch das Proletariat und die Charakterisierung der Religion als „Opium des Volkes" sind Ideen, die Marx und Engels von ihm übernahmen. Doch anders als Marx und Engels verläßt Heß zu keiner Zeit den Fichteschen Standpunkt; er kehrt ihn lediglich mit Feuerbachs Religionskritik materialistisch um: „Das gesellschaftliche Wesen", schreibt er 1845 in „Über die sozialistische Bewegung in Deutschland", „das menschliche Gattungswesen, sein *schöpferisches* Wesen, war und blieb bis jetzt für den Menschen ein mystisches, jenseitiges Wesen, das ihm im politischen Leben als Staatsmacht, im religiösen als himmlische Macht, theoretisch als *Gott*, praktisch als *Geldmacht* gegenüber stand. [...] Alle Wissenschaft und Kunst konnte ihn nicht frei machen, so lange er nicht die *menschliche* Wissenschaft und Kunst erkannte und ausübte – und diese Wissenschaft und Kunst ist die *sociale*." (Heß 1961e, 285 f.) Das Geheimnis alles Schöpferischen liege in der Gemeinschaft, womit die sozialistische Bewegung zum letzten Grund menschlicher Kreativität wird: „Die sozialistischen Bewegungen sind Regungen des im Mutterschooße der Zeit lebendig gewordenen menschlichen Genius." (ebd., 286) Der Sozialismus sei, „mit andern Worten, durch die praktische Noth des Proletariats von Außen herein gekommen, und durch die theoretische Nothwendigkeit der Wissenschaft von Innen heraus entstanden" (ebd.). Heß prophezeit einen unendlichen Kreislauf von Revolution und Konterrevolution, „wenn die Erhebung der Wirklichkeit zur Wahrheit den geistlosen *Fakten*anbetern, oder die Erhebung der Wahrheit zur Wirklichkeit den *Geistes*freien überlassen bliebe" (ebd., 291). Komme es zu einem Widerspruch „zwischen der deutschen *Philosophie als solcher* und dem Sozialismus, so kann dieser prinzipiell nur dadurch entstehen, daß die Erstere den Humanismus, das menschliche Leben, nicht als das Zusammenwirken der Menschen überhaupt, nicht als die menschliche Lebensthätigkeit im weitesten Sinne, sondern als die *Denkthätigkeit* faßt, und dieser Konflikt ist wirklich entstanden" (ebd., 295). Es überrascht nicht, wenn es in der *Deutschen Ideologie* zu Heß heißt, er sehe im französischen Sozialismus eine rohe Theorie, weil seine Einbildung ihn „als schon überwunden unterstellt" (446). Tatsächlich verschränkt Heß' Wissenschaftsbegriff den Sozialismus und die Willensfreiheit mit der Heilsgeschichte. „The historical forces which formed society during its evolution, despite all its imperfection, Hess called by a characteristically Spinozist term: ‚intellectual love'. Intellectual love is that kind of human consciousness which is aware of the other-relatedness of human existence. This is sociability based on rational freedom, not on an unbridled freedom of the passion. It is man's free activity as directed by Reason" (Avineri 1985, 61 f.).

Marx und Engels haben das genau registriert. Die Kritik der „Rheinischen Jahrbücher" und anderer Publikationen des Jahres 1845 zielt vorrangig, aber oft nicht explizit auf Moses Heß: „Diese ‚Bausteine' und ‚Resultate', zusammen mit den übrigen Granitblöcken, die sich in den ‚Einundzwanzig Bögen', dem ‚Bürgerbuch' und den ‚Neuen Anekdotis' finden, bilden den Felsen, auf den der *wahre Sozialismus*, alias *deutsche Sozialphilosophie*, seine Kirche bauen wird" (472).

Der Streit mit Heß stand bis 1846 der Zusammenarbeit mit ihm nicht im Weg: Heß hatte mit Engels seit April/Mai 1845 die Zeitschrift „Der Gesellschaftsspiegel. Organ zur Vertretung der besitzlosen Klassen und zur Beleuchtung der gesellschaftlichen Zustände der Gegenwart" als Katalysator der kommunistischen Bewegung in Deutschland herausgegeben. Diese sollte *empirisch* „alle und jede Übertretung der zum Schutze der Armen gegen die Reichen erlassenen Gesetze mit den genauesten und beschämendsten Umständen veröffentlichen. Nur auf diese Weise können die bis jetzt meist nur auf dem Papier existirenden Gesetze wirklich in Kraft treten" (Heß 1961h, 372). Marx unterstützte den „Gesellschaftsspiegel" mit einem eigenen Beitrag: *„Peuchet: Vom Selbstmord:* Die französische Kritik der Gesellschaft besitzt teilweise wenigstens den großen Vorzug, die Widersprüche und die Unnatur des modernen Lebens nicht nur an den Verhältnissen besonderer Klassen, sondern an allen Kreisen und Gestaltungen des heutigen Verkehrs nachgewiesen zu haben, und zwar in Darstellungen von einer unmittelbaren Lebenswärme, reichhaltiger Anschauung, weltmännischer Feinheit und geisteskühner Originalität, wie man sie bei jeder andern Nation vergebens suchen wird [...]. Es sind keineswegs nur die eigentlich *sozialistischen* Schriftsteller Frankreichs, bei denen man die kritische Darstellung der gesellschaftlichen Zustände suchen muß; es sind Schriftsteller aus jeder Sphäre der Literatur, namentlich aber die Roman- und Memoirenliteratur. Ich werde an einigen Auszügen über den *Selbstmord* von den *mémoires tirés des archives de la police etc. Par Jaques Peuchet* ein Beispiel dieser französischen Kritik geben, das zugleich zeigen mag, inwiefern die Einbildung dieser philanthropischen Bürger begründet ist, als ob es sich nur darum handle, den Proletariern etwas Brot und etwas Erziehung zu geben, als ob nur der Arbeiter unter dem heutigen Gesellschaftszustand verkümmert, im übrigen aber die bestehende Welt die beste Welt sei" (Gesellschaftsspiegel, Bd. II, Heft 7, S. 14, zitiert nach Na'Aman 1982, 160). Dieser Artikel von Marx, der nicht in die *MEW*-Ausgabe aufgenommen wurde, ist, so Na'Aman, unerläßlich zum Verständnis der Frühphase von Marx' Theorie. Er zeige, was Marx „beim deutschen philosophischen Kommunismus bereit war anzuerkennen und was er ablehnte" (ebd.). Marx habe die gesellschaftsanalytischen Elemente bei den „Deutschen Sozialisten" anerkannt. Heß wird im Vergleich zu Karl Grün so moderat behandelt, weil er sich wenigstens darum bemühte, den von Marx und Engels eingeschlagenen Weg zu folgen und seine Analyse des Geldwesens an die objektive, empirische Vorgehensweise von Marx und Engels angelehnt hatte (vgl. Heß 1961g, passim).

11.2.2 Der „Prophet" des deutschen Sozialismus: Dr. Georg Kuhlmann

1846 hatten sich Moses Heß auf der einen und Marx und Engels auf der anderen Seite wieder soweit genähert, daß Heß zu dem geplanten Band II den Abschnitt V. „Der Dr. Kuhlmann aus Holstein oder Die Prophetie des wahren Sozialismus" beisteuern sollte. Tatsächlich beinhaltet dieser letzte Abschnitt der *Deutschen Ideologie* die redigierte Fassung eines Artikels, den Heß 1845 unter dem Titel „Umtriebe der kommunistischen Propheten" (Heß 1961i) im „Gesellschaftsspiegel" veröffentlicht hatte. Der Beitrag galt dem Mißbrauch von Führungspositionen innerhalb der kommunistischen Bewegung. „Dieses Problem war seit dem Auftreten des Messias Kuhlmann aktuell. Heß [...] beschäftigte sich mit der Ausarbeitung eines weitläufigen Manuskripts: Sankt Georg Kuhlmanns Werke. Die neue Welt oder das Reich Gottes auf Erden. Verkündigung. Während Heß sich noch mit diesem Manuskript abgab, ging die Rolle dieses ephemeren Propheten schon zu Ende und das beweist, daß es um August Becker, dem mutigen Nachfolger Weitlings (ging), der zu Kuhlmanns Schrift ,Neue Welt' ein überschwengliches Vorwort geschrieben hatte, aus dem Heß zitiert: ,Dieser Mann, den unsre Zeit erwartet – er ist aufgetreten. Es ist der Dr. Georg Kuhlmann aus Holstein'" (Na'Aman 1982, 177; vgl. Heß 1961i, 375). Der kurze Abschnitt dient dem Zweck, die Bewegung zu versachlichen und von falschen Propheten zu reinigen. „Wie die medizinischen Wundermänner und Wunderkuren auf der Unbekanntschaft mit den Gesetzen der *natürlichen*, so fußen die *sozialen* Wundermänner und Wunderkuren auf der Unbekanntschaft mit den Gesetzen der *sozialen* Welt – und der Wunderdoktor aus Holstein ist eben der *sozialistische Wunderschäfer* aus Niederempt" (523). Daran anknüpfend wird eine Brücke von der *ideologiekritischen* Würdigung Feuerbachs zur praktischen Anwendung der Ideologiekritik als *Wissenssoziologie* geschlagen: Die Lehren des „wahren Sozialismus" werden mit der gesellschaftlichen Lage in Deutschland verbunden, unterschiedliche Wissensformen als Objekt behandelt und zwischen ihnen differenziert. Die „Phrasen vom Bewußtsein" (27) seien vorbei, wirkliches Wissen stelle sich ein: „Nun aber besteht eines der wesentlichsten Prinzipien des Kommunismus, wodurch er sich von jedem reaktionären Sozialismus unterscheidet, in der auf die Natur des Menschen begründeten Ansicht, daß die Unterschiede des *Kopfes* und der intellektuellen Fähigkeiten überhaupt keine Unterschiede des *Magens* und der physischen *Bedürfnisse* bedingen; daß mithin der falsche, auf unsre bestehenden Verhältnisse begründete Satz: ‚Jedem nach seinen Fähigkeiten', sofern er sich auf den Genuß im engeren Sinne bezieht, umgewandelt werden muß in den Satz: *Jedem nach Bedürfniß;* daß, mit andern Worten, die *Verschiedenheit* in der Tätigkeit, in den Arbeiten, keine *Ungleichheit*, kein *Vorrecht* des Besitzes und Genusses begründet" (528). Ob Marx und Engels diesen Passus bewußt stehen ließen oder den letzten Abschnitt des Werks unredigiert der „nagenden Kritik der Mäuse" überließen (*ZKPÖ*, 10), steht dahin. Inhaltlich entspricht die Selbstcharakterisierung am Schluß eher den anderen Schriften von Heß als den vorangegangenen Passagen der *Deutschen Ideologie*. Dahinter steht der Glaube, daß der Sozialismus den *Schein*glauben des Christentums zu seiner wahren Wirklichkeit aufhebt und die gefallene und deshalb entzweite Menschheit als Gattungswesen wieder mit Gott versöhnt: „Was das allgemeine Ziel allen zeitlichen Strebens betrifft, so ist es die ewige Wahrheit, das einige Leben, oder *Gott*, zu dem alles besondere, einseitige, getrennte Leben heimkehrt, wie es von Ihm ausgegangen." (Heß 1961a, 48) Für Heß „ist der letztlich immer religiös motivierte Nationalmythos, die Einheit von Stamm und Religion, entscheidend. Wenn wir von den Juden absehen, so scheint diese Argumentation für die Welt des Westens absurd-überholt; sobald wir uns aber der sogenannten dritten Welt zuwenden, wird diese Verbindung von Volk/Nation und Religion/Mythos äußerst aktuell und vom Standpunkt der islamischen Nahostwelt zu einem unmittelbaren Politikum" (Na'Aman 1982, 7).

11.2.3 Karl Grün

Für das Verständnis der vehementen Kritik von Marx und Engels an Grün lohnt es sich daran zu erinnern, daß Grün in den 1840er Jahren bessere Publikationsmöglichkeiten hatte und den anarchistischen Sozialismus Proudhons – mit dem er seit 1843 befreundet war – in Deutschland vertrat. Er stand darüber hinaus dem von Marx geplanten Aufbau einer internationalen Arbeiterorganisation mit Proudhon und Marx als Wortführern an der Spitze im Weg (vgl. Trox 1993, 50). Erstaunlich ist zudem, daß die Kritik an Grün auf Lorenz von Stein zurückgreift, wenn es gilt, den „utopischen Sozialismus" zu attackieren; immerhin ist Stein im sozialistischen Schrifttum seit Moses Heß (vgl. Heß 1961e, 296–298) als Reaktionär (vgl. Löbig 2004, 16; Marcuse 1989, 339) und „Preußischer Geheimagent" (vgl. Quesel 1989, 32 f.) denunziert worden.

Grün – so Engels und Marx – habe die Antiquiertheit des deutschen Sozialismus durch die Wiederholung der von Heß eingeführten Parallelisierung von Saint-Simon und Schelling sowie von Feuerbach und Proudhon „vollends [in] Unsinn" (479) verwandelt. Sein Buch *Die soziale Bewegung in Frankreich und Belgien* (1845) stehe weit unter dem Niveau des Werkes von Stein, „der wenigstens versuchte, den Zusammenhang der sozialistischen Literatur mit der wirklichen Entwicklung der französischen Gesellschaft darzustellen. Es bedarf indes kaum der Erwähnung, daß Herr Grün [...] mit der größten Vornehmheit auf seinen Vorgänger herabsieht" (480). Der weitergehende Vorwurf lautet: „Von der ganzen saint-simonistischen Literatur hat Herr Grün *kein einziges Buch* in der Hand gehabt. Seine Hauptquellen sind: vor Allem der vielverachtete *Lorenz Stein*, ferner die Hauptquelle Steins, *L. Reybaud* [...] und stellenweise *L. Blanc.*" (ebd.) Marx und Engels überführen Grün akribisch dreister Plagiate und Verfälschungen der von ihm zugleich desavouierten Vorgänger. In dem Karl Grün gewidmeten Abschnitt zeigen sich Marx und Engels als virtuose Philologen; ihre Textkritik zerpflückt Karl Grün, indem sie die Verfälschungen und Bagatellisierungen en détail nachweist. „Und dann, nachdem er diese biographische Sudelei hingeworfen hat, ruft er aus: ‚Dieses ganze, *echt zivilisierte* Leben!' [...] – als wenn dies Grünsche ‚Leben' Saint-Simons der Spiegel von irgend etwas wäre, außer von Herrn Grüns Art der Buchmacherei ‚selbst'." (485) Der theoriegeschichtlich entscheidende Punkt der Kritik an Grün ist, daß Marx *mit* Lorenz von Stein die Bedeutung Saint-Simons für das anbrechende industrielle Zeitalter klar wurde. Er habe zwar noch keinen Begriff des Sozialismus oder Kommunismus gehabt, aber er habe die Bedeutung der neu entstehenden Klassengesellschaft und der Industrie erkannt. „Bei Saint-Simon gehören zu den Industriellen außer den Arbeitern auch die fabricants, négociants, kurz, *sämtliche industrielle Kapitalisten*, an die er sich sogar vorzugsweise adressiert. [...] Bei seiner Besprechung des ‚Catechisme' sagt Stein: ‚Von ... kommt Saint-Simon zu einer *Geschichte der Industrie* in ihrem Verhältnis zur Staatsgewalt ... er ist der erste, der es zum Bewußtsein gebracht hat, daß in der Wissenschaft der Industrie ein *staatliches* Moment verborgen liege ... es läßt sich nicht leugnen, daß ihm ein wesentlicher Anstoß gelungen ist. Denn erst seit ihm besitzt Frankreich eine Histoire de l'économie politique' pp., p. 165, 170. Stein selbst ist im höchsten Grade konfus, wenn er von einem ‚staatlichen Moment' in ‚der Wissenschaft der Industrie' spricht. Er zeigt indes, daß er eine richtige Ahnung hatte, indem er hinzufügt, daß die Geschichte des Staats aufs genaueste zusammenhänge mit der Geschichte der Volkswirtschaft" (490 f.). Grün habe Stein total verhunzt und zu baren Unsinn gemacht: „Dieser ‚Stein, den die Bauleute verworfen haben', ist für Herrn Grün wirklich zum ‚Eckstein' seiner ‚Briefe und Studien' geworden. Zugleich aber auch zum Stein des Anstoßes. Aber noch mehr. Während Stein sagt, Saint-Simon habe durch Hervorhebung dieses staatlichen Moments in der Wissenschaft der Industrie die Bahn gebrochen zur *Geschichte* der politischen Ökonomie, läßt Herr Grün ihn die Bahn zur *politischen Ökonomie selbst* brechen." (491)

Aus der *zwischen den Zeilen* dieses Verrisses hervorgehenden Würdigung Saint-Simons wird deutlich, daß Marx dessen Schriften historisch deutet. Marx begreift das Werk Saint-Simons *mit* Stein nämlich nicht als „reine Theorie", sondern als einen Versuch, auf die gesellschaftlichen Bedingungen einzuwirken, die eine Gestalt wie ihn hervorgebracht haben (vgl. Stein 1959b, 157). Beide beanspruchen, im Gegensatz zu den deutschen Literatenzirkeln (vgl. Stein 1848, XII) begriffen zu haben, daß Hegels Dialektik in einen Realprozeß „umgeschlagen" ist, der fortan die historisch-gesellschaftliche Entwicklung bestimmt.

11.3 Ideologiekritik und Wissenssoziologie

Bereits in der Kritik an Heß fällt eine Parallele zwischen dem „Historischen Materialismus" von Engels und Marx mit dem „Objektiven Idealismus" Hegels auf: Kritisierte Hegel am subjektiven Idealismus von Fichte, daß die Philosophie der absoluten Subjektivität letztlich sich selbst zerstört, weil ihre Ideale „zu Erdichtungen werden und jede Beziehung auf sie als wesenloses Spiel oder als Abhängigkeit von Objekten und als Aberglaube erscheint" (Hegel 1969, 391), fallen Heß und Grün unter das Ideologieverdikt, weil sie immer noch beim Bewußtsein stehen blieben und nicht von den gegebenen Verhältnissen ausgehen (25). Der von Hegel dargestellte Gegensatz von „Substanz-" und „Subjektivitätsphilosophie" wird auf den Weg zum Kommunismus übertragen: Ähnlich wie die „Phänomenologie des Geistes" den Aufstieg des (subjektiven) Bewußtseins zum objektiven Denken, zur Wissenschaft darstellt, dient die Kritik der *Deutschen Ideologie* der Aufhebung des illusionären Scheins aller bloßen Theorie, und damit auch des „subjektiven utopischen Sozialismus". Marx und Engels übernehmen von Hegel den Blick für das Auseinandertreten von subjektiver

Absicht und objektiver Wirkung des Handelns. „Menschen", so Hegel, „vollbringen ihr Interesse, aber es wird noch ein Ferneres damit zustande gebracht, das auch innerlich darin liegt, aber das nicht in ihrem Bewußtsein und in ihrer Absicht lag. [...] – Es ist [...] nur dies festzuhalten, daß in der unmittelbaren Handlung etwas Weiteres liegen kann als in dem Willen und dem Bewußtsein des Täters. [...], sie wird ein Rückschlag gegen ihn, der ihn zertrümmert" (Hegel 1970, 43).

Diese Beobachtung Hegels wird nun auf die Realverhältnisse übertragen. Denn trotz aller Kritik beerben Marx und Engels den „Objektiven Idealismus" insofern, als sie ihn zwar materialistisch „umstülpen" und die Antagonismen der modernen Gesellschaft „aus den Naturgesetzen der kapitalistischen Produktion" (*MEW* Bd. 23, 12) ableiten, jedoch an der „Triplizität" des Begriffs festhalten. Das Prinzip der „doppelten Negation" wird auf den Produktionsprozeß der Menschheit übertragen: Die Arbeitsteilung zerstöre die natürliche Einheit primitiver Gesellschaften, führe zur Scheidung von herrschender und beherrschter Klasse und münde in die ihrerseits zu negierende Entfremdung und Abhängigkeit der Menschen von ihren eigenen Produkten (29 ff.; vgl. Steinvorth 1987, 230 f.). Heß und Grün haben daher aus Marxscher Perspektive in zweifacher Hinsicht einen falschen Ansatz: Zum einen machten sie das subjektive Empfinden und nicht die objektive Klassenlage zum Ausgangspunkt der sozialistischen Theorie; zum andern ignorierten sie die Bewegung der Produktivkräfte und den daraus resultierenden objektiven Klassengegensatz. „Hieraus folgt, daß alle Kämpfe innerhalb des Staats, der Kampf zwischen Demokratie, Aristokratie und Monarchie, der Kampf um das Wahlrecht etc. etc., nichts als die illusorischen Formen sind, in denen die wirklichen Kämpfe der verschiednen Klassen untereinander geführt werden" (33).

Anders als Heß, Engels und Marx sieht Stein jedoch von Anbeginn nicht in der Gleichheit, sondern in der individuellen Freiheit und der damit zu respektierenden Differenz zwischen dem Einzelnen und der Gesellschaft das Ziel der Auflösung des gesellschaftlichen Gegensatzes. Die *DI* verklärt demgegenüber das Proletariat, indem sie es als eine aus allen historisch-gesellschaftlichen Bindungen *herausgeworfene* (Un-)Klasse begreift, die über die *proletarische Weltrevolution* zur Erlösung der ganzen Menschheit führt (vgl. 60 f.). Marx und Engels fallen damit hinter den eigenen ideologiekritischen Anspruch zurück und werden selbst ideologisch: „Schließlich wird der ganze Bereich der Lebensnotwendigkeiten abgelöst werden durch ein ‚Reich der Freiheit' [...]: ein Reich Gottes, ohne Gott – das Endziel des historischen Messianismus von Marx" (Löwith 2004, 51).

Stein dagegen interpretiert den Junghegelianismus als Ideologie des *geistigen Proletariats* (vgl. Stein 1974, 48 ff.). Er sieht in der materialistischen Interpretation und Anwendung der Hegelschen Reflexionsverhältnisse auf die Wirklichkeit einen prinzipiellen Fehler, der über die Kritik der *Deutschen Ideologie* hinausgeht: Schon 1842 erkennt er, es sei falsch, den Klassenantagonismus „mit den Waffen eines blinden Fanatismus" zu attackieren. Der sei seinerseits mit wissenschaftlichen Waffen zu bekämpfen. „Zu diesen Waffen aber gehört nicht die reine Negation; sie kann nur Negation und damit nur Kampf erzeugen. Jene Wahrheit aber liegt nicht fern [...]. Denn hier wie bei der Entwicklung des Wesens der allgemeinen Güter überhaupt, löst sich der Begriff des Allgemeinen in den der einzelnen Person auf und diese Seite desselben ist eben nichts andres, als das persönliche Eigenthum" (ebd., 26). Deshalb müsse eine Form des Besitzes denkbar sein, „in der der persönliche Besitz erhalten, und dennoch der vollkommenen Entwicklung der Persönlichkeit durch ihn kein absolutes Hinderniß gegeben wird" (ebd., 26 f.). Die Lösung dieses Problems, das sah der „konfuse Stein", lag in der sozialstaatlichen Steuerung sozialer Gegensätze. In dem auf diesen Prämissen aufbauenden Werk verband Stein den Staatsbegriff mit den Grundlagen der egalitären Erwerbsgesellschaft und verfolgte historisch die Entstehung der rationalen Staatsverwaltung sowie die Emanzipation des Staats aus feudal-hierarchischen Bindungen, mit dem Ergebnis, im allgemeinen Stimmrecht und der allgemeinen Steuerpflicht das Fundament einer soliden Staatsfinanzierung und systematischen Finanzwissenschaft *wie* der individuellen Freiheit zu erkennen. Damit eröffnete der „akademische Stein des Anstoßes" der gesellschaftlichen Reform einen aus der *Deutschen Ideologie* in den modernen Sozialstaat führenden Weg.

Literatur

Avineri, Shlomo (1985): Moses Hess. Prophet of Communism and Zionism, New York/ London.

Cornu, August/Mönke, Wolfgang (1961) (Hrsg.): Moses Hess. Philosophische und sozialistische Schriften 1837–1850. Eine Auswahl, Berlin.

Grün, Karl (1977): Die sociale Bewegung in Frankreich und Belgien, Nachdruck der Ausgabe Darmstadt 1845, Hildesheim.

Hegel, Georg Wilhelm Friedrich (1969): Glauben und Wissen oder Reflexionsphilosophie der Subjektivität in der Vollständigkeit ihrer Formen als Kantische, Jacobische und Fichtesche Philosophie, in: Ders.: Werke in zwanzig Bänden, hrsg. v. Eva Moldenhauer und Karl Markus Michel. Bd. 2 (Jenaer Schriften 1801–1807), Frankfurt/M.

Hegel, Georg Wilhelm Friedrich (1970): Vorlesungen über die Philosophie der Geschichte, in: Werke in zwanzig Bänden, hrsg. v. Eva Moldenhauer und Karl Markus Michel, Bd. 12 (Vorlesungen über die Philosophie der Geschichte), Frankfurt/M.

Heß, Moses (1961a): Die heilige Geschichte der Menschheit. Von einem Jünger Spinoza's, in: Cornu/Mönke 1961, 6–74.

Heß, Moses (1961b): Socialismus und Communismus, in: Cornu/Mönke 1961, 197–209.

Heß, Moses (1961c): Philosophie der That, in: Cornu/Mönke 1961, 210–226.

Heß, Moses (1961d): Die Eine und ganze Freiheit!, in: Cornu/Mönke 1961, 226–230.

Heß, Moses (1961e): Über die sozialistische Bewegung in Deutschland, in: Cornu/Mönke 1961, 284–307.

Heß, Moses (1961f): Über die Noth in unserer Gesellschaft und deren Abhülfe, in: Cornu/Mönke 1961, 311–326.

Heß, Moses (1961g): Über das Geldwesen, in: Cornu/Mönke 1961, 329–348.

Heß, Moses (1961h): An die Leser und Mitarbeiter des Gesellschaftsspiegels, in: Cornu/Mönke 1961, 371–373.

Heß, Moses (1961i): Umtriebe der kommunistischen Propheten, in: Cornu/Mönke 1961, 374–377.

Löbig, Michael (2004): Persönlichkeit, Gesellschaft und Staat. Idealistische Voraussetzungen der Theorie Lorenz von Steins, Würzburg.

Löwith, Karl (1962) (Hrsg.): Die Hegelsche Linke. Texte aus den Werken von Heinrich Heine, Arnold Ruge, Moses Hess, Max Stirner, Bruno Bauer, Ludwig Feuerbach, Karl Marx und Sören Kierkegaard, Stuttgart/Bad Cannstatt.

Löwith, Karl (1995): Von Hegel zu Nietzsche. Der revolutionäre Bruch im Denken des 19. Jahrhunderts, Hamburg.

Löwith, Karl (2004): Weltgeschichte und Heilsgeschehen. Die theologischen Voraussetzungen der Geschichtsphilosophie, Stuttgart/Weimar.

Marcuse, Herbert (1989): Vernunft und Revolution. Hegel und die Entstehung der Gesellschaftstheorie, Frankfurt/M.

Na'Aman, Shlomo (1982): Emanzipation und Messianismus. Leben und Werk des Moses Heß, Frankfurt/M./New York.

Quesel, Carsten (1989): Soziologie und soziale Frage. Lorenz von Stein und die Entstehung der Gesellschaftswissenschaft in Deutschland, Wiesbaden.

Ruge, Arnold (1839): Brief an Lorenz von Stein vom 19. Juli 1839, im Stein-Nachlass Kiel unter der Signatur Nr. Cb 102. 4. 2: 5.

Schmidt, Walter (1975): Zur Geschichte des Pariser Vorwärts von 1845, in: Vorwärts! Pariser Signale aus Kunst, Wissenschaft Theater, Musik und geselligem Leben. (Ab 3. 7. 1844: ‚Pariser deutsche Zeitschrift', hrsg. v. H. Bürnstein unter Mitarbeit von L. F. Bernays, A. Ruge, H. Heine, K. Marx und F. Engels. Unveränderter Nachdruck mit einer Einleitung von Walter Schmidt, 1844–1845. Zentralantiquariat der Deutschen Demokratischen Republik), Leipzig.

Stein, Lorenz v. (1842): Der Socialismus und Communismus des heutigen Frankreich. Ein Beitrag zur Zeitgeschichte, Leipzig.

Stein, Lorenz v. (1848): Der Socialismus und Communismus des heutigen Frankreich. Ein Beitrag zur Zeitgeschichte. Bd. I, 2. Aufl., Leipzig.

Stein, Lorenz v. (1876): Gegenwart und Zukunft der Rechts- und Staatswissenschaft Deutschlands, Stuttgart.

Stein, Lorenz v. (1959a/1850): Die Geschichte der sozialen Bewegung in Frankreich von 1789 bis auf unsere Tage, Bd. I: Der Begriff der Gesellschaft und die soziale Geschichte der Französischen Revolution bis zum Jahre 1830, Darmstadt.

Stein, Lorenz v. (1959b/1850): Die Geschichte der sozialen Bewegung in Frankreich von 1789 bis auf unsere Tage, Bd. II: Die industrielle Gesellschaft, der Sozialismus und Kommunismus Frankreichs von 1830 bis 1848, Darmstadt.

Stein, Lorenz v. (1974): Blicke auf den Socialismus und Communismus in Deutschland und ihre Zukunft (1844); Der Begriff der Arbeit und die Principien des Arbeitslohnes in ihrem Verhältnis zu Socialismus und Communismus (1846). Mit einem Vorwort von E. Pankoke, Darmstadt.

Steinvorth, Ulrich (1987): Freiheitstheorien in der Philosophie der Neuzeit, Darmstadt.

Trox, Eckhard (1993): Karl Grün (1817–1887). Eine Biographie. Begleitbuch zur Ausstellung, Lüdenscheid.

12

Christoph Henning / Dieter Thomä

Was bleibt
von der *Deutschen Ideologie?*

13.1 Einleitung

Die Antwort auf die Frage, was von der *Deutschen Ideologie* bleibt, wird dadurch erschwert, daß sich Marx und sein Ko-Autor Friedrich Engels in dieser Schrift tief in die Polemik mit Zeitgenossen verstrickt haben. Was von der *DI* bleibt, tritt ans Licht, nachdem sich der Rauch alter Gedanken-Schlachten verzogen hat. Anders als in Werken, in denen Marx direkt mit Thesen hervortritt (wie in *MKP* oder *Kapital*) oder historische Ereignisse neu deutet (wie im *18. Brumaire* oder den *Klassenkämpfen in Frankreich*), besteht die *DI* aus einer unbarmherzigen Kritik an der Sozialphilosophie konkurrierender Autoren, die Marx und Engels doch gar nicht so fern standen. Zu diesen Verwicklungen paßt, daß der Text oft etwas Experimentierendes hat; es kommt zu Wiederholungen oder gar Widersprüchen.

Innerhalb des Frühwerks von Marx nimmt die 1845/46 entstandene *DI* eine Zwischenstellung ein, an der sich die Erwartungen an dieses Werk orientieren müssen. Es steht zeitlich genau zwischen der 1843 verfaßten *KHRE* und dem *MKP* von 1848. Die *DI* entsteht überdies kurz nach Abfassung der *ÖPM* und der *Thesen über Feuerbach*. Zum einen finden sich in dieser Schrift daher Folgefiguren der inhaltlichen Auseinandersetzung mit Hegel und seinen Nachfolgern. Zum anderen ist diese Schrift ein Dokument der Selbstkritik, in der methodisch die Kritik an der Philosophie und deren tendenziell ideologischer Gestalt vorangetrieben wird.

Louis Althusser (1968, 32 f.) hat die *DI* als ein Werk des Übergangs gedeutet: Der vormals philosophische Marx habe hier einen epistemischen Einschnitt vollzogen, in dem er mit der Spekulation gebrochen habe und zur empirischen Wissenschaft übergegangen sei. Dagegen vertreten wir die These, daß gerade in der *DI* philosophische Themen behandelt werden, die in späteren Schriften meist nur implizit auftreten. Die Identifikation dieser Themen fällt leicht, wenn man sich vor dem Hintergrund der früheren Hegelkritik an die zwei Autoren hält, gegen die sich Marx' und Engels' Angriffe mit besonderer Wucht richten, nämlich an Ludwig Feuerbach und Max Stirner. Feuerbach, dessen Hegel-Kritik insbesondere von der Rehabilitierung der „Natur" des Menschen getragen ist, veranlaßt Marx und Engels zu einer Nachverhandlung des Verhältnisses zwischen Natur und Geschichte (13.2). Stirner hingegen bietet Anlaß, das Verhältnis zwischen Individuellem und Allgemeinem, von dem Hegels Vorgaben kaum wegzudenken sind, neu zu fassen (13.3). Im Anschluß an diese inhaltlichen Punkte gilt es, die methodische Herausforderung zu identifizieren, die von der *DI* an das Selbstverständnis der Philosophie ergeht (13.4).

13.2 Die Aktualität der Feuerbach-Kritik oder: Das Verhältnis zwischen Geschichte und Natur

Obwohl er von Marx und Engels gestrichen wurde, gehört der folgende Satz zu den sprichwörtlich gewordenen Wendungen aus der *DI*: „Wir kennen nur eine einzige Wissenschaft, die Wissenschaft der Geschichte" (18). Die Rede von „Geschichte" zielt nicht auf ein natürliches ‚Geschehen', sondern auf menschliches Handeln: „Was sie [die Menschen; d. Verf.] sind, fällt also zusammen mit ihrer Produktion" (21). Aufgrund dieser engen Verbindung von Sein und Tätigkeit soll sich die Wissenschaft vom Menschen auf die Geschichte, in der sich diese Tätigkeit entfaltet, konzentrieren dürfen.

Mit der Verbindung von menschlichem Sein und Tätigkeit suchen Marx und Engels der Sache nach den Schulterschluß mit Aristoteles, der das ‚Leben' als Tätigsein faßt (Aristoteles 1995,1098a 6, 1098b 22), mit Rousseau („Leben ist nicht atmen; leben ist handeln"; Rousseau 1762/1971, 15), sowie mit Hegel, für den das Individuum „nur ist, was es getan hat" (Hegel 1807/1970a, 233, vgl. 303). Dabei zielt die „Wissenschaft der Geschichte" auf die Gesamtheit der Handlungen, die sich aus den Beiträgen einzelner Individuen zusammensetzt, damit aber – wie bereits Condorcet sah – den Horizont und die Intentionen der Individuen übersteigen kann. So ist es nur ein kleiner Schritt von der Geschichte zur Gesellschaft (vgl. 13.3). In dieser Hinwendung zum sozialen Ganzen liegt eine Abgrenzung gegenüber einer Handlungstheorie, die – wie etwa bei den liberalen Gründervätern der politischen Philosophie und der Vertragstheorie – die Beschreibung von Gesellschaft primär an individuellen Interessen ausrichtet.

Marx und Engels sehen im Primat einzelner Interessen eine Überlastung des *Erklärungswertes* individueller Autonomie für das Zustandekommen von Gesellschaften. Sie wenden sich gegen ein Ausweichen vor der Analyse der materiellen Voraussetzungen des menschlichen Lebens. Innerhalb der historischen Perspektive stoßen Marx und Engels deshalb auch auf die materiellen Lebensbedingungen der Menschen – ein Interesse, das sie wiederum mit Aristoteles, der darauf hinwies, daß es für das gute Leben „äußere[r] Güter" bedürfe (Aristoteles 1995, 1099a 31), sowie mit Robert Owen und anderen Frühsozialisten teilen. Diese Position schlägt sich in der *DI* in der These von der primordialen Bedürfnisnatur des Menschen nieder.

Die Begriffe der ‚Geschichte' und des ‚Bedürfnisses' werden eingesetzt, um einerseits der individualistischen Auflösung übergreifender historischer Zusammenhänge, andererseits der subjektivistischen Entregelung von Wünschen entgegenzutreten. Mit ihrer Kritik wenden sich Marx und Engels direkt gegen die Junghegelianer, der Sache nach liegt darin aber auch ein Einwand gegen den frühen Liberalismus etwa Lockes und Mandevilles. Doch die Doppelstrategie, mit den Konzepten der Geschichte und der Bedürfnisse den gesellschaftlichen Umständen und natürlichen Grundlagen des individuellen Lebens Rechnung zu tragen, bringt auch systematische Probleme mit sich. Marx und Engels navigieren mit der Geschichte im Kielwasser Hegels, mit den natürlichen Bedürfnissen dagegen im Kielwasser Feuerbachs. Während sie Hegel mit Feuerbach die mangelnde Beachtung der natürlichen Grundbedürfnisse vorwerfen, beklagen sie zugleich mit Hegel Feuerbachs Fixierung auf die unmittelbar sinnliche Natur des Menschen, in der Geschichte und Praxis „nicht vor[kommen]" (45). Dies führt zu der Frage, inwieweit es Marx und Engels gelingt, die Geschichte zu entidealisieren und zugleich den Begriff der menschlichen Natur zu historisieren.

Diese Frage entzündet sich an der Bemerkung: „Zum Leben gehört aber vor Allem Essen und Trinken, Wohnung und Kleidung und noch einiges Andere" (28). Auch wenn der legere Schluß dieses Satzes dem Entwurfscharakter der *DI* geschuldet sein mag, verbirgt sich dahinter doch ein Problem. Marx und Engels sprechen von einem „materialistische(n) Zusammenhang der Menschen untereinander, der durch die Bedürfnisse und die Weise der Produktion bedingt und so alt ist wie die Menschen selbst – ein(em) Zusammenhang, der stets neue Formen annimmt und also eine ‚Geschichte' darbietet" (30). Haben wir es hier mit einer Unterscheidung zwischen den geschichtlichen „Formen", die dieser Zusammenhang annimmt, und dem Inhalt der Bedürfnisse zu tun, der ihnen vorausgesetzt ist?

Eine solche Festlegung wäre allenfalls für basale Grundbedürfnisse möglich, denn die Logik höherstufiger Bedürfnisse beruht auf einer teleologischen Struktur, in der praktische Absichten und Fähigkeiten auch in die *inhaltliche* Bestimmung von Bedürfnissen eingehen. Marx und Engels war das offensichtlich bewußt, sprechen sie doch von der Entstehung „neuer Bedürfnisse" (29; ähnlich *MEW* 42, 401). Auf diese Einsicht stützt sich noch die Utilitarismus-Kritik der Vertreter des *capabilities*-Ansatzes, die von Marx beeinflußt sind: Ihre Pointe besteht darin, daß Bedürfnisse weder subjektivistisch dereguliert noch naturalistisch fixiert werden können (Sen 1987/2000). Dies führt in eine breitere, den Rahmen des Biologischen sprengende Bestimmung menschlicher Bedürfnisse. Martha Nussbaum etwa (1990, 57 ff.) hat in ihren Listen von Bedürfnissen explizit zu machen versucht, was von Marx und Engels pauschal als das „Andere" jenseits von „Essen und Trinken" angezeigt wird.

Auch wenn diese Wortwahl einen Dualismus von Natur und Geschichte nahelegt, wird er von Marx und Engels doch schon kritisiert (vgl. 29, 31, 38, 43). Sie bleiben zwar den Beweis dafür schuldig, daß es sich bei der von ihnen avisierten „geschichtliche(n) Natur" oder „natürliche(n) Geschichte" (43) der Menschheit *nicht* um ein hölzernes Eisen handelt, doch liegt in diesen Formeln ein Gegengift gegen das Schisma von Naturalismus und Kulturalismus, das bis heute immer wieder aufkommt.

Gerade weil soziale Verhältnisse nie *nur* Natur sind, sind sie der Umgestaltung zugänglich. Dabei kann sich der Rekurs auf Natur im Fall extremer Notlagen „dialektisch" zuspitzen: Da es nämlich, so der damalige Befund von Marx und Engels, zu einer nie zuvor dagewesenen materiellen Bedrohung der „Existenz" (67) der Individuen gekommen sei und sogar deren Grundbedürfnisse in „der großen Industrie und Konkurrenz" (66) nicht befriedigt werden, bleibe um der Sicherung des eigenen Lebens willen nur der Ausweg einer revolutionären „Aneignung" (67) der Produktivkräfte. Die natürlichen Bedürfnisse dienen also als ein archimedischer Punkt, von dem aus das ganze System aus den Angeln gehoben werden soll; mittels einer „massenhafte(n) Veränderung der Menschen" (70) qua Revolution soll die Aneignung der „Totalität von Fähigkeiten in den Individuen" (68) möglich werden. Die passive Bedrängung schlägt in eine Autorisierung zum Handeln um. Man könnte sagen: Aus der Not soll eine Tugend gemacht werden. Angezielt wird hier eine Transformation vom Naturzwang zur „totalen" Freisetzung und zur Verfügung über Natur, die nach Castoriadis „ins Absurde getrieben" wird (Castoriadis 1978/1983, 201).

Entsprechend soll jeder Einzelne im Kommunismus nach seinen „Fähigkeiten" wie auch nach seinen „Bedürfnissen" (528) zu seinem Recht kommen. Man darf annehmen, daß diese Rede von Bedürfnissen weder auf naturalistische Reduktion noch auf konsumistische Entgrenzung angelegt ist. Ihr positiver Gehalt bleibt jedoch unbestimmt, weshalb Michael Walzer die Bedürfnistheorie der *DI* für unvollkommen hält (vgl. Walzer 1983/1992, 56 f.; vgl. Heller 1975). Ungeachtet dessen taugt die dynamische Theorie der Bedürfnisse von Marx und Engels als Gegengift einerseits gegen eine liberalistische Freisetzung von Präferenzen, die mit fragwürdigen Unterstellungen über das Ausmaß der Entscheidungs- und Wahlfreiheit der Individuen verbunden ist, sowie andererseits gegen eine heroische Vorstellung von Geschichte, die sich von den materiellen Lebensbedingungen abkoppelt und in ihr nichts anderes sieht als „politische Haupt- und Staatsaktionen" sowie „religiöse und überhaupt theoretische Kämpfe" (39).

Die Doppelstruktur von Geschichte und Natur zeigt sich im späteren Werk auch bei der Definition der Arbeit. Sie ist einerseits ein natürlicher Prozeß („produktive Verausgabung von menschlichem Muskel, Nerv, Gehirn usw.", *MEW* 13, 18; vgl. *MEW* 23, 59), andererseits ist sie stets gesellschaftlich in ihrer Form bestimmt (*MEW* 13, 634), im Kapitalismus etwa als Lohnarbeit, darauf aufbauend als abstrakte Arbeit usw. (*MEW* 23, 61). Mit der Orientierung an der Entfaltung der Individuen (siehe 13.3) verbindet sich in diesem Sinne eine Kritik an der Arbeitsteilung und der kapitalistischen Form von Arbeit (vgl. Postone 2003). Sie soll „beseitigt" (70) und aufgehoben, also zugleich negiert und in eine neue Form überführt werden, die allen Menschen die „Selbstbetätigung" (67) erlaubt, die bisher den Eliten vorbehalten war . Dazu gehört eine nicht länger auf Ausbeutung beruhende Organisation der Wirtschaft einerseits, eine Aufwertung der Muße, der sozialen und kreativen Tätigkeiten jenseits von Kommerzialisierung und Verwertungszwang andererseits (vgl. 33, 424 u. ö.).

In der jüngeren Diskussion ist diese Umdeutung der Arbeit in verschiedenen Varianten aufgegriffen worden. Drei von ihnen seien hervorgehoben. *Zum ersten* wird der Stellenwert der Erwerbsarbeit im Rahmen von Anerkennungs- und Identitätskonzepten diskutiert (vgl. Negt 2001, Engler 2006, Sennett 2008). *Zum zweiten* trifft man auf Analysen zur Verwandlung der Erwerbsarbeit in Eigenarbeit (vgl. Gorz 2000, Bergmann 2004). *Zum dritten* ist an die Vision eines „Reichs der Freiheit" in einer Überflußgesellschaft zu erinnern, in der man sich der individuellen Entfaltung jenseits der Lohnarbeit widmen kann (vgl. Marcuse 1955/1973, 193). Diese Vision wirkt heute aus empirischen, aber auch aus systematischen Gründen fadenscheinig: Beim parasitären Verhältnis des menschlichen Lebens zu einem irgendwie zu erzeugenden Wohlstand fehlt das Verständnis für die „positive, schaffende Tätigkeit" (*MEW* 42, 514), die für Marx gerade im Blick auf die Entfaltung von „Fähigkeiten" zentrale Bedeutung gewinnt.

Da diese Praxis ohne eine Analyse des sozialen Rahmens, in dem sie erfolgt, nicht viel mehr ist als das leere Versprechen eines Aktivisten (vgl. Wood 1986), gewinnt im Zuge der Hinwendung zur „Wissenschaft von der Geschichte" das Verhältnis zwischen Individuum und Gemeinschaft dramatische Bedeutung.

13.3 Die Aktualität der Stirner-Kritik oder: Das Verhältnis zwischen Individuum und Gemeinschaft

Nach Marx' späterem Urteil stellt die *DI* eine Abrechnung mit dem „philosophischen Gewissen" dar (*MEW* 13, 10). Geht man nach dem Umfang der einzelnen Kapitel, dann gilt diese Abrechnung in der *DI* weniger Feuerbach (vgl. 17–80) als vielmehr Max Stirner (vgl. 101–429). Bereits Henri Arvon (vgl. Arvon 1951) hat von einer „coupure" in Marx' Werk gesprochen und diesen Bruch auf den Einfluß Stirners zurückgeführt. Dieser wurde gleichwohl lange unterschätzt (vgl. aber Eßbach 1982, Laska 1986, Newman 2001 sowie Eßbach in diesem Band). Das 1844 erschienene Buch von Engels' ehemaligem Berliner Debattier- und Trinkkumpanen Max Stirner, *Der Einzige und sein Eigentum*, muß insbesondere Karl Marx heftig erregt haben. Engels hatte das Buch ursprünglich sogar gelobt: „Stirner hat recht, wenn er ‚den Menschen' Feuerbachs … verwirft … Wir müssen vom Ich, vom empirischen, leibhaftigen Individuum ausgehen" (Engels an Marx, 19. November 1844, *MEW* 27, 11 f.). Obwohl, vielleicht sogar weil sich Marx und Engels die Feuerbachkritik Stirners zu „eigen" machen, kritisieren sie Stirner auffallend unbarmherzig.

Die Arbeit an der Stirner-Kritik nahm vor allem Marx stark in Anspruch (weshalb im folgenden gelegentlich nur von ihm als Autor die Rede sein wird). Sie blockierte die Ausarbeitung der eigenen Theorie, die seine Mitstreiter schon damals erwarteten (Engels drängte Marx, „gleich von vornherein mit Sachen anzufangen, die von praktischer, einschlagender Wirkung auf die Deutschen sind", da man sonst „in langer Zeit nicht fertig und obendrein langweilig" würde; 17. März 1845, *MEW* 27, 25). Marx weilte damals ohne Einkommen im Brüsseler Exil und hielt eine solche Arbeit für nötig, um beim Publikum die Aufnahme der kommenden eigenen Theorie vorzubereiten (vgl. Wheen 1999, 92). Doch warum war ihm diese Arbeit so wichtig?

1859, im Rückblick, sah Marx in der *DI* nur den Versuch einer „Selbst-verständigung", den man „der nagenden Kritik der Mäuse" (*MEW* 13, 10) überlassen könne. Marx erklärte hier die *DI* zum vorbereitenden Schritt auf dem Weg zum *MKP* und verschwieg dabei die prominente Rolle Stir-ners in diesem Werk, der sich nur nebenher und offensichtlich dilettantisch zu ökonomischen Fragen geäußert hatte. Diese Interpretationslinie hat sich im Marxismus etabliert („Stirner blieb ein Kuriosum", so Engels noch 1888, *MEW* 21, 291), obwohl sie die philosophischen Ambitionen dieses Teils der *DI* zu Unrecht ausblendet. Unserer Auffassung nach bestehen sie darin, eine radikale politische Philosophie zu formulieren, die dem norma-tiven Rang des Individuums gerecht zu werden versucht. Dabei wird das Individuum aus dem sozialen Kontext heraus verstanden; doch soll dieser Holismus nicht zu einem *Übergehen* des Individuums ermächtigen.

Vor allem in der Zeit des Kalten Krieges wurde Karl Marx vorgehalten, er vertrete eine „politische Theologie". Eine Konzeption, in der das Proletariat (bzw. wie bei Lenin an dessen Stelle die Partei) als Kollektiv an die Stelle des Messias trete, sei jedoch abzulehnen, weil sie totalitäre Folgen habe (so z. B. Voegelin 1938/1996, Löwith 1953/1983, Talmon 1960, vgl. Henning 2005, 384 ff.). Belege für die These, daß Marx messianisch argumentiere, stützen sich meist auf Stellen aus dem Frühwerk, also *vor* der *DI*. In der 1844 publi-zierten *KHRE* heißt es beispielsweise noch emphatisch: „Die Emanzipation des Deutschen ist die Emanzipation des Menschen"; getragen werde diese „universelle" oder „allgemeine Emanzipation", die „völlige Wiedergewin-nung des Menschen", vom Proletariat (*KHRE* 390 f.).

Ähnlich wie später Georg Lukács schließt Marx hier rein philosophisch auf eine historische Mission des Proletariats, welches freilich in Deutsch-land noch kaum ausgebildet war. Er stützt sich im Anschluß an Feuerbach auf ein unverwirklichtes Wesen des Menschen, das es zu realisieren gelte (vgl. *KHRE* 378). Gemäß dieser Idee einer „menschlichen Revolution" solle sich – so heißt es etwa in *Zur Judenfrage* (*ZJF*) von 1844 – der „wirk-liche individuelle Mensch" zum „Gattungswesen" emanzipieren und damit über die „bloß" politische Revolution hinausgehen (*ZJF*, 366, 370; vgl. den Beitrag Eßbachs in diesem Band). Die „Verwirklichung" des Menschen wird in Marx' Frühschriften also noch verstanden als „Aneignung des menschlichen Wesens durch und für den Menschen" (*ÖPM* 536, vgl. 67). In der Aneignung steckt schon im Wortstamm der „Eigner" Stirners (zur „Selbstaneignung" vgl. neuerdings Jaeggi 2005, 187 ff.).

In der „Abrechnung" (s. o.) mit der früheren Position, die mit der *DI* vorliegt, werden nun zwei Einwände erhoben. Der erste besagt, daß „der Mensch" nicht überhistorisch gegeben sei – dieser Einwand richtet sich

explizit gegen Feuerbach. Möglichkeiten der Menschen sind nur historisch, und zwar auf der Grundlage einer Sozialtheorie, zu erläutern, wie
es die sechste „These über Feuerbach" pointiert (*MEW* 3, 6). Daraus folgt
der zweite Einwand, daß das Individuum nicht in der „Gattung" aufgehen
kann und muß – diesen Einwand erhebt Marx explizit gegen Stirner, implizit aber *mit* Stirner gegen sich selbst. Entsprechend darf auch die Befreiung des Proletariats nach der *DI* nicht ohne Rekurs auf das Individuum
auskommen. Das ist nun in der Folge zu erläutern.

Was genau ist der zentrale Einwand Stirners gegen die Wesensrheto-
rik der Junghegelianer? Er besteht zunächst in der *erkenntnistheoretischen*
Einrede, daß das „Wesen des Menschen" als unterstellter Telos dem Individuum äußerlich bleibe und so – in der Sprache Hegels – noch immer ein
Moment der Entfremdung sei:

> „Das höchste Wesen ist allerdings das Wesen des Menschen, aber
> eben weil es sein Wesen und nicht er selbst ist, so bleibt es sich ganz
> gleich, ob wir es außer ihm sehen und als ‚Gott' anschauen oder in
> ihm finden und ‚Wesen des Menschen' oder ‚der Mensch' nennen.
> Ich bin weder Gott noch der Mensch, weder das höchste Wesen
> noch Mein Wesen, und darum ist's in der Hauptsache einerlei, ob
> Ich das Wesen in Mir oder außer Mir denke" (Stirner 1844/1924,
> 47; *DI*, 215).

Daraus ergibt sich die *politische* Einrede Stirners, wonach Strömungen, die
mit dem Wesen des Menschen argumentierten, das Individuum genauso
mißachten und fremdbestimmen könnten, wie es ältere Herrschaftsfor-
mationen im Namen Gottes getan haben. Mit dem Gebot „du sollst ein
ganzer, ein freier Mensch sein" steht der neue politische Humanismus nach
Stirner in der Tradition der Religion und „proklamier(t) … ein neues Absolutes" (Stirner 1844/1924, 238).

Marx muß sich von dieser Kritik getroffen fühlen: Ihm, der noch kürzlich
verkündet hat, „für Deutschland" sei „die Kritik der Religion im wesentlichen beendigt" und „der Mensch" sei nun „das höchste Wesen für den
Menschen" (*KHRE* 378, 385), wird hier vorgehalten, daß diese Rede den
realen Individuen äußerlich bleibe und im Fahrwasser der Religion fische,
ja daß sich hieraus neue Herrschaftsansprüche ableiten ließen. Es ist keine
originelle Reaktion, diesen Vorwurf umzudrehen und an Stirner zurück-
zugeben, wie Marx es tut, wenn er ihn als „Sankt Max" apostrophiert. Das
produktive Ergebnis von Marx' theoretischen Bemühungen im Winter
1845 besteht folglich nicht in der Polemik gegen Stirner, sondern in der
Veränderung der eigenen Position.

In zwei aufeinander aufbauenden Punkten verändert Marx seine sozialphilosophische Position in Reaktion auf Stirner. Auf die Integration der individualistischen Einrede Stirners (1) folgt eine Vermittlung mit der sozialtheoretischen Perspektive (2). Dies erlaubt Rückschlüsse auf Genese und Aktualität der *DI*. Entstehungsgeschichtlich verbirgt sich hinter diesem Doppelschritt eine zweifache Referenz auf Hegel, der zum einen das Individuum in seiner „subjektive(n) Besonderheit ... zum Prinzip aller Belebung der bürgerlichen Gesellschaft" erklärt hatte (Hegel 1821/1970b, 359, vgl. 343), zum anderen aber dessen Aufhebung in der Allgemeinheit vorsah. Was die Aktualität betrifft, so wird aus dem nun zu charakterisierenden Zweischritt deutlich, warum Marx einerseits als Theoretiker der „Individualisierung" (vgl. Beck 1986, 131 f.), andererseits als Proto-Kommunitarist (vgl. Taylor 1975/1983, 720 ff.) charakterisiert werden kann.

(1.) Marx war bereits 1844 zu dem Einwand gegen die Junghegelianer gelangt, daß die Entfremdung „des Menschen" von sich selbst, die sich u. a. *in* der Religion finde, nicht *durch* die Religion erzeugt worden sei, sondern durch praktische Prozesse im Alltag, etwa durch die kapitalistische Lohnarbeit (vgl. *ÖPM* 514). Entfremdung hatte er bis anhin mit Feuerbach begriffen als einen Abfall vom „Gattungsleben" (*ÖPM* 515, ähnlich *ZJF*, 366). Die liberale Strategie, den Staat als Instrument für die Interessen der Individuen einzusetzen, hatte Marx als eine nur partielle Lösung kritisiert, da hier „nicht der Mensch als citoyen, sondern der Mensch als bourgeois für den eigentlichen und wahren Menschen genommen wird" (*ZJF* 366, ähnlich *KHRE* 250).

Marx' Gegenbild zur Entfremdung kann man, Thomas Hurka (vgl. Hurka 1993, 4) folgend, als ein von Aristoteles inspiriertes Modell des *Perfektionismus* der menschlichen Natur fassen: Den Menschen werden bestimmte allgemeine Anlagen zugeschrieben, deren Entwicklung ein objektives Gut, deren Verhinderung umgekehrt ein zu kritisierendes Übel darstellt (vgl. Leopold 2007, 185 f.). Auf Stirners Einrede, daß die Individuen durch anthropologische Wesensbehauptungen gerade nicht befreit, sondern möglicherweise nur auf subtilere Weise fremdbestimmt würden, reagiert Marx seit der *DI* mit einer normativen Individualisierung: Zwar argumentiert er weiterhin perfektionistisch, doch er tut dies nun stärker im Hinblick auf die jeweiligen *Individuen*. Das Ideal besteht nicht mehr in einer Verwirklichung der Gattung (wie noch in *ÖPM* 536 – diese Idee kritisiert er u. a. in *DI* 75 und 411), sondern in der Entwicklung der Individuen (vgl. 237, 273, 377, 424 u. ö.).

Illustrieren läßt sich dies mit der berühmten Vision, „morgens zu jagen, nachmittags zu fischen, abends Viehzucht zu treiben, nach dem Essen zu kritisieren, wie ich gerade Lust habe, ohne je Jäger, Fischer, Hirt oder Kritiker zu werden" (33). In der Kritik an der Reduktion des Lebens auf die Ausfüllung gegebener Rollen waren Rousseau und andere den Autoren der *DI* vorausgegangen. Bekanntlich sollte „Émile" zu einem „Menschen", nicht aber zu einem „Soldat, Priester oder Anwalt" erzogen werden (Rousseau 1762/1971, 14). Das Ziel der ‚Vermenschlichung' wird von Marx – der noch in *ZJF* eher republikanisch argumentierte – jetzt mit Blick auf das Individuum und dessen gesellschaftliche Entwicklungsräume konkretisiert. Mit der Ausrichtung an Selbstentfaltung folgt er der Sache nach der klassischen Bildungstheorie, wie sie etwa von Wilhelm von Humboldt vertreten worden ist (vgl. Thomä 2006). So heißt es, jeder solle „sich in jedem beliebigen Zweige ausbilden" können (33). Auch die nötige „Mannigfaltigkeit der Situationen" (Humboldt 1792/1982, 22) wird von Marx ins Gedächtnis gerufen (vgl. 246).

Zusammenfassend kann man sagen, daß Stirner bei Marx und Engels einen nachhaltigen Liberalisierungsschub ausgelöst hat: So erklären sie 1848 „die freie Entwicklung eines jeden" zum politischen Ziel (*MKP* 482) – ein deutliches, wenn auch uneingestandenes Zugeständnis an die Kritik Stirners. Zwar weisen sie immer wieder darauf hin, daß die gesellschaftlichen Verhältnisse nicht der Verfügungsgewalt des Einzelnen unterstehen (vgl. 311, 398 u. ö.; vgl. *MEW* 13, 8; *MEW* 24, 410), doch das „Sichfestsetzen der sozialen Tätigkeit ... zu einer sachlichen Gewalt über uns" (33) wird von ihnen – nun auch im Namen der individuellen Entwicklung – kritisiert. Daß es sich hier nicht um eine vorübergehende Akkommodation handelt, läßt sich daran ablesen, daß Marx noch im *Kapital* „die volle und freie Entwicklung jedes Individuums" (*MEW* 23, 618) als Zielvorgabe für die Zukunft formuliert. In den *Grundrissen* plädiert Marx sogar für die „Selbstverwirklichung" des Individuums (*MEW* 42, 512; vgl. Fromm 1961/1982, 74 f.).

(2.) Dabei hält Marx gegen Stirner, den „Mann, der sich verwirklichen will" (122), daran fest, daß sich ein Individuum, das sich radikal von den anderen absondert, gar nicht in der erwünschten Weise „verwirklichen" könne. In seiner Kritik sucht er nachzuweisen, daß die Selbstermächtigungsphantasien Stirners eben dies – Phantasien – sind, die die gegebene Welt des Sozialen gerade nicht transzendieren, sondern nur theoretisch abblenden. Sie werden wider Willen zu einer „Apologie des Bestehenden" (399), da die normative Legitimation des Kapitalismus etwa bei Jeremy Bentham ihrerseits auf einer Verallgemeinerung des Egoismus aufbaut (vgl. 394 ff.; so schon die ursprüngliche Kritik von Engels, s. o., vgl. *MEW* 27, 11). In der Stirner-Kritik verschränken sich somit die Verteidigung des

Individuums und die Kritik am Egoismus, weshalb dieses Kapitel der *DI* ein eigentümliches Vorspiel für die aktuellen Debatten um Individualisierung und Individualismus liefert.

Wieder und wieder wird von Marx und Engels betont, daß sich das Individuum nur in der Gemeinschaft entfalte und folglich die Art und Weise der Vergemeinschaftung auch über den Entwicklung*sspielraum* der Individuen entscheide (vgl. 37, 67 f., 190, 245 f., 423 u. ö.): „Erst in der Gemeinschaft" mit anderen habe jedes „Individuum die Mittel, seine Anlagen nach allen Seiten hin auszubilden; erst in der Gemeinschaft wird also die persönliche Freiheit möglich" (74). Auch dieser Punkt kommt im späteren Werk zum Tragen:

> „Der Mensch ist im wörtlichsten Sinn ein zôon politikon: nicht nur ein geselliges Tier, sondern ein Tier, das nur in der Gesellschaft sich vereinzeln kann. Die Produktion des vereinzelten Einzelnen außerhalb der Gesellschaft ... ist ein ebensolches Unding als Sprachentwicklung ohne zusammen lebende und zusammen sprechende Individuen" (*MEW* 13, 616).

Wie dieses Zitat zeigt, bezieht sich Marx offensiv auf Aristoteles (vgl. *MEW* 13, 131; *MEW* 23, 73). Doch die Aristoteles-Rezeption ist nicht ungebrochen, sie ist seit der Stirner-Kritik individualistisch transformiert und hält die Möglichkeit der Entwicklung der „Persönlichkeit" (77) auch außerhalb von Polis-Zusammenhängen offen. Die Kritik an Stirner, seinerseits Kritiker der Junghegelianer, drängt Marx so paradoxerweise wieder zur Übernahme Hegelscher Positionen. Zwar akzeptiert Marx den Eigensinn des Individuums auch gegen die Zumutung einer Verwirklichung der Gattung sowie gegen die Vorstellung eines „„allgemeinen', ... aufopfernden Menschen" (229). Er verweist aber zugleich auf dessen unhintergehbare soziale Einbettung in die Gemeinschaft. Die Qualität der Sozialbeziehungen entscheidet mit über die Lebensqualität der Individuen. Es darf zwar nicht zur Instrumentalisierung der Einzelnen im Interesse des „Wesens" oder der Allgemeinheit kommen (wie es Marx z. B. Robert Owen vorwirft, vgl. *MEW* 3, 534), aber daraus folgt gerade keine *Abspaltung* des Individuums, kein Solipsismus (wie ihn Marx an Stirner und später an den ökonomischen Robinsonaden kritisiert, vgl. *MEW* 13, 615; *MEW* 23, 90).

Damit steht Marx Hegel viel näher, als es das empiristisch klingende Forschungsprogramm des Feuerbachkapitels („wirkliche, positive Wissenschaft", 27, vgl. 20) vermuten läßt: Individuum und Gemeinschaft, privates und allgemeines Interesse lassen sich – wie schon in Hegels Rechtsphilosophie, der Marx eine ausgiebige Kritik gewidmet hat (*KHRE*) – als zwei Pole

einer Einheit beschreiben, die sich „nur in *scheinbarem* Gegensatz" befinden (228; Hervorhebung i. O.). Entsprechend wirft Marx dem „Eigner"
Stirners mit Verweis auf Hegel vor, selbst eine metaphysische Konstruktion zu sein (vgl. 224). Man darf vermuten, daß Marx nicht gerade erbaut
war, wieder auf Hegel zurückzukommen, nachdem es ihm in langer Klein-
arbeit endlich gelungen war, sich von dessen übermächtigem Einfluß zu
lösen (vgl. *KHRE* und *ÖPM* 566 ff.; zur Hegelkritik von Marx vgl. Henning
2005, 328 ff.). Zwar findet sich in der *DI* kein affirmativer Bezug auf Hegel,
doch es werden bereits dialektische Modelle eingesetzt (vgl. 29 ff., 228).

Die in der *DI* vertretene Position zu Individuum und Gemeinschaft
wird in jüngeren sozialphilosophischen Debatten etwa an der Stelle aufgegriffen, wo ein erweiterter Freiheitsbegriff entwickelt wird, der nicht nur
formale, politisch-rechtliche Freiheiten, sondern auch soziale und ökonomische Freiheiten umfaßt (vgl. Geuss 1998; vgl. van Parijs 1995, 4). Bezüg-
lich des Verhältnisses zwischen Individuum und Gemeinschaft gibt die *DI*
allerdings keine Lösung vor, sondern verleiht auf prägnante Weise einer
Schwierigkeit Ausdruck. Marx und Engels verteidigen – wie später Georg
Simmel (vgl. Simmel1900/1989, 404) – die Freiheitsgewinne, die der
Kapitalismus durch die Freisetzung der Individuen erzielt. Dabei beschreiben sie die „neue Begründung der Gesellschaft" aber als einen kollektiven
Akt (vgl. 70) und insistieren auf den allgemeinen ökonomischen und sozialen Bedingungen, denen die Verwirklichung der Freiheit unterworfen
ist.

Interessanterweise finden sich in diesem Zusammenhang am Ende des
Feuerbach- wie am Ende des Stirner-Kapitels der *DI* jeweils ähnliche
Wendungen. Das eine Mal ist die Rede davon, daß die „Produktions- und
Verkehrsverhältnisse" und „naturwüchsigen Voraussetzungen" im Kommunismus „der Macht der vereinigten Individuen" (70, vgl. 75) unterworfen
werden sollen. Das andere Mal heißt es, daß „an die Stelle der Herrschaft
der Verhältnisse und der Zufälligkeit über die Individuen die Herrschaft
der Individuen über die Zufälligkeit und die Verhältnisse zu setzen" sei –
eine Aufgabe, die „mit der Aufgabe, die Gesellschaft kommunistisch zu
organisieren", zusammenfalle (424; an diese Stelle knüpft Amartya Sen um
der Entfaltung der *capabilities* der Individuen willen an; Sen 1984, 497).

Deutlich wird an diesen Passagen, daß die revolutionäre Umwälzung auf
eine Theorie der Macht oder Herrschaft angewiesen ist. Denn die von Marx
und Engels geforderte „Kontrolle" oder „Macht" kann nicht einfach einer
abstrakten Vielheit von „Individuen" überlassen werden (vgl. 70). Unvermeidlich ist vielmehr ein Subjekt- oder Akteurswechsel, in dem an die
Stelle beiläufig vereinigter Individuen eine kollektive Instanz treten muß.

Einen solchen Akteurswechsel thematisieren viele Versionen der Theorie politischer Macht, ob nun eine Form von Volkssouveränität avisiert wird oder – wie in der *DI* – nach dem Bürgertum eine weitere revolutionäre „Klasse" die Macht ergreifen soll (vgl. 70). Mit der Formel von der „Macht" der „vereinigten Individuen" bleibt das Verhältnis zwischen institutionalisierter Macht und individueller Freiheit freilich in der Schwebe (vgl. erläuternd Rosenberg 1938, zum weiterhin bestehenden „Machtgefälle" innerhalb einer sozialistischen Vereinigung von Individuen vgl. Sieferle 2007, 187). Die „massenhafte Veränderung der Menschen" soll zum einen auf der Ebene der realen Verhältnisse im Zuge einer „Durchsetzung der Sache selbst" erfolgen, zum anderen die „massenhafte Erzeugung dieses kommunistischen Bewußtseins" (70) mit sich bringen. Von der Forderung nach dieser Veränderung kann das Selbstverständnis der Philosophie nicht unbeeindruckt bleiben. Abschließend wollen wir deshalb auf die methodische Problematisierung der Philosophie eingehen, die in der *DI* zum Ausdruck kommt.

13.4 Ende oder Wende?
Das Verhältnis der Philosophie zu Wissenschaft und Praxis

Die *DI* ist ein Dokument der Selbstkritik der Philosophie, die nicht nur auf deren Verwandlung, sondern auch auf deren Ende als akademische Disziplin zielt. Der methodische Kern besteht in einer Kritik der bloßen *Begriffsphilosophie*, die die Bodenhaftung in der sozialen Realität verloren hat. Marx und Engels schreiben:

> „Die selbständige [!, C. H./D. T.] Philosophie verliert mit der Darstellung der Wirklichkeit ihr Existenzmedium. An ihre Stelle kann höchstens eine Zusammenfassung der allgemeinsten Resultate treten, die sich aus der Betrachtung der historischen Entwicklung der Menschen abstrahieren lassen. Diese Abstraktionen haben für sich, getrennt von der wirklichen Geschichte, durchaus keinen Wert. Sie können nur dazu dienen, die Ordnung des geschichtlichen Materials zu erleichtern, die Reihenfolge der einzelnen Schichten anzudeuten" (27).

Marx und Engels wenden gegen Stirner und andere ein, daß sie einen historisch gegebenen Begriff (wie etwa den Begriff „Natur", 460) als eine „höhere Einheit" (454) behandeln und dabei die in ihm liegenden Unterschiede unterschlagen. Aus solch einem Begriff lasse sich dann Beliebiges folgern; im

Ergebnis erhalte man „Unsinn" (279, 465 u. ö.; das Wort kommt 75-mal vor). Die in der *DI* kritisierten Autoren bilden sinnlose Sätze, weil sie mit Begriffen hantieren, die als solche unbestimmt sind: „Freiheit, Gleichheit" (47), „Gattung" (74) oder „Materialismus" (127) erhalten keine präzise Bedeutung. Wenn Gedanken derart „verhimmelt und philosophisch verdeutscht" (404) werden, sind sie auch für die praktisch-politische Bewegung, in der Marx und Engels sich verorten, nicht mehr zu gebrauchen. Mit dem methodischen Vorbehalt gegen die begriffliche Hypostasierung, der der Rekurs auf konkrete Phänomene und Verhältnisse entgegengehalten wird, in denen diese Begriffe ihren Sitz haben, stehen Marx und Engels in einer Tradition, die vom aristotelischen Verweis auf das ‚tode di' (das einzeln Existierende) bis zu Adornos Wertschätzung desselben reicht (vgl. Adorno 1965/1998, 57). In anderer Weise setzt sich jener Vorbehalt gegen begriffliche Hypostasierung in Max Webers Forderung nach einer „Wirklichkeitswissenschaft" (Weber 1904/1988, 170) und in der neueren sozialwissenschaftlichen Debatte um das Verhältnis von Empirie und Theorie fort.

Es gibt aber noch eine zweite, weiterreichende Philosophiekritik: Nicht nur verliere sich mit der Abstraktion einer Philosophie, die unreflektiert von historisch gegebenen Begriffen ausgeht, die Referenz auf die „wirkliche Geschichte", in der diese Begriffe eine Rolle spielen; es ergebe sich darüber hinaus die Gefahr von deren Umschlag in Ideologie. Dann erliegt die Philosophie der Autosuggestion, es lasse sich auf der Ebene des „Bewußtseins" oder unter Aufbietung bloßer „Ideen" eine *Veränderung der Welt* herbeiführen. Abfällig bemerken Marx und Engels, daß ihre Zeitgenossen begriffliche „Nebelbildungen" (26) betreiben : „Natur, unbewußtes Gesamtleben, bewußtes ditto, allgemeines Leben, Weltorganismus, zusammenfassende Einheit, menschliche Gesellschaft, Gemeinschaft, organische Einheit des Universums, allgemeines Glück, Gesamtwohl pp." (466) – von all dem sei die Rede. Wenn diese Begriffe verselbständigt werden, dann droht sich die „Forderung, das Bewußtsein zu verändern", darauf zu beschränken, „das Bestehende anders zu interpretieren", es also genau so zu lassen, wie es ist, und es nur „vermittelst einer andren Interpretation anzuerkennen" (20).

Da durch Veränderungen des Denkens reale Veränderung noch nicht bewerkstelligt würde, komme es in diesem Fall zur Produktion von Ideologien. Ideologiekritik will umgekehrt nach Karl Mannheim „der großen Verführung des Bewußtseins entgegentreten", welche in „der Tendenz des Gedankens, bei sich zu bleiben, Wirklichkeiten zu verdecken oder sie einfach zu überholen", zutage trete. Umgekehrt stehe man dann in der Pflicht, gegen die Ideologie einen „Gedanke[n]" aufzubieten, der die „Deckung" mit der „Wirklichkeit" suche (Mannheim 1929/1985, 86).

Ideologiekritik steht und fällt demnach mit dem Anspruch auf eine nicht-ideologische Alternative, die dem verselbständigten Bewußtsein entgegengehalten werden kann. Diese Alternative könne nicht im schieren Herzeigen der Realität bestehen. Vielmehr plädiert Marx für eine neue Ableitung und Fundierung des Bewußtseins: „Nicht das Bewußtsein bestimmt das Leben, sondern das Leben bestimmt das Bewußtsein" (*DI* 27). Hier bleibt freilich klärungsbedürftig, was mit „Leben" oder, wie es in diesem Zusammenhang häufiger heißt, mit „Sein" genau gemeint ist und wie es um das Bestimmungsverhältnis, in dem „Bewußtsein" auf „Leben" resp. „Sein" zurückgeht, bestellt ist. In der *DI* heißt es hierzu:

> „Die Menschen sind die Produzenten ihrer Vorstellungen, Ideen pp., aber die wirklichen, wirkenden Menschen, wie sie bedingt sind durch eine bestimmte Entwicklung ihrer Produktivkräfte und des denselben entsprechenden Verkehrs bis zu seinen weitesten Formationen hinauf" (26).

Zu eruieren ist der Abstand dieser Position zu der leninistischen Widerspiegelungstheorie, die das Bewußtsein auf ein bloßes Epiphänomen realer Verhältnisse reduziert, sowie auch zu Marx' und Engels' eigener Auskunft, es komme gar nicht darauf an, was sich ein Proletarier „vorstellt", sondern was er dem „Sein gemäß geschichtlich zu tun gezwungen" ist (*HF*, 38). Festzuhalten ist dagegen an der Verschränkung von Sein und Bewußtsein resp. Leben und Sprache. Die Auskunft „Wie die Individuen ihr Leben äußern, so sind sie" (30) legt entsprechend den Schluß nahe, daß die Art der Äußerung selbst konstitutive Bedeutung für deren Sein habe. Daraus ergibt sich eine Verbindung zu der Kopplung von Sprachspiel und Lebensform, die sich beim späten Wittgenstein (vgl. Wittgenstein 1953/1984, §§ 19, 23) findet. Entsprechend heißt es in der *DI*: „Das Bewußtsein kann nie etwas Andres sein als das bewußte Sein, und das Sein des Menschen ist ihr wirklicher Lebensprozeß" (26). Da schon dieser „Lebensprozeß" nicht ohne Bewußtsein vor sich geht, kann es sich bei der Bedingtheit oder Bestimmtheit des Bewußtseins durch das Sein, von der bei Marx die Rede ist, nur um eine Verzerrung des gemeinten Sachverhalts handeln. Genau an dieser Stelle greift ein Hinweis der ethnologisch informierten Soziologie, wonach materielle Bedürfnisse immer schon in komplexe kulturelle Handlungsmuster eingebettet sind. Daraus wird der Vorwurf gegen Marx abgeleitet, daß er „die symbolischen *Koordinaten* des gesellschaftlichen Seins in das *Ergebnis* dieses Seins" verwandelt (Sahlins 1976/1981, 15; Hervorhebung i. O.; vgl. Bourdieu 1987). Umgekehrt müßte das Bewußtsein nicht zum „Ergebnis" des Seins, sondern zu einem Bestandteil desselben erklärt werden. Die Rede von einem „Sein", das der praktischen Durchdringung und sprachlichen Formung entzogen wäre, wird allerdings auch von Marx als Hypostasierung verworfen. Sein meint, wie Marx später konkretisiert, „gesellschaftliches Sein" (*MEW* 13, 9). Wenn das Bewußtsein meint, dieser Einbindung enthoben zu sein, dann allerdings neigt es nach Marx zur Generierung von Scheinproblemen:

> „Für die Philosophen ist es eine der schwierigsten Aufgaben, aus der Welt des Gedankens in die wirkliche Welt herabzusteigen. Die unmittelbare Wirklichkeit des Gedankens ist die *Sprache*. Wie die Philosophen das Denken verselbständigt haben, so mußten sie die Sprache zu einem eignen Reich verselbständigen. Dies ist das Geheimnis der philosophischen Sprache, worin die Gedanken als Worte ihren eignen Inhalt haben. Das Problem, aus der Welt der Gedanken in die wirkliche Welt herabzusteigen, verwandelt sich in das Problem, aus der Sprache ins Leben herabzusteigen" (432).

Entsprechend läßt sich eine kulturelle und sprachliche Vermittlung des „Seins" denken: Das Herabsteigen „aus der Sprache ins Leben" führt gemäß dieser Lesart nicht zur Annahme eines sinnfreien Fundaments des Lebens, auf dem *dann erst* die Sprache oder die Kultur ihr – ggf. ideologisch verzerrtes – Gebäude errichtet. Die materiellen Verhältnisse lassen sich nicht jenseits der Sprache fassen, sondern sind von ihr durchwirkt. Weiterhin bleibt dabei die Möglichkeit einer Ideologiekritik offen; sie verbündet sich mit Wittgensteins Kritik an leerlaufenden, funktionslosen Sprachspielen, die sich zu weit vom „rauhen Boden" des tatsächlichen Funktionierens von Sprachspielen entfernt haben (vgl. Kitching/Pleasant 2002). Der Schauplatz, auf dem das Verhältnis zwischen diesen Philosophen ans Licht tritt, liegt dort, wo Marx die Sprache an die „Praxis" (*MEW* 3, 7) bindet und Wittgenstein das Verständnis von Sätzen über ihren Gebrauch an „Lebensformen" koppelt (vgl. Wittgenstein 1953/1984, §§ 10, 19, 23, 241).

Betroffen von diesen Erwägungen ist ganz allgemein das Verhältnis zwischen Philosophie und Praxis. Wenn denn das Leben selbst von Sprache resp. Bewußtsein durchwirkt ist, dann stellt sich die Veränderung der Gesellschaft ebenso sehr als praktisches wie als theoretisches Projekt heraus: als ein Projekt, in dem Verändern und Interpretieren zusammengehen. Was in diesem Rahmen gleichwohl ins Bewußtsein rückt, ist die prinzipielle *Unzulänglichkeit* der Philosophie, solange sie sich auf die bloß begriffliche Ebene beschränkt. Wenn die Philosophie diese Unzulänglichkeit verleugnet, spielt sich ihre Begriffsarbeit als Ontologie auf; Marx und Engels haben dies kritisiert. Wenn die Philosophie sich von dieser

Unzulänglichkeit nur in Zerknirschung treiben läßt, steht ihre Ersetzung durch Wissenschaft an; Marx und Engels haben dies erwogen (vgl. Brudney 1998). Wenn die Philosophie sich auf das beschränkt, was sie in den ihr gesetzten Grenzen tun kann, dann wird sie das Leiden am mangelnden Bezug zur Praxis ertragen, aber zugleich den Genuß an der Arbeit am Begriff und deren klärende Wirkung gerade in Bezug auf die empirischen Wissenschaften vom Sozialen auskosten.

Literatur

Adorno, Theodor W. (1998): Metaphysik. Begriff und Probleme [1965], Frankfurt/M.

Aristoteles (1995): Nikomachische Ethik, Philosophische Schriften Bd. 5, Hamburg.

Althusser, Louis (1968): Für Marx, Frankfurt/M.

Arvon, Henri (1951): Une polémique inconnue: Marx et Stirner, in: Les Temps Modernes, 71, 509–536.

Beck, Ulrich (1986): Risikogesellschaft, Frankfurt/M.

Bergmann, Frithjof (2004): Neue Arbeit, neue Kultur: Ein Manifest, Freiamt.

Bourdieu, Pierre (1987): Sozialer Sinn. Zur Kritik der theoretischen Vernunft, Frankfurt/M.

Brudney, Daniel (1998): Marx's Attempt to Leave Philosophy, Cambridge (Mass.).

Castoriadis, Cornelius (1983): Durchs Labyrinth. Seele Vernunft Gesellschaft [1978], Frankfurt/M.

Engler, Wolfgang (2006): Bürger ohne Arbeit, Berlin.

Eßbach, Wolfgang (1982): Gegenzüge: Der Materialismus des Selbst und seine Ausgrenzung aus dem Marxismus – eine Studie über die Kontroverse zwischen Max Stirner und Karl Marx, Frankfurt/M.

Fromm, Erich (1982): Das Menschenbild bei Marx [1961], Frankfurt/M. u. a.

Geuss, Raymond (1998): Freiheit im Liberalismus und bei Marx, in: Julian Nida-Rümelin/ Wilhelm Vossenkuhl (Hrsg.): Ethische und Politische Freiheit, Berlin, 114–128.

Gorz, André (2000): Arbeit als Misere und Utopie, Frankfurt/M.

Hegel, Georg Wilhelm Friedrich (1970a): Phänomenologie des Geistes, [1807]. Werke, Bd. 3, Frankfurt/M.

Hegel, Georg Wilhelm Friedrich (1970b): Grundlinien zur Philosophie des Rechts [1821]., Werke, Bd. 7, Frankfurt/M.

Heller, Agnes (1975): Theorie und Praxis: ihr Verhältnis zu den menschlichen Bedürfnissen, in: Georg Lukács u. a.: Individuum und Praxis, Frankfurt/M., 11–31.

Henning, Christoph (2005): Philosophie nach Marx. 100 Jahre Marxrezeption und die normative Sozialphilosophie der Gegenwart in der Kritik, Bielefeld.

Humboldt, Wilhelm von (1982): Ideen zu einem Versuch, die Grenzen der Wirksamkeit des Staates zu bestimmen [1792], Stuttgart.

Hurka, Thomas (1993): Perfectionism, Oxford.

Jaeggi, Rahel (2005): Entfremdung. Zur Aktualität eines sozialphilosophischen Problems, Frankfurt/M.

Kitching, Gavin/Pleasant, Nigel (Hrsg.) (2002): Marx and Wittgenstein. Knowledge, Morality and Politics, London.

Laska, Bernd (Hrsg.) (1986): Ein dauerhafter Dissident. Wirkungsgeschichte von Max Stirners „Einzigem", Nürnberg.

Leopold, David (2007): The Young Karl Marx. German Philosophy, Modern Politics, and Human Flourishing, Cambridge.

Löwith, Karl (1983): Weltgeschichte und Heilsgeschehen [1953], Sämtliche Schriften, Bd. 2, Frankfurt/M.

Mannheim, Karl (1985): Ideologie und Utopie [1929], Frankfurt/M.

Marcuse, Herbert (1973): Triebstruktur und Gesellschaft [1955], Frankfurt/M.

Negt, Oskar (2001): Arbeit und menschliche Würde, Göttingen.

Newman, Saul (2001): Spectres of Stirner: a Contemporary Critique of Ideology, in: Journal of Political Ideologies, 6.3, 309–330.

Nussbaum, Martha (1990): Der aristotelische Sozialdemokratismus, in: Dies.: Gerechtigkeit oder das gute Leben, Frankfurt/M., 24–85.

Postone, Moishe (2003): Zeit, Arbeit und gesellschaftliche Herrschaft. Eine neue Interpretation der kritischen Theorie von Marx, Freiburg.

Rosenberg, Arthur (1938): Demokratie und Sozialismus. Zur politischen Geschichte der letzten 150 Jahre, Amsterdam.

Rousseau, Jean-Jacques (1971): Emil oder über die Erziehung [1762], Paderborn.

Sahlins, Marshall (1981): Kultur und praktische Vernunft [1976], Frankfurt/M.

Sen, Amartya (1984): Resources, Values and Development, Cambridge (Mass.)/London.

Sen, Amartya (2000): Der Lebensstandard [1987], Hamburg

Sennett, Richard (2008): Handwerk, Berlin.

Sieferle, Rolf Peter (2007): Karl Marx zur Einführung, Hamburg.

Simmel, Georg (1989): Philosophie des Geldes, Frankfurt/M.

Stirner, Max (1924): Der Einzige und sein Eigentum [1844], Neue Ausgabe, Hrsg. Anselm Ruest, Berlin.

Taylor, Charles (1983): Hegel [1975], Frankfurt/M.

Thomä, Dieter (2006): ‚Keine Energie ohne Individualität': Kontext und Aktualität der Bildungstheorie Wilhelm von Humboldts, in: Studia philosophica, 65, 200–220.

Talmon, J. L. (1960): Political Messianism: The Romantic Phase, London.

Van Parijs, Philippe (1995): Real Freedom for All – What (if anything) can justify Capitalism?, Oxford.

Voegelin, Eric (1996): Die politischen Religionen [1938], München.

Walzer, Michael (1992): Sphären der Gerechtigkeit [1983], Frankfurt/M./New York.

Weber, Max (1988): Die ‚Objektivität' sozialwissenschaftlicher und sozialpolitischer Erkenntnis [1904], in: Ders.: Gesammelte Aufsätze zur Wissenschaftslehre, Tübingen, 146–214.

Wheen, Francis (1999): Karl Marx, London.

Wittgenstein, Ludwig (1984): Philosophische Untersuchungen [1953], in: Ders.: Werkausgabe, Bd. 1, Frankfurt/M., 225–580.

Wood, Ellen Meiksins (1986): The Retreat from Class. A new ‚true' Socialism, London.

Auswahlbibliographie

1. Texte von Marx und Engels

1.1 Gesamt- und Studienausgaben

Marx, Karl/Engels, Friedrich: Historisch-kritische Gesamtausgabe (MEGA[1]). Werke,
  Schriften, Briefe. Hrsg. im Auftrage des Marx-Engels-(Lenin-) Instituts Moskau von
  David B. Rjazanow, ab 1931 von Vladimir Adoratskij. Abt. I: Werke und Schriften,
  Bd. 1, Frankfurt/M. 1927; Bde. 2–6, Berlin 1929–1932; Bd. 7, Moskau 1935; Abt. III:
  Briefwechsel, Bde. 1–4, Berlin 1929–1931 (Neudruck Glashütten 1970). [Die Ausgabe
  wurde unvollendet abgebrochen.]
Marx, Karl/Engels, Friedrich: Gesamtausgabe (MEGA[2]). Hrsg. vom Institut für Marxismus
  Leninismus beim ZK der KPdSU und vom Institut für Marxismus-Leninismus beim ZK
  der SED, seit 1991 von der Internationalen Marx-Engels-Stiftung Amsterdam. Abt. I:
  Werke, Artikel, Entwürfe; Abt. II.: „Das Kapital" und Vorarbeiten; Abt. III: Briefwechsel;
  Abt. IV: Exzerpte, Notizen Marginalien. Berlin 1975 ff. [Maßgebliche, in Bearbeitung
  befindliche historisch-kritische Gesamtausgabe, 56 von 114 Bänden erschienen.]
Marx, Karl/Engels, Friedrich: Werke (MEW). Bd. 1–43, Berlin 1956–1990.
Marx, Karl: Werke, Schriften, Briefe. Hrsg. v. Peter Furth und Hans-Joachim Lieber, 7 Bde.,
  Stuttgart 1960–1964. (Neudruck Darmstadt 1971 ff.)
Marx, Karl/Engels, Friedrich: Studienausgabe. Hrsg. v. Iring Fetscher. 4 Bde. Frankfurt/M.
  1966 u. ö. (um den Bd. V „Prognose und Utopie" erw. Neuaufl. Berlin 2004.)
Schriftensammlung von Marx und Engels im Internet unter: http://www.mlwerke.de

1.2 Gesamt- und Teileditionen der „Deutschen Ideologie"

Marx, Karl/Engels, Friedrich: Die deutsche Ideologie. In: Karl Marx: Werke, Schriften,
  Briefe. Hrsg. v. Hans-Joachim Lieber und Peter Furth, Bd. 2, Darmstadt 1971.
Marx, Karl/Engels, Friedrich/Weydemeyer, Joseph: Die deutsche Ideologie. Artikel, Druck-
  vorlagen, Entwürfe, Reinschriftenfragmente, und Notizen zu *I. Feuerbach* und *II. Sankt
  Bruno*. Bearbeitet von Inge Taubert, Hans Pelger u. a., in: Marx-Engels-Jahrbuch 2003,
  2 Bde., Berlin 2004.
Marx, Karl/Engels, Friedrich: Die deutsche Ideologie. Kritik der neuesten deutschen Philo-
  sophie in ihren Repräsentanten Feuerbach, B. Bauer und Stirner, und des deutschen
  Sozialismus in seinen verschiedenen Propheten. 1845–1846, in: Historisch-kritische
  Gesamtausgabe [MEGA[1]], hrsg. im Auftrage des Marx-Engels-Lenin-Instituts von
  Vladimir Adoratskij. 1. Abt., Bd. 5, Berlin 1932 (Neudruck: Glashütten).
Marx, Karl/Engels, Friedrich: Die deutsche Ideologie. Kritik der neuesten deutschen
  Philosophie in ihren Repräsentanten Feuerbach, B. Bauer und Stirner, und des deutschen
  Sozialismus in seinen verschiedenen Propheten, , Berlin 1953.
Marx, Karl/Engels, Friedrich: Die deutsche Ideologie. Kritik der neuesten deutschen
  Philosophie in ihren Repräsentanten Feuerbach, B. Bauer und Stirner, und des deutschen
  Sozialismus in seinen verschiedenen Propheten, in: Marx, Karl/Engels, Friedrich: Werke
  (MEW), Bd. 3, Berlin 1953 u. ö.
Marx und Engels über Feuerbach (Erster Teil der „Deutschen Ideologie"), hrsg. v. D.
  Rjasanov, in: Marx-Engel-Archiv. Zeitschrift des Marx-Engels-Instituts Moskau,
  Frankfurt/M., Bd. 1, 1926, S. 205–306.

Marx, Karl: Die deutsche Ideologie (1845/46), in: Karl Marx: Der historische Materialismus. Die Frühschriften, hrsg. v. S. Landshut und J. P. Mayer, Leipzig 1932, Bd.2, 1–532.

Marx, Karl/Engels, Friedrich: Feuerbach. Gegensatz von materialistischer und idealistischer Anschauung. Neuveröffentlichung des Kapitels I des I. Bandes der „Deutschen Ideologie" von Karl Marx und Friedrich Engels, in: Deutsche Zeitschrift für Philosophie, H. 10, Jg. 14 (1966), 1192–1254.

Die deutsche Ideologie (1845/46). Erster Band: Kritik der neuesten deutschen Philosophie in ihren Repräsentanten Feuerbach, B. Bauer und Stirner, in: Karl Marx. Die Frühschriften, hrsg. mit einer Einleitung von Siegfried Landshut, 7. Aufl. Stuttgart 2004.

2. Gesamtdarstellungen und Hilfsmittel

Avineri, Shlomo 1999: The social and political Thought of Karl Marx, Cambridge.

Balibar, Etienne 1979: Marx et sa critique de la politique, Paris.

Berki, Robert Nandor 1983: Insight and Vision. The Problem of Communism in Marx's Thought, London.

Berlin, Isaiah 1959: Karl Marx. Sein Leben und Werk, München.

Blumenberg, Werner 1998: Karl Marx in Selbstzeugnissen und Bilddokumenten, Reinbek bei Hamburg.

Carver, Terrell (Hrsg.) 1991: The Cambridge Campanion to Marx, Cambridge/New York.

Cohen, Gerald 2000: Karl Marx's Theory of History: A Defence, Oxford.

Collin, Denis 2006: Comprendre Marx, Paris.

Elster, Jon 1994: Making Sense of Marx, Cambridge.

Habermas, Jürgen 1995: Zur Rekonstruktion des historischen Materialismus, Frankfurt/M.

Historisch-kritisches Wörterbuch des Marxismus. Hrsg. v. Wolfgang Fritz Haug u. a., Bd. 1: Abbau des Staates bis Avantgarde – Bd. 7/1.: Kaderpartei bis Klonen, Hamburg/Berlin 1994–2008.

Heinrich, Michael 2006: Die Wissenschaft vom Wert. Die Marxsche Kritik der politischen Ökonomie zwischen wissenschaftlicher Revolution und klassischer Tradition, Münster.

Kelsen, Hans 1920: Sozialismus und Staat. Eine Untersuchung der politischen Theorie des Marxismus, Leipzig.

The Marx-Engels Cyclopedia. Ed. Hal Draper, 3 vol. (The Marx-Engels Chronicle; The Marx-Engels Register; The Marx-Engels Glossary), New York 1985 f.

Das Marx-Engels-Lexikon. Begriffe von Abstraktion bis Zirkulation. Hrsg. v. Konrad Lotter, Reinhard Meiners, Elmar Treptow, Köln 2006.Rohbeck, Johannes 2006: Marx, Leipzig.

Röttgers, Kurt 1975: Kritik und Praxis. Zur Geschichte des Kritikbegriffs von Kant bis Marx, Berlin u. a.

Schieder, Wolfgang 1991: Karl Marx als Politiker, München u. a.

Sperl, Richard 2005: Marx-Engels-Editionen, in: Nutt-Koforth, Rüdiger/Plachta, Bodo (Hrsg.): Editionen zu deutschsprachigen Autoren als Spiegel der Editionsgeschichte, Tübingen, 329–360.

Tort, Patrick 2007: Marx et le problème de l'idéologie, Paris u. a.

Wheen, Francis 2002: Karl Marx. Aus dem Engl. von Helmut Ettinger, München.

Wood, Allen W. 1981: Karl Marx, London.

3. Zur Deutschen Ideologie

Bahne, Siegfried 1962: „Die Deutsche Ideologie" von Marx und Engels. Einige Textergänzungen, in: International Review of Social History, vol. VII (1962), 93–104.

Cornu, Auguste 1967: Die Herausbildung des historischen Materialismus in Marx' „Thesen über Feuerbach", Engels' „Die Lage der arbeitenden Klasse in England" und in „Die deutsche Ideologie" von Marx und Engels, Berlin.

Eßbach, Wolfgang 1982: Gegenzüge. Der Materialismus des Selbst und seine Ausgrenzung aus dem Marxismus – eine Studie über die Kontroverse zwischen Max Stirner und Karl Marx, erweiterte Neuausgabe, Frankfurt/M.

Fromm, Erich 1963: Das Menschenbild bei Marx. Mit den wichtigsten Teilen der Frühschriften von Karl Marx, Frankfurt/M.

Gerhardt, Volker (Hrsg.) 1996: Eine angeschlagene These. Die 11. Feuerbach-These im Foyer der Humboldt-Universität zu Berlin, Berlin.

Labica, Georges 1998: Karl Marx. Thesen über Feuerbach, Hamburg.

Leopold, David 2007: The young Karl Marx: German philosophy, modern politics, and human flourishing, Cambridge u. a.

Rojahn, Jürgen 1997: Spezialkonferenz „Die Konstitution der ‚Deutschen Ideologie'" 24.–26. Oktober 1996, in: MEGA-Studien, hrsg. von der Internationalen Marx-Engels-Stiftung (IMES), Amsterdam 1997/1, 147–157.

Studien zu Marx' erstem Paris-Aufenthalt und zur Entstehung der „Deutschen Ideologie". Beiträge von Marion Barzen, Helmut Elsner, Jacques Grandjonc, Elke Röllig, Inge Taubert sowie Bert Andréas und Hans Pelger, Trier 1990.

Taubert, Inge 1997: Manuskripte und Drucke der „Deutschen Ideologie" (November 1845 bis Juni 1846). Probleme und Ergebnisse, in: MEGA-Studien, hrsg. von der Internationalen Marx-Engels-Stiftung (IMES), Amsterdam 1997/2, 5–31.

– 1997: Die Überlieferungsgeschichte der Manuskripte der „Deutschen Ideologie" und Erstveröffentlichungen in Originalsprache, in: MEGA-Studien, hrsg. von der Internationalen Marx-Engels-Stiftung (IMES), Amsterdam 1997/2, 32–48.

Tomba, Massimiliano 2005: Krise und Kritik bei Bruno Bauer: Kategorien des Politischen im nachhegelschen Denken, Frankfurt/M. u. a.

4. Einflüsse und Wirkungen

4.1 Marxismus und seine Geschichte (Überblickdarstelllung)

Elbe, Ingo 2008: Marx im Westen. Die neue Marx-Lektüre in der Bundesrepublik seit 1965, Berlin.

Ellul, Jaques 2003: La Pensée marxiste, Paris.

Fetscher, Iring 1962–1965: Der Marxismus. Seine Geschichte in Dokumenten, Bd. 1 Philosophie und Ideologie, München 1962; Bd. 2 Ökonomie und Soziologie, München 1964; Bd. 3 Politik, München 1965.

Fetscher, Iring 1967: Karl Marx und der Marxismus. Von der Philosophie des Proletariat zur proletarischen Weltanschauung, München.

Gerhardt, Volker (Hrsg.) 2001: Marxismus. Versuch einer Bilanz, Magdeburg.

Henning, Christoph 2005: Philosophie nach Marx. 100 Jahre Marxrezeption und die normative Sozialphilosophie der Gegenwart in der Kritik, Bielefeld.

Kolakowski, Leszek 1977–1979: Die Hauptströmungen des Marxismus. Entstehung, Entwicklung, Zerfall, 3 Bde., München u. a.

Rubel, Maximilien 1974: Marx critique du marxisme, Paris.

Vranicki, Predrag 1972: Geschichte des Marxismus. Übers. von Stanislava Rummel und Vjekoslava Wiedmann, Frankfurt/M. (erw. Ausg. Frankfurt/M. 1983).

4.2 (Neo)Marxismen, Auseinandersetzungen mit und Kritiken an Marx

Abensour, Miguel 2004: La démocratie contre l'état. Marx et le Moment machiavélien, Paris.
Althusser, Louis 1968: Für Marx, Frankfurt/M.
Aron, Raymond 2002: Le marxisme de Marx, Paris.
Benoist, Jean-Marie 1994: Marx est mort, Paris.
Brudney, Daniel 1998: Marx's Attempt to Leave Philosophy, Cambridge u. a.
Campbell, David 1996: The Failure of Marxism: The Concept of Inversion in Marx' Critique of Capitalism, Aldershot u. a.
Derrida, Jacques 1996: Marx' Gespenster. Der Staat der Schuld, die Trauerarbeit und die neue Internationale, Frankfurt/M.
Giddens, Anthony 1985: A Contemporary Critique of Historical Materialism, 2 Bde., Berkeley u. a.
Le Blanc, Paul 2006: Marx, Lenin, and the revolutionary experience. Studies of communism and radicalism in the age of globalization, New York u. a.
Lefebvre, Henri 1965: Probleme des Marxismus heute, Frankfurt/M.
Loreau, Patrice 1986: Les sous-main de Marx, Paris.
Löwith, Karl 1953: Von Hegel zu Nietzsche. Der revolutionäre Bruch im Denken des neunzehnten Jahrhunderts. Marx und Kierkegaard, Stuttgart.
– 1953: Weltgeschichte und Heilsgeschehen. Die theologischen Voraussetzungen der Geschichtsphilosophie, Stuttgart.
Lukács, Georg 1968: Geschichte und Klassenbewußtsein. Studien über marxistische Dialektik, Neuwied.
– 1972: Zur Ontologie des gesellschaftlichen Seins. Die ontologischen Grundprinzipien von Marx, Darmstadt/Neuwied.
Paolucci, Paul 2007: Marx's scientific dialectics. A methodological treatise for a new century, Leiden u. a.
Pies, Ingo/Leschke, Martin (Hrsg.) 2005: Karl Marx' kommunistischer Individualismus, Tübingen.
Postone, Moishe 2003: Zeit, Arbeit und gesellschaftliche Herrschaft. Eine neue Interpretation der kritischen Theorie von Marx, Freiburg.
Roemer, John (Hrsg.) 1986: Analytical Marxism, Cambridge u. a.
– 1981: Analytical Foundations of Marxian Economic Theory, Cambridge.
Rorty, Richard 1998: Das kommunistische Manifest 150 Jahre danach. Gescheiterte Prophezeiungen, glorreiche Hoffnungen. Frankfurt/M.
Ryan, Michael 1989: Marxism and Deconstruction. A Critical Articulation, Baltimore.
Sartre, Jean-Paul 1978: Kritik der dialektischen Vernunft, Reinbek bei Hamburg.
Sereni, Paul 2007: Marx. La personne et la chose, Paris.
Thomson, Ernie 2004: The Discovery of the Materialist Conception of History in the Writings of the Young Marx, Lewiston u. a.
Touboul, Hervé 2004: Marx, Engels et la question de l'individu, Paris.
Wildermuth, Armin 1970: Marx und die Verwirklichung der Philosophie, 2 Bde., Den Haag.

Personenregister

Hinweise zu den Autoren

Andreas Arndt (geb. 1949) ist apl. Professor für Philosophie an der Freien Universität Berlin und Leiter der Arbeitsstelle „Schleiermacher: Kritische Gesamtausgabe" an der Berlin-Brandenburgischen Akademie der Wissenschaften. Wichtige Veröffentlichungen sind: *Karl Marx. Versuch über den Zusammenhang seiner Theorie* (1985); *Dialektik und Reflexion* (1994); *Die Arbeit der Philosophie* (2003); *Unmittelbarkeit* (2004).

Bluhm, Harald (geb. 1957) ist Professor für Politische Theorie und Ideengeschichte an der Martin-Luther-Universität Halle-Wittenberg. Wichtigste Veröffentlichung: *Die Ordnung der Ordnung. Das politische Philosophieren von Leo Strauss* (2007, 2. Aufl.); Herausgeberschaften: *Reihe Kleine Schriften zur europäischen Ideengeschichte*; *Schriften der Sektion Politischen Theorie und Ideengeschichte in der DVPW* mit Rainer Schmalz-Bruns; *Gemeinwohl und Gemeinsinn, Bde. 1–4* mit Herfried Münkler und Karsten Fischer (2001/02).

Matthias Bohlender (geb. 1964) ist Professor für Politische Theorie an der Universität Osnabrück. Wichtige Veröffentlichungen sind: *Die Rhetorik des Politischen. Zur Kritik der politischen Theorie* (1995); *Metamorphosen liberalen Regierungsdenkens. Politische Ökonomie, Polizei und Pauperismus* (2007); Herausgeberschaft: *Sicherheit und Risiko. Über den Umgang mit Gefahr im 21. Jahrhundert* mit Herfried Münkler und Sabine Meurer (2009).

Wolfgang Eßbach (geb. 1944) ist Professor für Kultursoziologie an der Albert-Ludwigs-Universität in Freiburg/Breisgau. Wichtige Publikationen sind: *Gegenzüge. Der Materialismus des Selbst und seine Ausgrenzung aus dem Marxismus – eine Studie über die Kontroverse zwischen Max Stirner und Karl Marx* (1982); *Die Junghegelianer. Soziologie einer Intellektuellengruppe* (1988); *Studium Soziologie* (1996); Herausgeberschaft: *Plessners „Grenzen der Gemeinschaft". Eine Debatte* mit Joachim Fischer und Helmut Lethen (2002).

Christoph Henning, Dr. phil., (geb. 1973) ist Lehrbeauftragter am Fachbereich Philosophie der Universität St. Gallen (Schweiz) und arbeitet an einem vom Schweizerischen Nationalfonds geförderten Habilitationsprojekt zur politischen Philosophie des Perfektionismus. Wichtige Veröffentlichungen sind: *Philosophie nach Marx* (2005); Herausgeberschaften: *Marx-*

glossar mit Eike Bohlken (2006); *Deutsch-Jüdische Wissenschaftsschicksale* mit Amalia Barboza (2006); *Moralization of The Markets* mit Nico Stehr und Bernd Weiler (2006).

Gunnar Hindrichs (geb. 1971) ist Privatdozent und lehrt Philosophie an der University of Pennsylvania in Philadelphia und ist Sekretär der Internationalen Hegel-Vereinigung. Wichtige Veröffentlichungen sind: *Negatives Selbstbewusstsein* (2002); *Das Absolute und das Subjekt* (2008); Herausgeberschaften: *Die Macht der Menge. Über die Aktualität einer Denkfigur Spinozas* (2006); *Von der Logik zur Sprache. Internationaler Hegelkongreß Stuttgart 2005* mit Rüdiger Bubner (2007).

Stefan Koslowski (geb. 1959) ist apl. Prof. für Philosophie an der Eberhard-Karls-Universität Tübingen. Wichtige Veröffentlichungen sind: *Die Geburt des Sozialstaats aus dem Geist des Deutschen Idealismus. Person und Gemeinschaft bei Lorenz von Stein* (1989); *Idealismus als Fundamentaltheismus. Die Philosophie Immanuel Hermann Fichtes zwischen Dialektik, positiver Philosophie, theosophischer Mystik und Esoterik* (1994); *Zur Philosophie von Wirtschaft und Recht. Lorenz von Stein im Spannungsfeld zwischen Idealismus, Historismus und Positivismus* (2005).

Alasdair MacIntyre (geb. 1929) ist Rev. John A. O'Brien Senior Research Professor of Philosophy an der University of Notre Dame. Wichtige Veröffentlichungen sind: *Marxism. An Interpretation* (1953); *A Short History of Ethics* (1966); *After Virtue. A Study in Moral Theory* (1981); *Edith Stein. A Philosophical Prologue, 1913–1922* (2005).

Michael Quante (geb. 1962) ist Professor für Praktische Philosophie an der Westfälischen Wilhelms-Universität Münster. Wichtige Veröffentlichungen sind: *Hegels Begriff der Handlung* (1993); *Personales Leben und menschlicher Tod* (2002); *Einführung in die Allgemeine Ethik* (2003); *Karl Marx: Ökonomisch-Philosophische Manuskripte* (2009).

Klaus Roth (1953) ist Privatdozent am FB Politik- und Sozialwissenschaften der Freien Universität Berlin. Er war dort von 2006 bis 2009 Gastprofessor für Politische Theorie und Ideengeschichte. Wichtige Veröffentlichungen sind: *Freiheit und Institutionen in der politischen Philosophie Hegels* (1989); *Genealogie des Staates. Prämissen des neuzeitlichen Politikdenkens* (2003); *Recht auf Widerstand? Ideengeschichtliche und philosophische Perspektiven*, zus. mit Bernd Ladwig (2006).

Dieter Thomä (geb. 1959) ist Professor für Philosophie an der Universität St. Gallen. Wichtige Veröffentlichungen sind: *Die Zeit des Selbst und die Zeit danach* (1990); *Erzähle dich selbst* (1998); *Vom Glück in der Moderne* (2003); *Väter. Eine moderne Heldengeschichte* (2008).

Udo Tietz (geb. 1953) ist Vertretungsprofessor für Philosophische Anthropologie an der Freien Universität Berlin. Wichtige Veröffentlichungen sind: *Sprache und Verstehen in analytischer und hermeneutischer Sicht* (1995); *Gadamer zur Einführung* (1999); *Die Grenzen des Wir. Eine Theorie der Gemeinschaft* (2002); *Vernunft und Verstehen. Perspektiven einer integrativen Hermeneutik* (2004).

Christine Weckwerth, (geb. 1963), Dr. phil., arbeitet an der Marx-Engels-Gesamtausgabe an der Berlin-Brandenburgischen Akademie der Wissenschaften. Wichtigste Veröffentlichungen sind: *Metaphysik als Phänomenologie. Eine Studie zur Entstehung und Struktur der Hegelschen „Phänomenologie des Geistes"* (2000); *Ludwig Feuerbach zur Einführung* (2002); Bearbeiterin von: *Ludwig Feuerbach Gesammelte Werke, Bd. 13: Nachlaß I: Erlangen 1829–1832* (1999) und *Bd. 14: Nachlaß II: Erlangen 1830–1832* (2001).

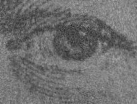

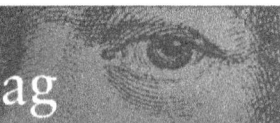

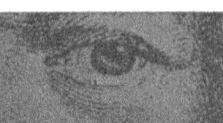

www.ingramcontent.com/pod-product-compliance
Lightning Source LLC
Chambersburg PA
CBHW031127270326
41929CB00011B/1531